世界民族博物誌

世界民族博物誌

『月刊みんぱく』編集部［編］
田主　誠［版画］

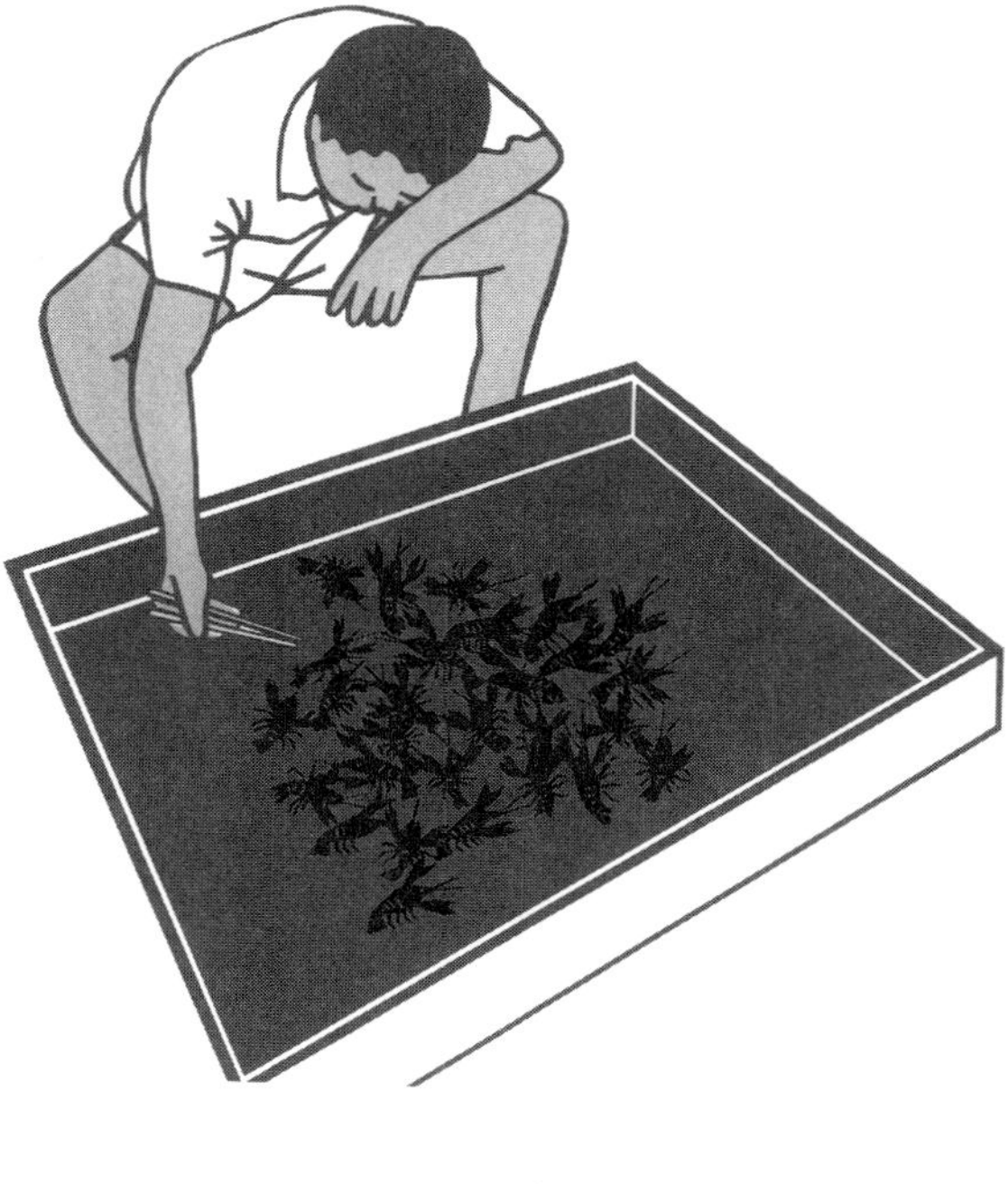

八坂書房

はじめに

『月刊みんぱく』に連載中の「民族博物誌」シリーズが、昨年一二月号で一〇〇回をむかえ、それを記念して本書が出版されることとなった。

『月刊みんぱく』は国立民族学博物館（略称みんぱく）の広報誌である。みんぱくの活動を市民に紹介し、民族学についての理解を深めていただくことを目的として、一九七七年一〇月に発刊された。みんぱくの研究者たちが編集し、財団法人千里文化財団が発行して、「国立民族学博物館友の会」会員などに配布されている。

この本の筆者は、みんぱくの教官や共同研究員たちである。みんぱくは博物館であると同時に、日本における民族学の研究センターとしての役割をになっている。

民族学の研究にとって大切なのが現地調査である。調査地の人びとと生活を共にしながら異なる文化を理解することにつとめるのが、民族学のフィールドワークである。みんぱくの研究者たちが、世界各地の現地調査で体験した草木虫魚との出会いのエピソードを『月刊みんぱく』の読者に紹介する企画が「民族博物誌」シリーズである。

民族学には民族植物学・民族動物学という研究分野がある。自然科学としての植物学・動物学にたいして、民族学の立場から植物や動物と人間のかかわりを追求する学問である。民族学者の目で、それぞれの社会における生物と文化の関係をわかりやすく記述した本書は、民族植物学、民族動物学の入門書として読むこともできる。

『月刊みんぱく』連載の第一回から、田主《たぬし》誠《まこと》さんが挿絵を担当された。田主さんは国内外の美術コンクールで入選入賞を重ねている版画家である。一九七七年、みんぱくが開館したときから職員として博物館に勤務し、事務官としてのみならず、みんぱくの出版物のイラストを担当してくれた。一九九四年、版画制作に専念するために退職し、新聞に版画を連載したり、個展を開催したり、画集を出版するなど、創作活動にはげまれている。

版画家として独立したあとも、田主さんとみんぱくの研究者たちとの親交は続いている。そのような交友関係から、著者の文章のエッセンスを的確にとらえて表現した本書の版画は、たんなる挿絵とはちがう独特の雰囲気をかもしだしている。

この本は読み物としてだけではなく、田主さんの画集としても楽しく見て頂ければ幸いである。

国立民族学博物館長（現名誉教授）
石毛直道

二〇〇三年 三月

〈注　記〉

本書では民族集団名について、主として慣用に従って、「～人」、「～族」あるいはただ「～」という名称が併用されている。これらはいずれも、言語や文化を共有するという意識をもつ人びとの集団を意味することにちがいはない。ただし、中国では、国家政策によってみとめられた民族を「～族」という名前でよぶ。

フンコロガシ
（本文270頁）

バナナ
（本文36頁）

ピンサッッユーパ
（本文222頁）

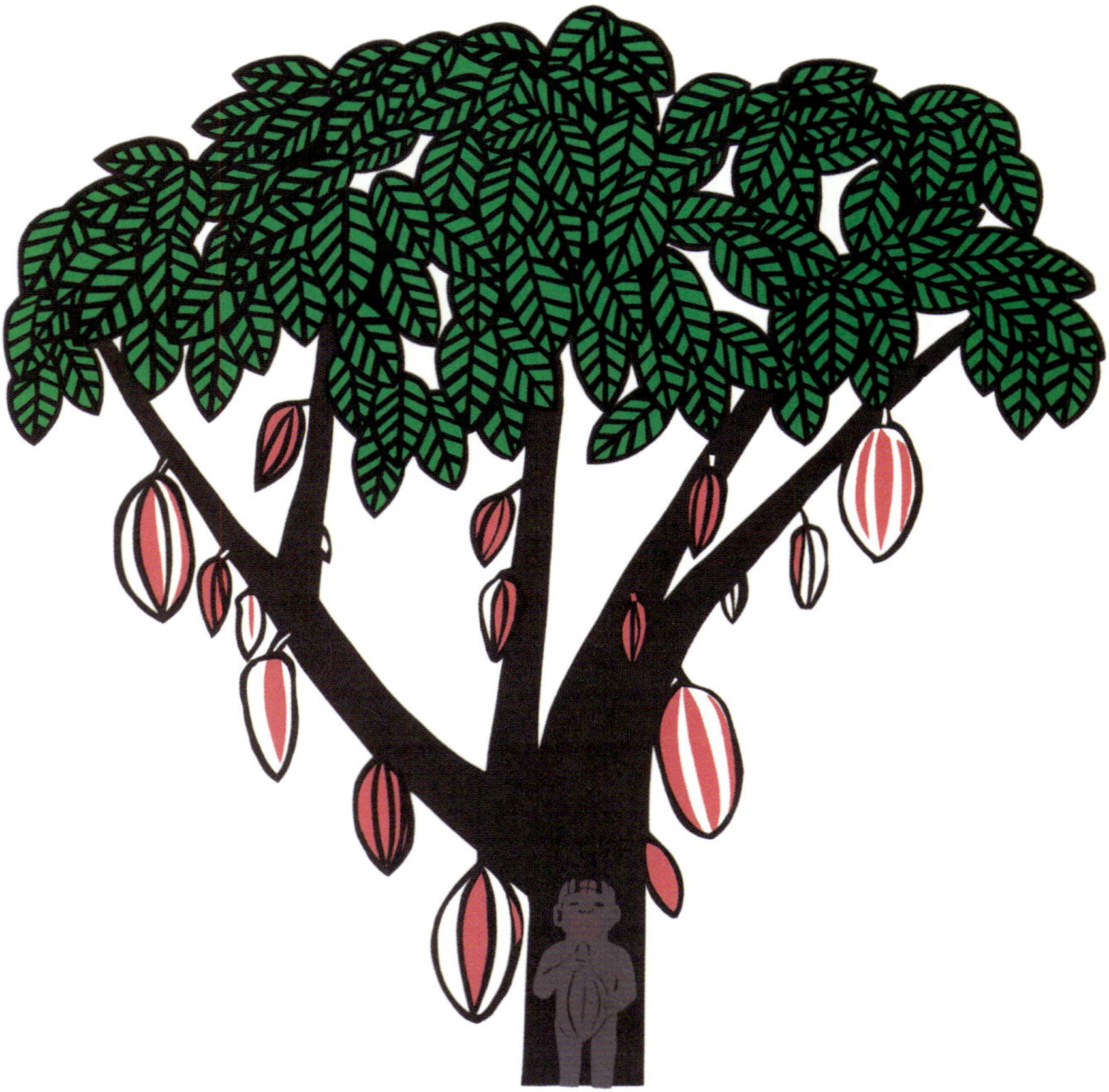

カカオ
（本文 120 頁）

エンセーテ
（本文99頁）

ブチハイエナ
（本文279頁）

ヒル
（本文264頁）

コカ
（本文129頁）

★世界民族博物誌 目次

Ⅱ 動物

I

植物

イネ

【日本】

一九九〇年のイネの大不作をおぼえている人はおおいであろう。一説では天明の大飢饉にも匹敵するものであったという。そのとき日本には、タイやアメリカなどから飯米としてコメが緊急輸入された。わたしもそのときはじめてインディカ米を食べたが、ぱさぱさとしたその食味は正直いって口にあうものではなかった。しかし、かんがえてみれば、それをおいしいと感じるかどうかは、すぐれて文化的な問題である。年々コメの消費量は落ちてきているとはいえ、日本人にとってコメはいまだ歴史であり、文化であることを不作に際してあらためて感じたのである。

かの柳田國男は、イネを神観念、およびイエ意識とむすびつけ、日本の民俗文化を理解しようとした。その象徴的な存在がコメの餅である。柳田のとらえた餅はたんなる食物ではない。いまでは正月の年玉はすっかり金銭にとってかわられてしまったが、かつてはコメの餅が年玉とされる地域があった。一家の主人が年神《としがみ》にかわって、家族ひとりひとりにくばる餅が年玉なのである。そしてその年神とは、本来その家の祖先の霊、つまり祖霊であるとかんがえた。年玉としてくばられる餅を食べることで、人は年頭にあたって神からあらたな生命力を付与されることになる。イネとイエと神とがつくるトライアングルは、まさに柳田民俗学の土台をかたちづくっていたといえる。

そうした柳田の稲作文化論にたいして、真っ向から異議を唱えたのが、おなじ民俗学者の坪井洋文である。坪井は、関東や中部地方にのこる「餅なし正月」の伝承を読み解くことで、稲作を中心とした民俗文化の体系とはべつに、畑作、とくに焼畑を中心とした農耕文化の存在を強調した。餅なし正月とは、正月元日を中心とした期間に、餅をつかず食べず供えずという禁忌を継承している家・一族・地域のあることをいうが、そうした餅を禁忌とする伝承が、じつは稲作文化との葛藤から生まれたとするのである。そのため、稲作文化の代表たる餅の白さにたいして、餅なし正月伝承で強調されるのは火や血をイメージさせる赤である。少々強引な気もするが、坪井の論理は、それまでの稲作を中心とした民俗文化理解のあり方に大きな反省を促したことはたしかである。

民俗的にみたとき、コメの食物としての特徴はその加工のしやすさにある。ひとつには、つき固めて餅とすることで、自由な造形が可能となること。そしてもうひとつは、その白さゆえに着色が容易な点である。前者に関していえば、餅は伝統行事に欠かすことのできないものであるが、その場合、大小はもちろんのこと丸・三角・四角などさまざまなかたちに造形される。そしてそのかたちは、またさまざまに意味づけされている。たとえば、柳田は日本各地の民俗事例に依拠しながら鏡餅や粽《ちまき》のように、上尖りのかたちは人の心臓を模したものであり、それは人のタマ（霊魂）を象徴するとかんがえた。

そしてもうひとつ、コメのもつ着色の容易さについては、赤色がとくに大きな意味をもっている。まさに紅と白の対照である。日本人にとって、着色したコメ料理の代表は赤飯であろう。「さー、あしたはお赤飯でもつくりましょうか」といえば、たいていその家ではなにか祝い事があるにちがいない。どんなに西欧化され現代的な生活をおくる人でも、たんに食べたいからといって、赤飯をつくることはないのではなかろうか。

赤飯は結婚式や入学祝いといった祝い事とともに、かつては人生の終幕となる葬式においてもつくられていた。つまり日本人にとって人生の折り目となる重要なときに赤飯はつくられることになる。江戸時代の風俗をえがいた『守貞漫稿《もりさだまんこう》』には、「吉事には小豆を交えて赤飯と言うが、凶事にはこれを交えず、黒大豆を蒸してそれを飯の上に置く」とある。

こうした赤飯がいつごろから日本人に食されるようになったかは、じつはよくわかっていない。一説には、かつて日本人が赤米を食べていたころの習慣が、ハレの食物としてのこっているのだとされる。ただし、赤飯が一般庶民のあいだで祝い事にもちいられるようになるのは江戸時代のことであり、それほどむかしのことではない。

（安室　知）

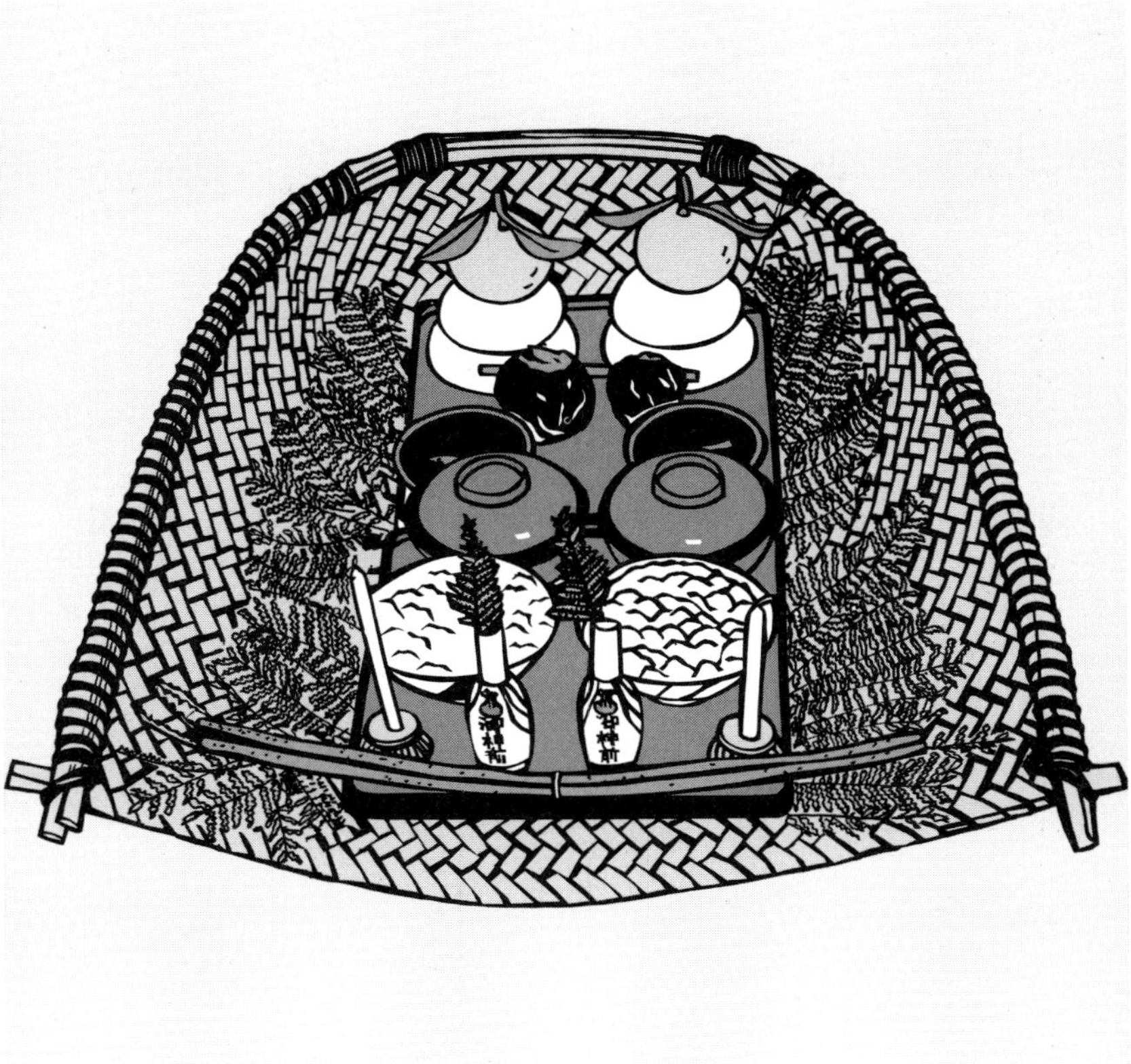

★ *Oryza sativa*　イネ（イネ科）

通常イネとよばれる栽培植物はイネ科の一年草であるが、それは多年生の野生種から栽培化されたものだとされる。現在世界各地で栽培されるイネには多様な品種が存在する。日本では農林番号品種だけでもすでに300種以上をかぞえるが、それ以前にも各地に在来品種が数おおくあった。それはその土地の自然環境や文化的志向にあうように品種改良されてきた結果である。

アワ

【日本】

静岡県の中央部を流れる大井川。SLとトロッコ列車を乗り継ぎこの川をさかのぼると、終点の井川に着く。井川は、大井川をせき止めてできた井川湖の周囲にひろがる山あいの里である。平地のすくないこの地方では、むかしから山林に焼畑をひらいて雑穀を栽培してきた。イネ科穀類のなかで、夏作一年生で小さな穎果《えいか》（一粒の種子をふくむ果実）をつけるなかまを雑穀とよぶ。そのうちの一種がアワである。

むかしから井川では、アワが重要な主食のひとつだった。いまでもアワは、ヒエ、シコクビエ、キビ、モロコシといったほかの雑穀とともに栽培され、食生活に活かされている。ある農家では、収穫したアワで「カシワモチ」をつくる。これは、モチ性アワとモチゴメの粉に、乾燥させた「ゴボウ」（キク科ヤマボクチ属）の葉を混ぜてつくった皮で餡《あん》をはさみ、外側にホオノキの葉を巻いて蒸したものだ。食べる直前に火であぶると、ホオノキの葉が簡単にはがれ、こうばしい香りがしていっそうおいしくなる。

井川の人びとは、アワにさまざまな在来品種があったことを覚えている。穂が地面に擦《す》れるほど長く伸びる「ジズリ」、モチ性で白っぽい色の「コメモドシ」、モチ性で赤っぽい色の「サルアシ」、ほかに「コウシュウアワ」、「ネコアシ」など。このような品種の存在は、井川でのアワと人とのかかわりの深さと長さを反映したものだ。

さらに井川には、神社のお供え用にだけ栽培されるアワの品種がある。井川湖の北端に位置する田代集落には、諏訪神社という社が奉られている。毎年八月二六、二七日におこなわれるこの神社の例祭には、ヤマメ（実際にはアマゴであるが、現地ではヤマメとよぶ）を専用のアワで漬けた、ナレズシのような「ヤマメのすし」が供えられるのである。

祭りの前日、神官の家を訪れると、田代の男性たちがあつまって準備がはじまっていた。まず、ヤマ

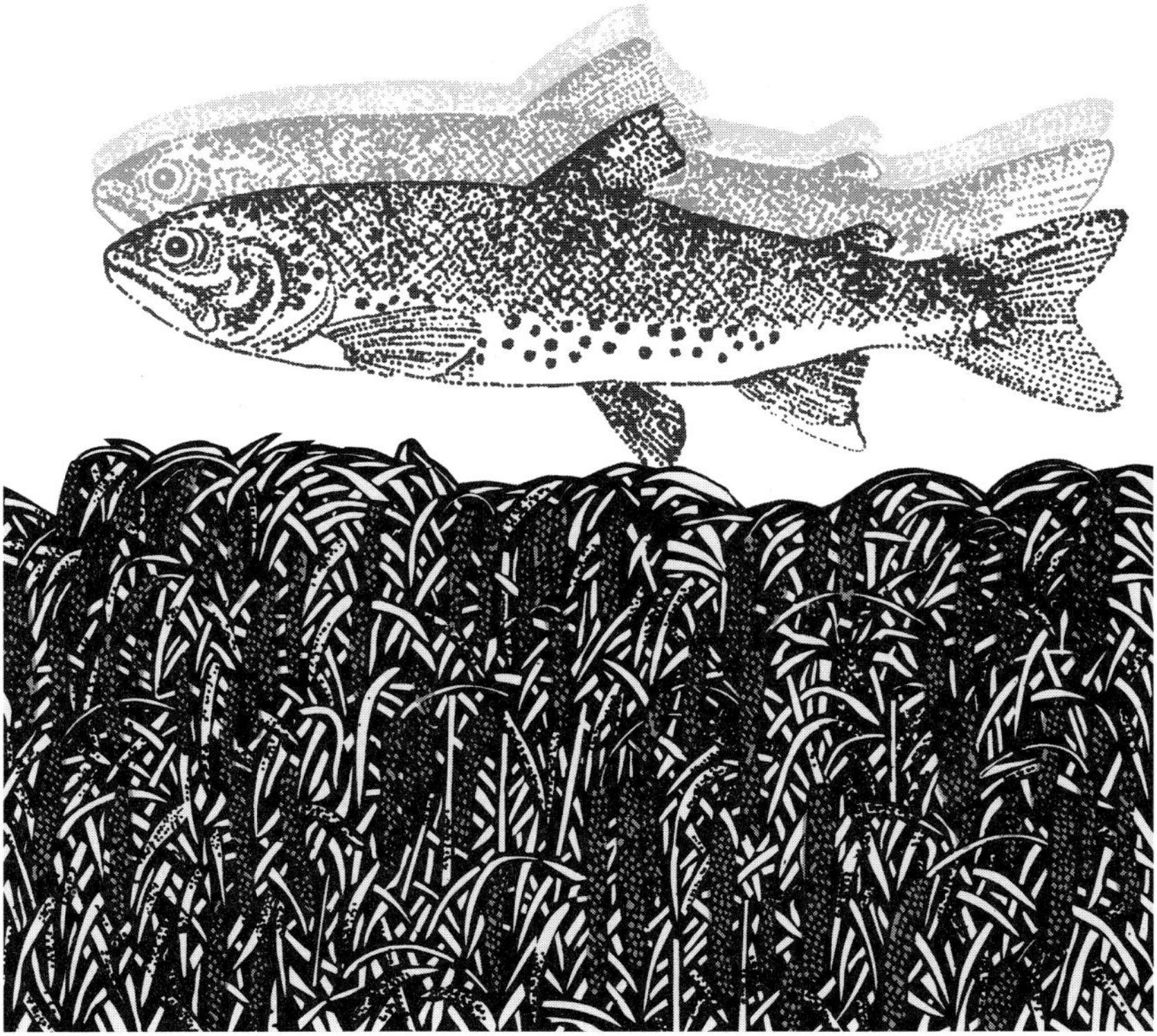

★*Setaria italica*　アワ（イネ科）

夏作一年生の穀類。ヨーロッパ、中央アジア、南アジア、東南アジア、東アジアにひろく分布し、日本では北海道から南西諸島にかけて栽培される。内胚乳でんぷんの性質がウルチ性とモチ性の両方のタイプが存在する。祖先野生種はエノコログサで、中央アジア、アフガニスタンからインドにかけての地域で栽培化されたとかんがえられている。

メのすし用アワの穂が、とても細くて短いことに驚く。話を聞いてみると、このアワは分げつ《ぶん》(枝分かれ)して、この小さな穂をたくさん生じるのだという。井川で栽培されるほかのアワや、日本をふくめた東アジア、東南アジアのアワは、分げつせず太くて長い穂を一本だけつけるものがおおい。ヤマメのすし用アワは、パキスタン北部やアフガニスタンの在来品種に似た外見をもつ、日本ではひじょうにまれなタイプのアワだったのだ。

さらにこのアワは、ほかのアワにくらべずっと早生《わせ》だという。農家で聞くと、井川のアワは五月中旬に種をまいてから九月下旬に収穫するまで、四ヵ月以上かかる。これにたいしヤマメのすし用アワは、毎年四月下旬から五月一〇日までのあいだに種をまいてから、わずか三ヵ月間で実って、祭り前の八月一〇日にはかならず収穫できる。

ヤマメのすしをつくるには、まず、アワの穎果を手で穂からはずし、臼と横杵で搗《つ》いて内外穎(イネのモミにあたる部分)をとっておく。諏訪神社の「お井戸の水」を釜で沸かし、五合のアワをいれて炊く。およそ一五分たったら火から降ろして蒸らし、冷めてから塩を混ぜる。

五日まえに沢で獲り、塩漬けにしておいたヤマメの口、エラ、腹に、炊いたアワを詰め、イタドリの葉を敷いた桶にならべていく。そのあいだ清浄を保つため、男性たちはサカキの葉をずっと口にくわえている。また、アワの粒を踏むことはかたく戒められていて、誤って踏むと足の裏にできものができるという。のこったアワは竹筒にいれ、水と混ぜあわせてから畑にまくと、アワを喰い荒らすヨトウムシがいなくなるといわれていて、むかしは農家の人がもらいにきていたそうである。

できあがったヤマメのすしは、イタドリの葉にのせ、ススタケとよばれる竹の箸を添えて神前に供える。黄色くぶつぶつとしたアワは、ヤマメの卵をあらわしている。これをふんだんに使うことで、ヤマメの豊漁と農作物の豊作を祈願するのである。

(落合雪野)

ゼンマイ

【日　本】

「これからAの山へ泥棒にいくぞ。静かにしてくれ。Aに知れたらこまる」と男はいう。早朝五時ごろ、かれは一家総出で泊まりこむゼンマイ小屋を出発した。スパイクつきの地下足袋をはき、肩にはカゴを背負っている。「（Aの）小屋の前の二本の沢がまっさかりなのでAは、ここにはこないとおもう。五月一日にきてみて、一週間たてばいいころだろうとおもった」とかれはつぶやき、川の上流へと足を進める。

雪がずり落ちたばかりの斜面には、白い綿をかぶったゼンマイが、ニョキニョキといたるところに顔をだしている。まるで畑のような光景である。さっそくかれは傾斜地にへばりつき、柴や草を左手でつかみ、ゼンマイを右手で一本一本ていねいに摘んでいく。ひとつの株を採り終えると、すばやくつぎの株に移動する。そして、ゼンマイを右手でもちきれなくなると、腰にさげたカゴにいれる。

ここは、新潟県から山形県にかけての朝日連峰の山あい、わが国で有数のブナ原生林が残存するところである。男がおなじ村人のAの採集地でゼンマイを採っているようすである。ここで泥棒といっても一般社会での泥棒とはすこし意味がちがう。村では各家のゼンマイ採集地が村人の暗黙の了解によって長年きまっているので、きまりがわるいだけだ。

ゼンマイは日本全国の山野にひろくみられるが、良質の太いものは、東北日本の多雪地帯の山村の急傾斜地に、高密度に自生しているといわれる。株をみると、胞子嚢のついた一本の〝男ゼンマイ〟と数本の〝女ゼンマイ〟からなっている。しかし、わたしたちが食べる（カモシカもおなじであるが）のは、〝女ゼンマイ〟のみである。しかも、地面からでたあとの数日間が勝負なのだ。あまり伸びすぎると食べられなくなる。

わたしはあるとき、顔をだしたゼンマイが伸びる長さを測ったことがある。平均して一日に五センチメートル伸びていた。一週間では三五センチメートルも伸びることになる。ちょうど採りごろのゼンマイになっているわけだ。

熟練したゼンマイ採りは、ゼンマイに関する豊富な知識をもっている。「顔だけだしたゼンマイは一週間たてば折れる（摘める）」「太いゼンマイはなかなか立たない（葉がひらかない）」「山桜が咲くころにゼンマイはさかりになる」などさまざまである。冒頭の「五月一日にきてみて、一週間たてばよいとおもった」という男のことばにも、そのことがうかがえる。たしかにかれは、五月一日にその採集地へいき、中八日おいて五月九日にまた採集しているのだ。このような採集は、「育てては折る」と表現される。

ゼンマイは、山村住民の保存食や儀礼食であると同時にふるくから商品でもあった。干しゼンマイは、保存ができることと携帯に便利であることから、上杉謙信はこれを陣中食にもちいたといわれる。新潟県魚沼地方では、ゼンマイの煮物が宴会や産婦の産《うぶ》屋《や》まかないには欠かせないものとして賞味されてきた。同県山北町《さんぽく》には、江戸時代のおわりに、村人が酒、もち米、金銭を借り、その返済に春のゼンマイをあてたという記録がのこっている。

ゼンマイを乾燥させるには、赤干と青干の加工法が知られている。赤干は、生のゼンマイを一度熱湯で湯通しをして天日で乾燥させたものである。青干は湯通ししたものを火床でいぶして燻製《くんせい》にしたものである。赤干はお惣菜用として大阪で珍重され、青干は精進料理用に、京都や奈良の寺院で利用されてきた。

しかし現在、町の八百屋の店先に置いてあるゼンマイのおおくは、中国の揚子江の流域からもってこられている。安価な輸入品によって、かつては東北地方に一〇〇〇人以上いたとおもわれるゼンマイ採りが激減しているのである。ゼンマイ山は、冒頭のようなゼンマイをめぐる村人のあいだの緊張関係がなくなったかわりに、都市からやってくる「自然愛好者たち」の戦場と化し、その環境を変えている。

（池谷和信）

★ *Osmunda japonica*　ゼンマイ（ゼンマイ科）

平地から山地にかけて、春芽ぶく夏緑性シダ。日本以外には南サハリン、朝鮮半島、中国、台湾、ヒマラヤに分布。葉はことなる形の胞子葉と栄養葉にわかれ、栄養葉の若芽を摘んで乾燥させたものが食される。若芽は淡赤褐色の綿毛に覆われており、その綿を紡いで織った防寒着が東北地方で重宝された。巻いている若芽が古銭の大きさだったことから、その名は「銭巻」の意とされている。

ウメ

【日本】

二月の声をきくと、ときどき、わたしは民博をぬけだし、まわりにひろがる万博公園にでかける。風はまだまだ肌寒く、人影もまばらな公園だが、そこに楽しみにしているものがあるからだ。お目当ては、公園の一角をしめる自然文化園の梅林である。蕾《つぼみ》をつけ、その蕾がふくらみ、やがて花をつける、そんなウメの木の移り変わりをとおして春の訪れを知るのが楽しい。この時期の梅林は、つぎの俳句に詠まれたような気分が味わえるところなのである。

梅一輪　一輪ほどの　あたたかさ　　嵐雪

万博公園の梅林は五〇〇〇平方メートルあまりの敷地に三〇品種、約八〇〇本ものウメの木があり、それが二月になると、立派な花をつけるのである。そんな花のシーズンになると、梅林のなかには緋毛氈《ひもうせん》をしいた床几《しょうぎ》がおかれ、赤い番傘の下でオデンなどを売る店も出る。いかにも日本的な風情で、それを楽しむために昼食をわたしは梅林でとることもある。

しかし、ウメは日本にもともとあったものではなく、原産地は中国の四川省から湖北省あたりにかけての地域であるとされる。日本への渡来は奈良朝時代よりも前、唐との交通がさかんになったころにまでさかのぼるらしい。それは、ウメがすでに万葉集にしばしば登場することからもわかる。万葉集には一六六種もの植物が登場するが、そのなかでハギについで二番目におおく歌に詠まれた植物がウメなのである。そして、平安時代にはひろく栽培され、親しまれるようになっていたのである。

これほどまでにウメが日本でふるくから親しまれてきたのは、なぜだろうか。まず、ウメがじょうぶで育てやすいうえに、その花が観賞にたえるほどにうつくしく、しかも匂いのよいことがあげられる。じっさい、わが国では観賞用に数おおくのウメの品種が生みだされてきた。たとえば、江戸時代の園芸書『花壇綱目』（一六八一年、水野元勝）には五三品種のウメが記載されている。それが、明治時代の

★ *Prunus mune*　ウメ（バラ科）

バラ科の落葉の小高木で、萌芽するまえの２～４月ころに開花する。園芸品種には八重咲きもあるが、基本は五弁花で、香りがよい。原産地の中国から日本へは薬木として、中国文化とともに渡来したとされている。用途から、食用としての実梅と、花を観賞する花梅にわけられ、現在では300種類以上の園芸品種が知られている。

『梅花集』(一九〇五年、高木孫右衛門)では三二三品種におよぶのである。

さらに、食用となる実をつけることも、ウメの普及におおきな力となった。ウメの果実は未熟なうちは生食すると有毒だが、加工して食用とされる。梅干しや梅酒などに利用されるほか、煮梅などもある。梅また、その酸味は味つけにももちいられる。ちなみに、中国では辛みを代表する塩にたいし、ウメは酸味を代表する調味料として利用され、味を調和させることを塩梅《あんばい》といった。このほか、梅肉エキスに代表されるように漢方薬としても利用され、駆虫、咳《せき》、下痢、血便、血尿などの処方薬としてももちいられる。

このように果実が薬としても利用されるせいか、ウメの実はたんなる食品としてだけでなく、それ以上の価値ももっている。たとえば、握り飯に梅干しをいれるのは味つけのためだけではない。よく知られているように、酸味の中心となるクエン酸が防腐効果をもつために旅の携行食として利用できるからでもあるが、それにくわえて道中の無事を祈る願いもこめられているようだ。じじつ、日本の一部地方ではウメは霊魂を宿し、それが災いをふせいでくれると信じられてきたのである。

たとえば梅干しを食べると、その日は災難からのがれられると信じている人がおおかった。その代表的なものが、お茶のなかに梅干しをいれた大服茶《おおぶくちゃ》であろう。いまでこそ、正月に飲むのはお屠蘇《とそ》ということにきまっているが、かつて近畿地方では一般に大服茶を飲んでいた。大服茶を神に供えたあと、家族がまわし飲みし、それから雑煮を食べた。こうして、一年の無事を祈ったのである。

ウメが災いをふせいでくれるという信仰は、実だけではなく、木そのものに対してもあった。ウメを鬼門の方角に植えておくと災難よけになるとされ、そのために庭にウメの木を植える家も少なくなかった。一般の家だけでなく、ウメは神社の境内にもしばしば植えられた。とくに北野天満宮をはじめとして、各地の神社にはウメが植えられ、そのなかには神木とされるものもある。これも、ウメが霊魂を宿すという考えに由来するものであろう。(山本紀夫)

ニワトコ

【ドイツ・日本】

三内丸山遺跡からニワトコの種子がぎっしりつまった層が発見された。厚さ一〇センチメートル、長さ六メートル、推算では実の総量はトン単位になるという。酒を好むミバエの幼虫がいっしょに発見されたので、縄文人は酒をつくったのではないかという意見がでた。ニワトコは、日本ではふつうにみられる植物で、薬としてつかわれ、若葉を食べる地方もある。ヨーロッパには、ニワトコ酒があると記されているが、風変わりな薬草酒かとおもうくらいで、あまり想像がつかない。二〇〇〇年の五月から三ヵ月ほどボン大学へ日本文化について出講することになったので、この機会にすこし調べてみた。ドイツのものはセイヨウニワトコだが、日本にくらべるとずっと身近であるらしい。四月になると、清楚な白い花が庭や道ばたで咲きはじめ、あたりにいい香りが漂う。ワグナーのオペラ、「ニュルンベルクのマイスタージンガー」のなかに歌われているとおりである。ニワトコがあらわれる民話のたぐいもけっこうおおい。七月の終わりになると、花柄が赤くなり、その先にすずなりになった実が黒く熟れはじめる。熟した実を食べると意外にジューシーだが、甘味はほとんどなく、舌にひりつく刺激と、独特の香気がある。しかし、けっして悪い感じではない。

食べられる野草とか野生植物料理といった本をみると、ニワトコを素材にしたものがけっこうおおい。実や花のジュース、酢、ムース、ソース、ケチャップなどの飲料や調味料のほかに、クッキー、ケーキ、丸焼き鴨の詰めものなど、多様につかわれており、ワインやブランデーもたしかにある。長い利用の歴史がうかがえる。

ところが、ニワトコがスーパーや朝市といった一般的な店先に並ぶことはない。ジュースやジャムも、健康食品などの特殊な店に限られているのである。それは実に甘味がないこと、味にくせがあることなどの理由によるのだろう。かつては脚光をあびたが、いまは引退も近いという感じである。このままでは庭木や薬用として残るだけという予感がする。ニワトコを追跡しているうちに、ついに果樹園までみつけたのだが、サクランボやリンゴに押されてごく小さな一画になっていた。人家に近い街道端や畑、牧場のかたわらなどにおおい典型的な人里植物として、あるいは栽培化されていたのに、ふたたび野生化してしまったようなかたちでみられることも、そんな状況をよく示している。

日本のニワトコもこれと同じような道を歩んだのではないだろうか。ニワトコは、セイヨウニワトコとくらべて実のなりが悪く、果汁がすくなく甘味もとぼしい。しかし、手をかければそれは改良されるはずだ。国立歴史民俗博物館の辻誠一郎さんは縄文時代のものは栽培化されたエゾニワトコではなかったかとかんがえている。

一方、民博の石毛直道前館長は、縄文の酒に疑問を投げかける。はたして日本に果実酒が存在したかどうか、古い文献には『日本書紀』（ヤマタノオロチの項）にみられるだけである。日本の果実酒のほとんどは焼酎漬けなのだが、焼酎がつくられはじめたのは早くとも一五世紀で、コメからつくるものであったというのである。

コメに価値観を集中させるのは日本の文化的特性とでもよぶべきもので、ほかの穀類が雑穀として一括されていることでもわかる。したがって、酒の世界でもコメが中心となり、その価値が増大しつづけたので、それ以前の文化要素は押しつぶされ、ついには消えていったというプロセスがかんがえられる。そのため、縄文時代には栽培化まで進んでいたニワトコも再び野生化してしまったのだ。稲作が本格的にはじまる前の文化の要素には、同様の運命をたどったものがいくつもあるのではないだろうか。

（小山修三）

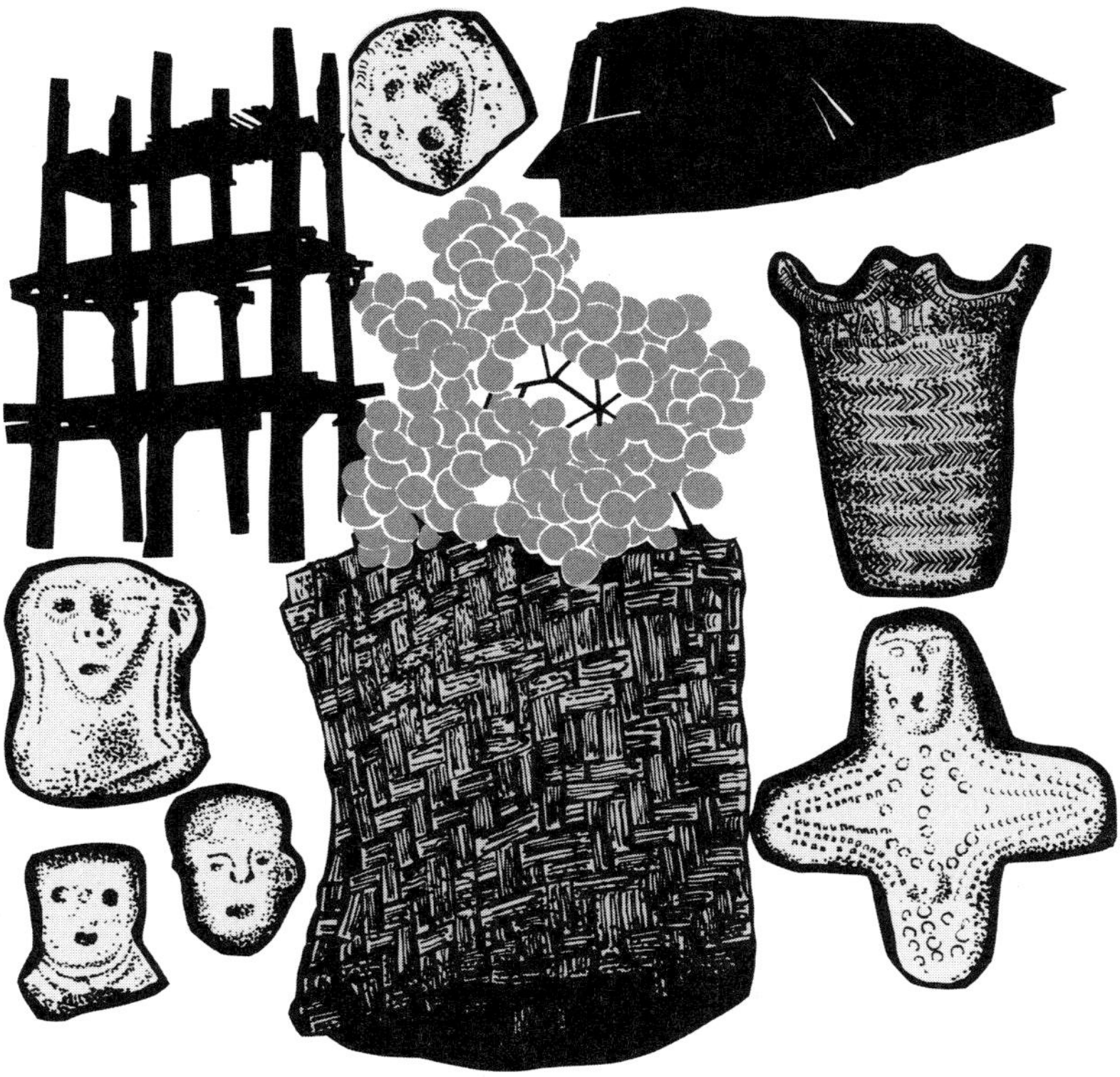

★ *Sambucus* spp. ニワトコ（スイカズラ科）

山野に生えている落葉樹の低木。両半球の温帯から亜熱帯に分布するニワトコ属には、ヨーロッパに分布するセイヨウニワトコ、日本、朝鮮、中国に分布するニワトコ（接骨木）、アメリカ大陸のアメリカニワトコはじめ約20種がある。エゾニワトコは日本のニワトコの亜種。若葉を食用にするが、多量に食べると副作用がある。発汗、利尿、打撲、骨折、切傷などの薬として利用することは世界に共通している。

トウガラシ

【朝鮮半島】

二〇〇一年の二月に青森県の十和田湖地方をおとずれたとき、たまたま訪ねた民家の玄関におもしろいものをみつけた。戸の両側に縄でゆわえた一〇個ほどの赤いトウガラシが、ちょうど正月の松飾りのようにつるされていたのである。同行していただいた青森の民俗にくわしい櫻庭俊美氏（小川原湖民俗博物館元館長）によれば「南蛮です。青森では魔よけにします。南蛮といっしょにニンニクもつるすことがあります」ということであった。青森ではトウガラシを南蛮とよぶことも、トウガラシやニンニクを魔よけにすることも、このときはじめてわたしは知った。

それでは、なぜ青森ではトウガラシやニンニクが魔よけにつかわれているのだろうか。この理由はわからないが、ひょっとするとトウガラシの強烈な辛さが、ニンニクはあの臭いが魔よけになるとかんがえられているのかもしれない。実際、日本人はトウガラシもニンニクもあまり好まない民族として知られている。これはお隣りの朝鮮半島とくらべてみるとあきらかである。

朝鮮料理といえば、まっさきにキムチをおもいうかべるが、あのキムチにはトウガラシとニンニクがたっぷりはいっている。とくに、トウガラシは白いはずのハクサイやダイコンを赤く染めるほど大量につかわれている。それこそトウガラシのはいっていないキムチなんて、キムチとはいえそうにないくらいである。しかし、キムチにトウガラシがつかわれるようになったのはさほど古いことではなく、それ以前のキムチはトウガラシのはいっていないものだったのである。

じつは、トウガラシはアメリカ大陸原産の作物であり、そこからヨーロッパにはじめてトウガラシをもち帰ったのは一五世紀末のコロンブス一行であったとされている。やがてトウガラシはヨーロッパからアジアにもひろがってゆく。アジアでは最初にイ

★ *Capsicum annuum*　トウガラシ（ナス科）

トウガラシはコロンブスのアメリカ大陸「発見」後、急速に世界中にひろがった。ただし、4種の栽培種のうち、世界中にひろがったのはほとんど上記の種だけで、のこりはいまも主として南アメリカに栽培が限定される。

ンドに伝わったようだが、それは一五〇〇年ごろのことであった。日本にもトウガラシは意外にはやく伝わったようで、一説では一五四二（天文一一）年にポルトガル人によってもたらされたとされる。青森でトウガラシを南蛮とよぶのも、南蛮船で運ばれてきた当時の名残りなのかもしれない。

おもしろいことに朝鮮半島には日本からトウガラシが伝わったとされている。豊臣秀吉の朝鮮出兵から十数年をへた一六一三年に刊行された『芝峰類説《チボンリュソル》』(李晬光《りさいこう》著）には「南蛮椒には毒がある。最初日本からきたので倭芥子《ウエゲジャ》（にほんからし）とよぶ」とあり、この記録が日本から朝鮮半島への伝来をしめしている。ただし、朝鮮半島に伝わってからもトウガラシはなかなか一般家庭の食卓にはのぼらなかったようである。

朝鮮半島でトウガラシが一般の料理にもちいられるようになるまでには、伝わってから一〇〇年ほど待たなければならなかった。これほど普及に時間がかかったのはトウガラシに「毒がある」とかんがえられていたせいかもしれない。トウガラシ以前の朝鮮半島の香辛料にはコショウやサンショウ、そしてカラシがつかわれていた。これらの香辛料のうち、コショウは肉料理に欠かせないものであったが、熱帯の作物なので朝鮮半島では栽培できず、もっぱら日本との交易で手にいれていた。日本はオランダとの交易でコショウを入手していたが、肉食を禁じていたのでコショウの使い道はあまりなく、ほとんどが朝鮮半島にわたっていたのである。

ところが、秀吉の朝鮮出兵のあと、日本との交易が中断したためコショウを入手するのがむずかしくなる。こうして朝鮮半島でも栽培できるトウガラシがコショウにとってかわってキムチなどにもさかんにつかわれるようになったのである。日本ではその後もトウガラシは「七味トウガラシ」の一味くらいにしかつかわれなかったので、この朝鮮半島におけるトウガラシ利用の大きな変化は、日本とは対照的なことである。そして、その背景には日本と朝鮮半島における肉料理にたいする嗜好の大きなちがいがあったようである。

（山本紀夫）

ザボン

【中　国】

柑橘類のなかで最大なのがザボン、中国で柚子《ヨウズ》とよばれる果物だ。球形、洋ナシ形、卵形……さまざまな形だが、果実はとても大きく赤ん坊の頭くらいにもなる。マレー半島原産といわれ、日本の九州・四国にもあるが、中国の南部でもよくみかける。

　ヴェトナムと国境を接する広西チワン（壮）族自治区は亜熱帯性の気候にめぐまれ、中国第一のザボンの産地である。洋ナシ形で果肉が甘くて人気のある「沙田《シャーティエン》柚子」は広西が原産地だといわれる。酸味のつよい品種「酸《スワン》柚子」もある。この五、六年、中国では経済が飛躍的に発展したが、広西でもさらなる発展をめざして多角経営化が進んでいる。果物・野菜・漢方薬材など経済作物の栽培、魚の養殖と養豚が主流だが、なかでもザボン、バナナ、パイナップル、ライチといった熱帯の果物の栽培が流行している。

　ザボンの一風かわった使用法が、国境地帯の広西の靖西《チンシィ》県にある。この県は高原に立地し、カルスト地形の景勝地が随所にある。人口は約五六万人で、そのほとんどがチワン族という少数民族地域だ。チワン族は漢文化の影響をつよくうけてきた民族だが、この県では比較的ふるい習俗がまだのこされている。

　旧暦の八月一五日は「中秋節」、月見の行事がおこなわれる。この日に月のようにまるい菓子、月餅《ユエピン》を行事食として食べるのは全国共通で、靖西県でも市場や商店で山のように積まれて売られている。

　この日の夜、町の繁華街にある店先や住宅では、門の外にテーブルを据えて供えものをのせ、天地を祀る。さきに外で天地を祀り、後に家のなかの祭壇で祖先を祀る。供えものとしては、月餅、クリ、サトイモ、サツマイモ、ウリ、スイカ、リンゴ、ミカン、カキ、そしてザボンである。形がまるくタネのおおいもの、殻の硬いものが農作物の豊作や、そのアナロジーとしての子孫繁栄をもたらす供物としてもちいられる。サトイモは中国南部ではふるくからの作物で、中秋節には欠かせない。ザボンはそのまま供えるほか、テーブルの上に置き上部を切りとって、切り口にロウソク・線香をさして点火したりもする。

祖先を祀ったら、一家そろって団欒《だんらん》しながらご馳走を食べる。アヒル・魚・鶏料理などがテーブル一面にならべられる。夕食を終えたあとに、家族や友人たちが連れだって町へとくりだす。子どもたちは、ぼんやりと光るものをカラカラとひきずっている。それは「兎子灯《トゥーズドン》」とよばれるもので、竹で枠組みを編んでウサギの形にし、そのうえから紅白の色紙を貼りつける。なかにロウソクを立てて車輪をつけ、ひもで引くようなしかけになっている。月のなかの白兎にちなんだものだ。あちこちで「兎子灯」が走る。ウサギのほかには、クジャクやアヒルの形をしたもの、飛行機・船・戦車を形どったものもある。

「兎子灯」のほかにもうひとつ、この地方に特有なのが「ザボン灯」というもので、中秋節の祭りのクライマックスをかざる。球形をした「酸柚子」をもちいて、果皮のうえから線香を数本ずつ束ねたものを満面にさす。日本の線香よりもずいぶん太い。ある家でみたものは五〇〇本もの線香を一個のザボンにさしていた。これを長い竹竿に固定したものを、あらかじめ準備しておく。そして、当日の夜、線香に一本ずつ点火する。そして竹竿を継ぎ足して支え起こす。高さは五メートルほどにもなろうか。香煙をあげながら燃え、夜空に光彩が浮かびあがる。それは「朝天香《チャオティエンシャン》」とも称され、天にむかって芳香をはなつ。

この行事は漢人から伝播したものである。一七世紀末の文献にも、中秋節の夜に女たちがあつまって、月の女神「常娥《じょうが》」をおがみ月をめでるとともに、ザボンに香をさしてこれを燃やすことが書かれている。しかし、現在の漢文化にはみられないことから、チワン族の人びとが、漢人に起源する文化をうけ継いで、それを保ちつづけてきたことを物語っている。

（塚田誠之）

★ *Citrus grandis*　ザボン（ミカン科）

夏に白い花を開く、ミカン科の常緑果樹。ブンタン。柑橘類のなかでは最大の果実をつける。1 kg前後の人頭大のものがおおく、品種によっては2～3 kgになる。マレー半島からインドネシアが原産といわれており、東南アジア、中国南部、台湾、日本で栽培され、品種が分化発達した。日本には江戸時代にもちこまれ、現在九州や四国などの暖地で栽培されている。ザボンの名はポルトガル、スペイン語のZamboaの転訛語である。

バナナ

【中　国】

中国の雲南省南部は、バナナの産地である。バナナはタイ族にとってひじょうに身近な植物で、生活のなかのさまざまな場面で利用される。

果肉は、そのまま生で食べる以外に油で揚げたり、もち米のなかに餡《あん》としていれて粽《ちまき》にして食べる。雄花序や若芽も刻んで野菜として料理につかう。偽茎は、うすくスライスして煮ると、ブタの飼料になる。

葉の用途は幅がひろい。もち米の御飯はバナナの葉で包むと、ほのかな香りがつき、腐りにくいという。竹筒で御飯を炊くときは、筒の口をバナナの葉でふさぐ。バナナの葉に包んで肉やもち米を蒸す料理は種類がおおい。臼で搗《つ》いたもちもバナナの葉にのせて焼いて食べる。

西双版納《シーサンパンナ》のタイ族の家では、柱の上部に白い布が巻かれ、なかにバナナの葉とサトウキビの茎の先が挿しこまれている。また高床に炉をつくるさい、下にバナナの葉を敷いて土を盛る。これらについてはつぎのようないい伝えがある。

タイ族に高床式住居をもたらしたパヤサンムディが、あるとき、家屋の柱用に大木を切り倒した。大木は川に住む悪い龍が天にのぼるための梯子《はしご》であった。大木のゆくえをさがした悪い龍は、彼の家の階下でそれをみつけると、その柱をつたって家内にはいり、パヤサンムディを殺してしまった。それ以後、悪い龍は毎晩、パヤサンムディの美しい妻の寝床に忍びこんできた。妻は悪い龍の鋭い爪でからだじゅうを傷だらけにされ、毎晩苦痛に耐えていた。そこへ行商人がやってきて、彼女の家に宿をとった。事情を知った彼は、妻を穀倉に隠すと、太いバナナの木に彼女の服を着せて寝床においた。その晩やってきた悪い龍が力いっぱいバナナの木に抱きつくと、爪が抜けなくなってしまった。そのすきに行商人は長刀で悪い龍を退治した。以後、悪い龍の子孫は、バナナの木をみるとおそれて逃げるようになった。そこで、人びとはバナナの葉を家内において、悪い龍を寄せつけないようにしたのである。

★ *Musa sapientum* バナナ（バショウ科）

果実を食用とする大型の多年草であるバナナの一種。中国の雲南省では「芭蕉」とよばれ、別名「粉芭蕉」「灰芭蕉」ともいうが、日本の芭蕉とはことなる。インド、マレー群島の原産で、雲南省の西双版納では全域にわたってひろく栽培されている。株全体が黄緑色で、白粉でおおわれている。

また、婚礼のクライマックスにもバナナは登場する。新郎新婦の前のバナナの葉を敷きつめた円卓の上に、バナナの葉の容器にはいった調理ずみのニワトリ、ひと房のバナナ、塩、御飯、酒、水、ひもなどがおかれる。ニワトリにかぶせたバナナの葉を円錐形にした蓋がとられ、ふたりの手首をひもで結ぶ儀式がはじまる。

婚礼でなぜバナナの葉や果実をつかうのか、と聞いても、人びとはわからないと答えるばかりであった。しかし、タイ族がバナナに悪い龍を追い払う強い力を認めていることや、一年中、果実をたわわにつけるバナナの繁殖力をかんがえると、意味もなくバナナがつかわれているとはおもえない。

ところで、雲南のバナナの種類は、野生種と栽培種をあわせて豊富であるが、果物として食べるのは、中国語で「香蕉《シアンチャオ》」と「芭蕉《バーチャオ》」とよばれる二種類に大きくわけられる。街角でよくみかけるのは香蕉のほうで、これは台湾バナナとほぼおなじ系統である。その名のとおり、あまく柔らかな芳香がある。芭蕉は香りはあまりなく、果皮は灰黄色、実の形は香蕉より太く、断面は角ばった楕円形にちかい。芭蕉のみてくれは悪く、味も一般の人は香蕉に軍配をあげる。しかし、芭蕉には香蕉にない酸味があり、どこかしら野生味をのこしていて、わたしは食べ慣れている香蕉よりも芭蕉に心魅かれていた。そしてそれが、運のつき。のちにわたしは芭蕉でくるしいおもいをすることになったのである。

ミャンマーと接する徳宏地区で調査中に熱をだして寝ていたとき、当地出身でタイ族の湯先生が芭蕉を買ってきてくださった。食欲がなかったわたしに、芭蕉ならすこしは食べられるかしら、との配慮であった。まもなく熱がさがったわたしは、それがおいしかったのと、はやく回復しなくては、という気もちもあって、芭蕉をいっぺんに三本もたいらげてしまった。

つぎの日、そのことを報告し、上機嫌で「栄養があるし腸にもいいでしょう」とつけくわえたわたしに、湯先生は目を丸くして「タイ族ならだれでも知っていること」を教えてくれた。それは、香蕉は腸の働きを促して排泄を促進するが、芭蕉にはまったく反対の作用があり、いちどにたくさん食べてはいけない、ということであった。わたしはその後、それを身をもって確認することになった。（横山廣子）

ウルシ

【東アジア・東南アジア】

岩手県の浄法寺町に漆掻《うるしか》きをみにいった。

日本で消費される漆の九九パーセントは輸入物である。韓国、中国から輸入される。ただしこの輸入物は品質が劣り、何度も重ね塗りをする最後の一塗りは国産のものでないとだめらしい。その国産漆の大部分が浄法寺町で生産されている。

ウルシの木に傷をつけ、そこからにじみでる樹液をあつめる作業を漆掻きという。梅雨時から九月くらいまで、夏の暑い時が最盛期のたいへんな重労働である。国産品は貴重で価格は高く、時間給にすれば漆掻きはかなり割のいい仕事になる。しかし年間つうじて仕事があるわけでなく、しかもシーズンには毎朝早くからきつい仕事をする。漆掻きをする人は年々すくなくなっている。

漆掻きがしんどいのは、山の斜面を登り降りしながらウルシの木を一本一本みつけて作業をすることである。平地に木を密に植えれば移動の時間と労力を省けることになる。どこにでも生え「雑木」とよばれるウルシも、植林されるようになっている。

塗りの技術は日本のものが格段にすぐれている。中国のほかベトナム、タイ、ミャンマー、ブータン、チベットと漆を利用する地域はひろいが、やや粗いできばえのようにおもえる。ただこうした国ぐにでは、日本にくらべるとはるかに日常的に漆塗りの食器や容器がつかわれることがおおい。

逆に日本では工芸品として高価な値になる。娘のはじめての誕生日のプレゼントを漆器にしようとおもいたって、京都の象彦にいった。手のひらにのる大きさの小物入れを買ったが、あまりに高価で妻がやきもちを焼いた。価値もわからないだろうと、そのまま包装紙も解かずしまってある。本人はいまもこのプレゼントを知らない。

値段をかんがえると粗略にあつかえないが、漆器はほんらい丈夫なものである。

日常的につかわれるのも、ひとえにその丈夫さがある。ただ日本では、とうにプラスチック製品にとってかわられてしまった。質感にしてもプラスチックは漆の代替品である。

中国も漆の利用は盛んである。四〇〇〇年前の「夏」の時代にすでに食器・祭器につかっていた、という文献もある。そんな昔のことがわかるかとおもうが、三〇〇〇年ほど前の「周」時代の漆器の破片がみつかっているらしい。陝西・湖北・四川・貴州・甘粛省が主産地である。

雲南にもおおい。

ミャンマーの東を流れるサルウィン川は上流の雲南では怒江とよばれている。山地をえぐり峡谷となっている。その山地には傈僳族《リス》、怒族《ヌー》の人びとが住んでいて、彼らもウルシを栽培する。日本のウルシとはちがう種だが、樹液を採るだけでなく、果実からは調理用油を採る。むしろ油採りが昔から主であった。

食用油といってもいわゆる木蠟であり常温では固型である。果実を唐臼で砕き、外皮と種をわけ、外皮のほうを鉄鍋で煮る。種子のほうはブタにやる。できあがった油は鍋底で固まるが、その形のまま市で売られている。

このあたり食用油はアブラギリからもつくるが、ウルシ油のほうがうまくて栄養価も高いという。客があるときや祭りの食事にはウルシ油をもちいる。

おなじ怒江の山地には勒墨人《ラームー》とよばれる人も住む。その一集落は代々漆掻きを専門にする集団である。そう教えてくれた人は、いまは漆掻きの季節でないし、急斜面を登って一日かかるとしぶっていたが、なんとか頼みこんで連れていってもらうことにした。日程に余裕がなく日帰りでいくことにしたが、当日、朝からどしゃぶりの雨になり断念した。

塗った漆を「乾かす」という作業は、漆に化学変化をおこさせ硬化させることで、むしろ一定の湿度を必要とする。そのせいか漆の産地はとくに雨や霧がおおいような気がする。

（阿部健一）

★ *Rhus verniciflua*　ウルシ（ウルシ科）

落葉高木。雌雄異株。陽樹であり、人手のはいった斜面でよく成長する。「漆」が採れるのは、ほかにインドウルシ（ハゼノキの亜種　*R.succendanea* var. *acuminata*）がある。またウルシ科の別属、アンナンウルシ（*Gluta usitata*）や *G.laccifera* からも漆類似の樹液が採れる。

ドリアン

【東南アジア】

ドリアンの名は、実の形状からつけられた、マレー語のドゥリ（刺）とアン（〜をもつもの）が語源である。学名のツィベティヌスとは「ジャコウの香りのする」という意味だが、ここではたんに、においがつよいことをあらわしている。

パンヤ科の常緑高木であるが、立地条件をえらぶデリケートな樹木であるため、東南アジアの一部の地域以外では、栽培に成功していない。マレー半島かボルネオ島西部が原生地とされる。実はふつう、七、八月に成熟するが、その時期はかならずしも一定しない。マレーシアのスランゴル地方では、実をつけなくなったドリアンの木にたいし、ふたたび豊饒を祈願する儀礼が、祈禱師によっておこなわれたという。フィリピンでは、ミンダナオ島とスールー諸島にしかみられないが、マレー系の人びとによってあたらしく移植されたことは、タガログ語のドゥリャンがマレー語の借用語であることからもわかる。

ドリアンの実を分類する約一〇種のことばがマレー語にはあるが、そのなかでもっとも美味なのは、トゥンバガ（銅）とよばれる、果肉が濃い黄色でクリーム状の甘い品種である。

だれがいいだしたのか、「ドリアンは果物の王、マンゴスチンは女王」といわれる。ドリアンはマレーのことわざにもしばしば登場する。「ドリアンとウリ」は、月とスッポン。「熟れたドリアン、熟れたマンゴスチン」は、ドリアンが熟れるとまわりに香気を発することから、男は女にくらべ秘密をすぐバラしてしまうこと（ほんとう?）。「落ちたドリアン」は、苦労せずおいしいものを手にいれることで、棚からボタもちとおなじ。ドリアンは、実が熟して自然に落下したものでないと食べられないことから生まれたことわざだろう。

産地では、成熟期間の一ヵ月間、人びとは、樹木のちかくに小屋をたて、不寝番をしながら落下する実を収穫し、翌日、市にだす。値段もけっして安く

★ *Durio zibethinus*　ドリアン（パンヤ科）

樹高が30mをこえることもある常緑の高木。果実は人頭大で、表面は刺におおわれている。なかは5室にわかれ、各室にクリの実くらいの種子がある。この種子のまわりの淡黄色から白色、あるいは赤色を帯びた果肉が食用となる。熟した果肉は特有のにおいを発する。種子は焼いたり、油であげて食されるほか、製菓原料にもされる。

ないので、着物を質にいれてでもそれを食べたがる人がいるとは、よく聞かされる話である。

臭気か香気か、人によってその表現がちがう。よくたとえられるのは、腐敗したタマネギ臭。においが強烈なため、飛行機やホテルではドリアンのもちこみを禁じていることがおおい。あえてドリアンのために弁護すれば、ジャスミン系の香水のつよいにおいがたまらないという人もおおいなかで、ドリアンへのこのような措置は、すこし不公平ではないかという気がする。しかし、それでもこっそりホテルにもち帰って食べる秘儀的楽しみは、ますます、ドリアンのあやしい魅力を増す結果となる。ドリアンを食べるとき、酒を飲んではいけないと注意されるが、ドリアンには強精作用もあるからだそうだ。

中国語でドリアンは「榴槤」と書かれる。これと「留連」(居続ける)という言葉とは、音がたまたまおなじになる。東南アジアには故郷に帰らず永住している華僑もおおいが、それはドリアンのとりこになってしまったからだ、という理屈になる。

現在、タイでは人工授粉によってドリアンの品質や収穫を安定させ、タイ産やマレーシア産のドリアンのジャム、菓子類は空港の売店でも売られるようになった。しかし、生果のもつ肉感的な味にはとてもかなわない。

ミクロネシアには、ドリアンとはまったく別科のイイギリ科のパンギノキが、固有の名称をうしない、ドリアン系の名前でよばれる地域がある。ポーンペイ、モキル、コシャエなどの島じまがそうで、ドリアンの味を知ったヨーロッパ人がそのようによんだことに由来する。日本の信託統治時代には、南洋ドリアンとかポナペドリアンとよばれた。

パンギノキは、とくに幼果と種子に青酸性の猛毒があり、魚毒として利用されたりもするが、そのドゥリのないフットボール状の実の果肉には、たしかにほんもののドリアンとよく似たにおいと味がある。ドリアンへの想いは、危険をもかえりみないといったところか。

(崎山　理)

ナンバンサイカチ

【インドネシア】

インドネシアのフローレス島にすむリオ人の村でフィールドワークをはじめてまもないころのことである。村の開祖をまつる聖なる家にすむ首長が、わたしの教師役をつとめてくれていた。かれは必要なこと以外は口にしない寡黙な人間であり、その教えかたは一種の放任主義であった。つまり、重要とおもえる事柄をかんたんに説明するだけで、あとはわたしに自分でしらべさせた。そして、後日、どこまでしらべがすすんだかをききだし、それにコメントをくわえるのだった。

そんなある日のこと、首長はかれの息子のソロモンとナンバンサイカチという樹木の関係を話題にとりあげ、リオ語で「テブ」とよばれるものについて、つぎのような話をはじめた。「ソロモンのテブはナンバンサイカチで、わたしの妻のテブとおなじである。母のテブがナンバンサイカチだと、子どものテブもナンバンサイカチになる。

その由来についてはつぎのような話がある。とおい昔のこと、ナンバンサイカチの幹から女の子がうまれた。だが、ナンバンサイカチは自分のうんだ子に乳をのませることができなかった。そこで、ちかくにいたスイギュウが乳をあたえ、その女の子をそだてた。

そんなわけで、ナンバンサイカチの幹からうまれた女の子の（母系）子孫はナンバンサイカチとスイギュウをたいせつにあつかわなければならない。かれらはナンバンサイカチを切ったり、傷つけてはならない。また、かれらはスイギュウを殺したり、その肉を食べてはならない。そうすることは、自分自身を食べることだからである。

ソロモンは子どものころ何度いってきかせても、こうしたタブーを信じようとしなかった。それどころか、ある日のこと、親のいうことがほんとうかどうかためそうとした。ソロモンはおなじ年ごろの子どもたちをさそい、ナンバンサイカチの枝でそこらじゅうをたたきまわったのだった。するとたちまち、ソロモンは全身がかゆくてたまらなくなった。自分のテブを傷つけたり、食べたりすると、ヌカラー（じくじくと化膿《かのう》しつづける悪性の腫《は》れ物）にくるしめられることになるが、このヌカラーがソロモンの身体にできはじめたのだった。わたしはすぐにちかくにあるナンバンサイカチのところにいき、息子のために謝罪の言葉をのべた。すると、たちどころにソロモンの身体のかゆみはおさまった」。

このように、リオ人の社会では人間と特別な関係にある植物や動物がテブとよばれる。ナンバンサイカチはその一例であり、そのほかにタロイモのテブ、ヤムイモのテブ、ベンガルボダイジュのテブ、モダマ（マメ科の蔓木）のテブ、イヌのテブ、ウナギのテブなど、さまざまのテブがある。これらのテブはそれぞれ母から子どもへと母系的にうけつがれ、テブをおなじくする男女の結婚はきびしく禁じられている。また、おなじテブを共有していることがわかると、みずしらずの人間どうしが、たちまちのうちに実の兄弟姉妹にもおとらないかたい絆でむすばれるようになるのだといわれる。

テブとみなされる植物についていえば、わたしのしるかぎりそのすべては「野生の植物」であり、「栽培植物」のテブは一例もない。タロイモやヤムイモは植物学的には栽培植物であるが、ここでいう「栽培植物」の定義は、作物の起源を説明するリオ人の神話にもとづいている。この神話によると、すべての「栽培植物」はとおい昔に殺され、切りきざまれたボビノンビという名の女性の身体から発生したとされる。そして、イネ、トウモロコシ、キャッサバ、カボチャ、キュウリ、シカクマメ、ニンニク、ショウガ、シャロット、ヒメボウキなどの「栽培植物」はボビノンビの身体の各部位に相当するといわれる。

だが、テブとなっているタロイモやヤムイモなどの植物はボビノンビの身体から発生したとはいわれない。タロイモのテブに付随する神話のなかで、タロイモはナンバンサイカチとおなじように人間の女の子をうんだとされる。また、ヤムイモは、ボビノンビが殺される以前、リオ人の人びとの主食であったとかんがえられている。

（杉島敬志）

★*Cassia fistula*　ナンバンサイカチ（マメ科）

熱帯アジア原産の落葉高木。高さ10～20mになる。小葉は長さ5、6 cmの卵～長卵形。たれさがった花序に、芳香のある鮮黄色の花を多数つける。長さ20～40cmの円柱形のさやのなかには、40～100個の種子がある。果肉は下剤にもちいられる。

コブミカン

【インドネシア】

レモン、オレンジ、ライムといった柑橘類の香味はどれも個性的である。しかし、コブミカンの個性は群をぬいている。ライムはそれにちかい香味をもっているが、コブミカンのほうがはるかに鮮烈で強力である。

日本人がコブミカンを口にすれば、おおくのものはそれをたべものとはみなさないだろう。これはかならずしも慣れの問題ではない。コブミカンが生育する東南アジアや南アジアのおおくの地域でも、コブミカンはおもに下痢や頭痛の薬として、あるいは頭髪用の香料としてもちいられてきたからである。しかし、インドネシアのフローレス島にすむリオ人はコブミカンを薬や香料としてはつかわない。

リオ人の日常の食生活はいたって質素であり、飯・キャッサバ・トウモロコシなどの主食、野菜汁を中心とする副食、それにホロからなる。ホロとは字義的にはトウガラシのことを意味するが、食事の場面ではトウガラシに塩をまぜてすりつぶした一種の薬味をさす。しかし、雨季の後半部にあたる二月から五月にかけての時期には、コブミカンの果皮と果汁をまぜたホロが食卓にのぼるようになってくる。この時期にコブミカンの実がおおきくなりはじめるからである。

また、コブミカンにはつぎのような利用法もあった。かつてリオ人の社会では、富裕な人物が死ぬと、その遺体を何週間ものあいだ屋内に安置することがおこなわれていた。そのあいだに遺体は当然にも腐敗し、屍汁が竹床をとおして地面にしたたりおちる。リオの家屋は高床式なので、イヌやブタが床下にはいりこんで屍汁をなめることができる。それをふせぐために、コブミカンの枝で床下の空間が密閉されたのである。

集落の周囲にはさまざまな樹木がおいしげっている。にもかかわらず、床下の空間をとざすための材料はコブミカンの枝でなければならなかった。これ

★ *Citrus hystrix* コブミカン（ミカン科）

和名はコブミカン、スワンギ、プルットなどと一定しない。東南アジアや南アジアに分布する。樹高は3～5mで、枝にはするどい刺がある。果実の直径は4～6cmで、ふかいしわがある。果皮にはしびれるような苦味があり、果肉には強い酸味がある。しかし、その香りは清冽このうえない。

はなぜなのだろうか。その清冽な香りにひとびとは腐臭をよわめる効果を期待していたのであろうか。しかし、コブミカンといえども遺体の発散する猛烈な腐臭にはかてない。また、遺体そのものがコブミカンの枝でおおわれたわけでもない。

この問題との関連で注目されるのは、つぎのような信仰である。リオ人の生業は焼畑耕作であり、畑地の開墾は森を伐採する作業からはじまる。まれにではあるが、伐採の作業中に、コブミカンの葉とそっくりの羽根をもつ昆虫（ナナフシのなかまとおもわれる）にでくわすことがある。この昆虫がみつかると伐採の作業はすぐさま中止される。さもなければ、耕作者やその家族にさまざまな不幸がふりかかるとされるからである。

コブミカンの葉とそっくりの羽根をもつ昆虫はリオ語でムデ・ンバンガ（コブミカンの葉）とよばれる。そうであるならば、葬儀におけるコブミカンの枝と伐採地における「コブミカンの葉」はおなじ役割りをはたしていることになる。つまり、両者はともに空間を境界づけ、そのなかに侵入することを阻止しているのである。

さきにのべたコブミカンの薬味としての利用法も、この空間の境界づけとなんらかの関連をもっているのだろうか。そのようにかんがえることも不可能ではない。コブミカンが食卓にのぼる時期は病人が一年でもっともおおくなる季節とかさなっており、コブミカンをたべることで病魔の侵入をふせいでいるという解釈がなりたつからである。

しかし、この解釈はおそらくまとはずれである。コブミカンを口にするのはその香味が食欲をそそるからである。ひとびとがコブミカンの香味を賞賛する場面に筆者は何度もいあわせたことがある。しかし、病魔の侵入をふせぐためにコブミカンを口にするという説明は一度としてきいたことがない。これにくわえ、コブミカンの収穫期は病気の季節よりもながくつづくのである。

（杉島敬志）

バナナ

【フィリピン】

いまや熱帯性植物だということも忘れてしまうほど、わたしたちにとって身近な果物バナナ。バショウ科の多年草で、東南アジアが原産。種子なしの果実を食用とするもので、一年中実をつけ、種類も豊富。現在わたしたちが店頭で出会うバナナのほとんどは、フィリピン産大型高収量のキャベンディッシュ種だ。皮が厚く日もちがし、形もよいので輸出用に適しているとされ、一九六〇年代以降アメリカ合衆国系多国籍企業によって、フィリピンミンダナオ島ダバオ周辺の日本市場向けバナナプランテーションでおもに栽培されるようになった。

ところが、わたしがミンダナオ島でフィールドワークをしていたときには、この種類のバナナをほとんど食べた記憶がない。いちばん人気があったのは、地元で「バナナの王様」とされる濃い黄色をした甘味の強い「ラカタン」というバナナだった。形は小さく皮が薄いので保存には適さないけれど、その濃い甘さと、熟して発する甘い香りには、高貴ささえ感じられた。それ以外にも、皮が薄くて味のよいラトゥンダン、皮が厚くて緑色のサバとよばれる料理用バナナをよく食べた。日本でモンキーバナナの名で知られるものは、セニョリータ（スペイン語でお嬢さんの意）とよばれていた。

料理用のサバは、日本にはほとんど輸入されていないが、現地ではゆでて主食としても供される。食感はもったりとしたふかしイモのような感じで、フィリピン全域で、揚げ春巻き風のトゥロン、天ぷら風のマルヤなどさまざまなおやつになっている。またポチェロというスペイン風スープにも欠かせない具材である。

じつはバナナは、果実以外の利用価値も高く、ムダにするところのない万能植物だ。蕾《つぼみ》は、タガログ語では、プソ・ナン・サギン（バナナの心臓）とよばれ、赤いきれいな色をしている。表面の皮を焼いて中身を取りだし、ココナツミルクで煮たり、酢の物にしたりして食べる。ちょうどタケノコの姫皮を濃厚にしたような味わいだ。花は、一度乾燥させ、水でもどして料理にもちいる。

　バナナの葉には、殺菌作用があるとされ、皿や弁当箱がわりにご飯をいれたり、もち米を包んで蒸し菓子をつくる。魚を焼くときには、バナナの葉に包んでから焼くと、焦げない上に蒸し焼き状態になり、魚のうま味が閉じ込められるという。さらには焼け焦げ防止と殺菌効果をねらって、衣類の上に重ねてアイロンをかけることもある。家の周囲に何本かのバナナが植えられていて、さっと葉っぱを切ってきて、適当な大きさにしてもちいるようすは、日常の生活風景のひとコマだった。またバナナの果軸は、家畜の飼料にもなる。

　このように、バナナはフィリピンの人びとの生活に深く溶け込んでいるが、そんな「バナナの誕生」にまつわる民話がある。

　むかし、海辺の村にファナという美しい少女がいた。ファナを慕う男性はおおかったが、いつしかファナはアギンという男性と恋に落ちた。しかしファナの父親は猛反対。ある日父親が仕事からもどると、アギンが窓際でファナと話していた。怒った父親は山刀でアギンの腕を切り落とし、彼はその場を去った。ファナはアギンを追いかけたが、みつけられなかった。それで、泣きながらのこされたアギンの腕を土に埋めた。

　あくる日の朝、ファナの父親が畑にいくと、みたこともない植物が生えていた。緑色の大きな葉と、指のような形の黄色い果実がついていた。ファナは、「あれはアギンよ。アギンの生まれ変わりよ」とさけんだ。そこはファナがアギンの腕を埋めた場所だったのだ。それ以来その植物はアギンとよばれ、のちにサギン（タガログ語でバナナの意）とよばれるようになった。

　これ以外にも、貧しい家族のために市場で盗みをして切り取られた少女の指の形をしているので、バナナの皮は四枚（果実をいれると五本指）にかならずむけるのだ、という話もある。

　これらの民話の内容や蕾を心臓とよぶことなどをかんがえあわせると、バナナにはフィリピンの人びとの命の片鱗が宿っている気がする。こんなふうにバナナの背景を知ると、日本の食卓のバナナにほんのすこしのほろ苦さを感じてしまうのはわたしだけだろうか。


（森　正美）

★*Musa sapientum*　バナナ（バショウ科）

バショウ科バショウ属の株をつくる大型多年草で、インドからポリネシア西部まで約40種が分布する。果物として果実を食べる栽培バナナは、バショウ（芭蕉）に似ることから、和名をミバショウ（実芭蕉）という。これらは種子をもつある野生品種から複雑な過程をへて育成されたもので、他方、料理用バナナは雑種起源である。

ウコン

【東南アジア・オセアニア】

英語では根茎がターメリックとよばれるウコンは、日本人にはおなじみのタクアンの黄色やカレー粉の原料となる。ウコン自体には芳香があるだけで、ライスカレーが辛いのは添加されているトウガラシのせいである。

ウコンは、黄色染料や薬草として熱帯・亜熱帯アジア各地で利用されている。東南アジアが原産といわれているが、マレー語ではトゥムと総称されるウコン属を九種類以上区別している。そのなかのとくに黄色染料をとるための栽培種がトゥム・クニット、略してクニット、和名でウコン（鬱金）とよばれる。沖縄ではウッチンといい、栽培・商品化されている。クニットはマレー語のクニン「黄色」と語源がおなじであり、オーストロネシア祖語にたどりつく。

西暦四世紀ごろ、インドネシアからマダガスカルに移住した人びとは、トゥムをタムと変化させた。現在、タム・タムがウコン、タ・タムがネッタイスイレンをさすようになったのは、両方とも根茎に解毒作用があり、民間薬として利用されるからである。

マレー語トゥムは「会う」という言葉と同音異義になるため、おなじショウガ科のバンウコンの一種トゥム・ウラット（筋ウコン）をもじってつくられた魔よけのパントゥン（四行詩）もある。

真ちゅうの盆にバンウコンが生えた
ヒョウタンが生えた
筋と会い、肉と会い
すべての毒に張りつき、毒を解く

ウコンは、ジャワの民間薬（ジャム）の材料として抗菌、抗炎、鎮痛、利胆、痔疾の治療などひろい用途がある。また、通過儀礼においては、ウコンをかんで初生児や病人にはきかけたり（アチェー人、ミナンカバウ人）、遺体をウコンでこすったりする（バリ人）ためにもつかわれる。またマレー人の、御七夜や婚礼などのとき、米にウコンを混ぜてたく黄飯は有名で、ことわざにも「皿にもった黄飯は儀

★ *Curcuma domestica*　ウコン（ショウガ科）

熱帯アジア原産のウコン属の多年草。高温多湿をこのみ、インドから東南アジアを中心とする、熱帯や亜熱帯でひろく栽培されている。先のとがった楕円形の葉が地下茎から伸び、高さ40～100cmになる。直径3～4cmの根茎の皮をむき、煮て乾かし粉末にしたものが香辛料になる。また根茎の熱水抽出液は、古くから純度の高い黄色染料としてつかわれる。

式がすむまで食べられない」（もの事には順序がある）というのがあり、ハレの食事を意味している。

このようなウコンの使用には、インドからのヒンドゥー文化の浸透とともにひろまった習慣もあったにちがいない。黄飯以前には赤米がたかれた。インドの影響を受ける前にマダガスカルに移住した人びとや、その影響を受けなかった東南アジア大陸部のチワン族、ヤオ族などは、現在もそのような赤飯の習俗をのこしている。日本の赤飯をつくる風習も、このような古い文化と関係があるが、日本では赤米栽培の衰退後、米にアズキを混ぜることによって赤飯を模すようになった。

紀元前にオセアニアに移動したオーストロネシア語族もウコンの根茎をたずさえていた。メラネシアのフィジーではレ・レンガ、ポリネシアのサモアではレンガとよばれ、樹皮布の染色や薬用にもちいられる。ミクロネシアのヤップではレン、すなわちウコンの根をすりおろし、沈殿した粉をヤシ殻などの器に乾し固め、バナナの葉の繊維で紡錘状に包んだ製品が重要な交易品となっていた。ヤップ語で橙色を意味するラン・レンは、このレンからうまれた言葉である。現在、ミクロネシアでは集団舞踊の化粧用としても、ウコンはひろく利用されている。

このようなオセアニアでのウコンは、オーストロネシア祖語のトゥムでなく「ゴマ」を意味するルンガ系の言葉に由来する。オセアニアでは近代になるまでゴマは知られなかった。マレーでルンガ「ゴマ」はやはり薬用に利用される。ゴマとウコンは植物の分類も形態もまったくことなる。それにもかかわらず、オセアニアでゴマがウコンに変身した理由は、両者に儀礼、呪術にもちいられる植物として共通した機能があったからである。マダガスカル語では、ルンガ起源のルングが西アフリカを原産とするショウガ科メレゲッタをさすようになったが、こちらはともに香辛料として精油が利用されるためにおこった意味変化である。

（崎山　理）

ガジュマル

【東南アジア・オセアニア】

ガジュマルは、インドから中国南部、東南アジア、台湾、オセアニア、沖縄、種子島にかけて分布するクワ科の常緑高木で、その名は首里方言からきている。漢名では「榕樹」とよばれ、西暦四世紀初頭に書かれた嵇含《チハン》の『南方草木状』には、枝にコブがあり、幹はうねっていて木材として役にたたない、また、燃やしても炎がでないので薪にもならない、しかし、ひろい木陰をつくるので、人びとはその下で憩うことができる、と説明している。

ガジュマルは属のことなるバニヤンと混同され、マレー・バニヤンともよばれる。また、別属のベンジャミンがシダレガジュマルとよばれるなど、たがいによく似ている。いずれも気根を垂らし、大きくひろがった枝葉が樹陰をつくり、寄主となった樹木を絞め殺す。ただし、ガジュマルが街路樹にむかないのは、重なりあった葉が雨水を枝の外側に垂らすからである。沖縄では防風用にガジュマルが屋外に植えられることもおおい。首里桃原《とうばる》町にあるガジュマルは樹齢二〇〇年をこえるといわれ、キジムナー（木の霊）が住むことで知られる。桃原のキジムナーは、好物の魚の左目を食べに夜な夜な慶良間《けらま》諸島に飛んでゆくそうだ。沖縄では、ガジュマルが古木になるとキジムナーになるとも信じられている。また、毎月朔日と一五日には、ユタ（巫女）が手草《たくさ》としてガジュマルの枝をもち、祖神と火の神に手向ける習慣がある。

気根が垂れさがり、凹凸のおおいガジュマルの幹は、霊的存在を感じさせるにじゅうぶんなほど、みるからに妖怪的なかっこうをしている。ミクロネシアのマリアナ諸島のチャモロ人は精霊をタオタオ・モナ（いにしえの人）とよぶが、それは祖霊とくに首長の霊とかんがえられており、住む場所は、ラッテ・ストーン（家の礎石とされた巨石遺物）の周り、森、洞穴、そしてもっとも好んで住むところがガジュマルである。タオタオ・モナは土地を守護するが、人を助けて超能力をあたえる点ではキジムナーとも共通する。しかし、キジムナーには祖霊の観念がぬけおちる。

ガジュマルに祖霊が宿る（あるいは祖霊そのもの）とみなし、さらに政治的領域を表象する慣習は、オーストロネシア語族の原文化にさかのぼる。スマトラのトバ・バタク人の天界には、それぞれの枝が、海人のことば、マレー語、アンコラ語、ダイリ語、トバ語を話す人びとのシンボルである神話上のガジュマルが生えている。マレー半島では、王家の前庭にガジュマルを二本植えるならわしがあった。これは、はるか東方にある台湾の、頭目の屋敷の前にガジュマルを植えるパイワン人の風習につながる。

マレー人は、月の影に、逆さのガジュマルとその木の下で地表のすべての魚を釣りあげようと釣糸をなう老人をみる。しかし、毎夜、ネズミが糸をかじるので、老人は仕事を最初からやり直さなければならず、その野望はまだ実現していない。月のなかのガジュマルは、枝（じつは気根）を上にむけた姿で象徴的に世界をあらわしている。現在、インドネシア共和国の紋章の一角に描かれたガジュマルも、パンチャシラ（国家五原則）のなかの国家の統一を象徴するしるしとしての意味をあたえられている。

マダガスカルにも、西暦四世紀ころ、インドネシアからの移民によってガジュマルがもたらされたが、マダガスカル語のヌヌカは、スンダ語のヌヌク、チャモロ語のヌヌ、タガログ語のヌノク（意味変化し「祖先」をさす）などとおなじ語源である。オーストロネシア語族には、植物を利用した民間治療薬の知識がひじょうに発達した。マダガスカルではガジュマルの木の葉を煎じて腹痛や陣痛の痛みどめに使用するが、沖縄にもおなじ利用法がある。ただしガジュマルの材はやわらかくて軽いので、沖縄では、現在は、細工物に加工されたりする。これは戦争などでキジムナーが逃げだした木もおおくなったからにちがいない。

オーストロネシア語族はガジュマルを切り倒す勇気をもたない。チャモロ人も、木はけっして切らないが、樹液は血どめに利用する。オーストロネシア語族のガジュマルにたいする畏怖と信仰は、それがさらにふるくインドに起源するものか、独自に生まれたものかはともかく、それにまつわる文化は沖縄までひろがっている。

（崎山　理）

★ *Ficus microcarpa*　ガジュマル（クワ科）

熱帯アジアからミクロネシアにひろく分布する常緑高木。石灰岩地域を好む。最初はほかの樹木上に寄生し、しだいに枝や幹から気根を垂らし、寄主を絞め殺す。気根は地面に達し、支柱根となることもある。高さ20m、直径1mの大木となる。果実は径8mmほどで、赤褐色に熟し、野鳥が好む。

センネンボク

センネンボクの仲間（センネンボク属）は、リュウゼツラン科に属す植物で、東南アジアから太平洋地域にかけて一五種ほどが知られている。

この植物はメラネシアおよびポリネシアで人とふかく関わっている。野生の状態で生えているものもあるが、おおくは人の近くで、栽培あるいは半栽培されている。日本には観葉植物としてはいっており、比較的よく知られた植物である。

ポリネシアでは、腰蓑としてももちいられるが、むしろ食用としてのほうが重要である。新芽が食用になるのはもちろん、根に糖分がふくまれていて、これを食用としていた。タヒチでは、白人との接触後、センネンボクの根から酒をつくることさえしていた。食物のすくなかったニュージーランドでは、この根の食用としての価値は他の地域よりも高かった。

【ニューギニア】

ニューギニア高地でも、センネンボクは腰蓑としてもちいられている。樹から皮をはぎ取り、乾燥させると、樹皮は輪状に巻く。これをベルトのように腰に巻き、そこにセンネンボクの小枝を下向きに差しこむ。これで腰蓑はできあがりである。紐で編んだ褌《ふんどし》状の前垂れで前をおおう民族もいる。このときはうしろにセンネンボクの小枝をたっぷり差しこんでお尻をかくす。これは座るときには、具合いのいい尻当てになる。

ニューギニアでは、こうした用途だけでなく、魂がとりつきやすい灌木として知られている。そのため、魂が身体から抜けだして病気になった人を治療するとき、センネンボクの葉で魂をとらえ、それを病人に返すということがおこなわれる。

わたしの住んでいたパプアニューギニアのセピック川の中流あたりに住むイワム族の村では、葉が赤い品種をもちいる。まず、村の端や川の近くに一本の棒を立てて、その先にセンネンボクの葉を結びつけておく。こうしておくと、逃げた霊がその葉の近

★ *Cordyline terminalis* センネンボク(リュウゼツラン科)

マレーシア、ポリネシア、メラネシアにひろく分布する、高さ1～3m、葉の長さが30～70cmの常緑低木。交配品種が多数あり、さまざまな種類が世界の各地で観賞用として栽培される。幼苗期を観賞するため、花を目にする機会はすくない。日本では、銅緑色にピンクから赤紫色の斑のはいるアイチアカ（愛知赤）がよく普及してる。

くに寄ってくるらしい。

魂をとりもどそうとする者は、夜、人びとが寝静まったころに村の端や川にでかけ、その葉をほどき、一端を結び、舟のような形にする。そして、すでに亡くなった近親者（たとえば亡くなった父や母）の魂に、逃げた魂をここに連れてくるようによびかける。もしもホタルが飛んでくるようであれば、まちがいなく魂がやってきたことを示す。ホタルは生霊の化身とかんがえられているからである。もちろん、ホタルがこなくてもよい。近親者の死霊の助けによって、生霊が帰ってきているはずだからである。

帰ってきた魂を、舟の形をしたセンネンボクの葉ですくい取るようにして舟のなかにいれる。そして、魂のはいった葉をもって、病人のいる家にもどる。このとき、その家ではすべての明かりを消しておく。魂は光を嫌い、逃げてしまう。また、魂をみようとしてはいけない。そうすると、魂は逃げてしまう。そのため、家にはいる前に、魂をつかまえてきた人が咳払いをひとつする。すると家のなかにいる人は彼に背を向けるか、顔を床につけるようにして伏せ、彼をみないようにする。彼は病人に近寄り、右足の先にその葉をあてる。病人は両足を伸ばし、その足に両手をあてた格好で座っている。葉を右足から徐々に膝のほうにさすりながら移動させていく。そこから右手にあがり、肩、首、頭とすりあげていく。これで魂が身体にはいった。それから、葉を中央で縦に割き、もう一端を結んで輪にし、それを首からかける。この輪は錠のようなもので、これによって魂は身体からでられないようになるという。この錠をさらに堅固にするときは、ウコンを噛んで吹きかける。ウコンはニューギニアでは魂とかかわる重要な植物で、この場合は魂を封じるためにもちいていた。

センネンボクは、また土地の境界の印としてももちいられる。土地は親族集団で所有されているが、他の親族集団との境目にはしばしばこの灌木が植えられている。そこに親族の死霊がとどまり、土地を守っているとかんがえられているからである。


（吉田集而）

パンノキ

【オセアニア】

粘りと特有の香気があるパンノキの果実は、デンプンを多量にふくみ、オセアニアの人たちが好む常食である。原産地はニューギニアからメラネシア地域とされている。

パンノキは発芽から結実まで数年を要するが、一本の樹から年に二、三回にわけて計一五〇個ちかくの大きな実がとれ、数十年間も実をつける。ひじょうに湿った場所で生育する品種から、乾燥した条件でもよく育つものまで数十種におよぶ栽培品種を、野生品種から何百年もかけてつくりあげたのは、まさにオセアニアの人たちの偉業といえよう。果実をまるごと焼け石で蒸し焼きにして食べるのが、もっとも一般的である。地面に掘った大きな穴のオーブンで蒸し焼きにした果実は数週間、また、発酵させてからあくぬきをして、たたくか、踏みこんでペースト状にしたものは、数ヵ月間、保存が可能な食料にもなる。

パンノキにかけた白人たちの執念の物語は、一五九五年、マルケサス諸島で最初に目にしたことからはじまり、その後、タヒチなどを訪れた白人たちによって、オセアニアのパンは樹になるとまでいいふらされた。一七八七年、タヒチに寄港したイギリスの戦艦バウンティ号の中佐ブライが積んだ一〇一五本のパンノキは、乗組員の反乱ですべて海に投げだされてしまったが、ブライは一七九一年、ふたたびジョージ三世から航行の命をうける。そして翌年四月にはタヒチに達し、パンノキの鉢を二一二六本積みこんだ。それらは潮風をうけないように甲板を布でおおったプロバンス号で、一七九三年二月、西インド諸島に浮かぶ英国の植民地ジャマイカまで、数ヵ月を要して無事運ばれたのだった。こうして植民地の労働者のための食料として輸送されたパンノキは、いまも中央アメリカでひろく栽培されている。

タヒチにはパンノキ誕生にまつわる話がある。数百年前のある王の時代、島びとはアラエアとよばれる赤い土を食べていたという。島にはろくに食べものがなかったのだ。王のひとり息子はからだが弱く、病気がちだった。ある日、王は后《きさき》に「赤い土を食べられない息子が不憫《ふびん》でならない。わたしが死んで息子の食べものになろう」といった。后が「どうしてあなたが食べものになれるのですか」と王に聞き返したところ、「わたしが万能の神に祈ろう」と答えた。

その日の夕方、后をよんだ王はいった。「わたしはいま、まさに死のうとしている。死んだら解体して、頭、胃と心臓をべつべつに埋めて、家に戻ってくれ。葉が落ち、花が落ち、大小二個の果実がずしんと地面に落ちる音を聞いたら、それが息子のために食べものになった自分なのだ」。その後、まもなくして王は死んだ。后は王のからだをそれぞれ家のちかくに埋めて、静かにしていると、王がいったように果実が落ちる音を聞いた。はっとした后は寝ている息子を起こして、家の外につれだしたところ、暗緑色で、幅ひろく、つやつやと光る葉と、たわわに熟した果実をつけた、一本のみごとな樹が目の前にあった。后は息子にこの実をたくさんあつめさせ、すばらしい食べものを贈ってくれた神にささげたあと、これからは赤い土は食べないように島びとにつたえなさい、といいつけたのだった。

南洋の楽園とおもわれるところにも、台風の来襲などで飢餓にさらされることもあった。この話は、あらたに移住したばかりの島で、自分たちがもちこんだパンノキが結実するまでの窮乏と、王の化身のパンノキが島をうるおす豊饒《ほうじょう》性を物語るものだろう。

しっかりと地面に根をはった重厚な樹の材は建築やカヌー製造に、繊維のつよい樹皮はロープや布（タパ）に、ゴム質の乳液はカヌーのすき間の詰めものにとひろく利用される有用樹でもある。

タヒチをはじめ、ポリネシアの人たちの主食、航海中の貯蔵食、飢饉食としてのパンノキは、ココヤシとともに、海のモンゴロイドたちがかつて太平洋の島じまにカヌーでこぎだし、数千キロメートルもの距離を移動・拡散した軌跡をたどるうえでも重要な植物なのである。

（武田　淳）

★ *Artocarpus communis*　パンノキ（クワ科）

30m以上の高木になる常緑樹。葉は3～10片のふかいきれこみがある。果実は20～30cmの楕円形から球形で表面に多角形の亀甲状突起がある。2～4 kgに達し、成熟すると表面は黄色になる。種子のある品種とない品種があり、種なし品種の果肉が、オセアニア地域の主食品となる。

タコノキ

【オセアニア】

タコノキは、幹の途中から気根が斜め下に向かって何本ものびるため、タコの足のようにみえる。ラテン語学名はパンダナス、沖縄ではアダンとよばれている。

わたしがフィールドにしているミクロネシアのヤップ島は、内陸部が乾燥して赤土におおわれており、タコノキだけがポツンポツンと生えている。乾燥にすごくつよい木なのである。サッカーボールぐらいの大きさの実が熟すと、あざやかなオレンジ色になって甘くなるが、これを主食にしていた島はすくない。

オセアニアの人びとは、タコノキの葉をいろいろな用途につかってきた。やや肉厚でまっすぐにのびた葉は丈夫で、編み物の素材として最適である。編み物といっても、かぎ針をつかって毛糸などを編むのとはことなり、葉と葉を直角において交互に上下をいれかえて編んでゆく、いわゆる網代《あじろ》編みである。長さが一から一・五メートルもある細長い葉を、まず日に干して乾燥させる。そのままでは編みにくいし、まだらに変色するためだ。カラカラにかわかすと、緑色の葉は薄いベージュに変色する。両側のギザギザした部分はとり去り、ナイフの背や、むかしなら貝製のスクレイパーなどで葉をしごいてやわらかくする。この段階で葉の幅は五センチほどあるが、そのままつかえば太くて荒い敷物になり、細かく割いて編めば、まるで織物のようにみえるくらいすばらしい細工にしあがる。

タコノキの葉でつくった身近な製品にはバスケット類がある。とくに赤ん坊をいれてはこぶ四角く細長いバスケットには、ショルダーバッグのような肩ひもがついており、肩からさげてもよし、上からつってハンモック状のゆりかごにしてもよし、じつによくできている。

また、オセアニアの人びとにとってたいへん重要な役割を果たしたものに、カヌーの帆がある。民博のオセアニア展示場にあるチェチェメニ号の大きな

★ *Pandanus tectorius*　タコノキ（タコノキ科）

熱帯地域にひろく分布する本木性植物で、約600種が知られている。気根を多数生じるので、タコの足にたとえた名をもつ。マレーシアからポリネシアにかけては、この種を栽培化したとかんがえられる葉を編み物用材料としてひろく利用していた。

逆三角形の帆も、タコノキの葉をつかって編んだものだ。カヌーに帆をはれば風に向かって帆走できるので、ひろいオセアニアを長距離航海するさいには、なくてはならないものだった。

タコノキの葉をただひたすら平らに編んでいくと、ゴザができる。これはじつに便利なもので、オセアニアのほとんどの島ではこれを敷物としてつかってきた。夜はこれをひろげてごろりと横になり、昼にはくるくると巻いて頭上の棚にひょいとのせる。

しかしところかわれば、ゴザもいろいろなつかわれ方をする。トンガでは正装するときに腰巻きのいちばん外側にゴザをまく。ふるければふるいほどその価値が高くなるので、お年寄りなどはすり切れたゴザをつけていることがおおい。体格のよい男性が腰にボロボロのゴザを巻き、聖書を片手に教会へあるいていく姿が日曜日にみられる。なかなか味のある風景だ。

サモアでは、タパ（樹皮布）とならんでこのゴザが代表的な交換材として流通する。とくに葉を二〜三ミリぐらいの幅に細く裂いて編んだゴザは、イエ・トガとよばれ、冠婚葬祭にさいしてつかわれる貴重な交換財だ。現在でも結婚式会場を通りかかると、参加者たちが祝いの品としてもってきたイエ・トガが、うずたかく積み上げてあるのをみかける。

タコノキのゴザが、死者をくるむという大切な役割を担っていた島もみられる。ミクロネシアのチュークでは、水葬にするため死者をゴザで包んでひもでしばる。カヌーに乗せて沖合いまでこぎだしてゆき、大きな石のおもしをつけて水のなかに沈める。

また、おなじミクロネシアのファイス島で、一六世紀から一九世紀にかけてつかわれた墓地を発掘したさいには、若い女性や幼児の骨の首から胸にかけて、大量の貝製ビーズがみつかった。おなじサイズのビーズがつらなってみつかったので、どこに首飾りがかけられ、どこに腰ベルトをしていたのかなどが一目瞭然だった。これは、死体を腰巻きやゴザできちっと包んで埋葬したためだとおもわれる。

水葬や土葬において遺体をゴザで包むのは、死者と水、あるいは死者と土とが直接触れないようにするためだ。「葬る」という行為を「包む」ことによって表現しているようにもおもわれる。（印東道子）

シャカオ

【ミクロネシア】

ミクロネシアのポーンペイ島で「シャカオ」とよばれる植物は、オセアニアではひろく「カヴァ」とよばれ、根から嗜好《しこう》飲料がつくられてきた。根には麻酔性の成分メティスティシンがふくまれていて、その酩酊《めいてい》効果を楽しむのである。

ミクロネシアは第一次世界大戦から太平洋戦争が終わるまで、日本の統治領だった。その日本時代、製薬会社がシャカオから鎮痛剤をつくっていた。最近では、メティスティシンの精神安定作用がみなおされ、欧米の製薬会社がオセアニア諸国に企業的栽培をよびかけていて、その誘いはポーンペイにも届いている。

シャカオが市場経済に巻きこまれるのは、これがはじめてではない。というよりも、シャカオをめぐる光景は、わたしの知っているこの二〇年のあいだに、すっかりかわってしまった。

一九八〇年代なかばまで、すくなくとも農村部では、伝統的な「シャカオ飲みの集い」が人びとの生活のなかで、どっしりとした位置を占めていた。かつてポーンペイは首長制階層社会であり、身分のちがいをあらわす礼儀作法が発達していた。敬語、食べものとならんで、シャカオは礼儀作法の重要な構成要素だった。

掘りだしてきたシャカオの根を、玄武岩の板にのせ、手に握った丸石をたたきつけて砕く。玄武岩の板はカーンカーンという音色を響かせる。この音は、シャカオ飲みへの誘いでもある。その音の響くあたりに、自分より身分の高い人が住んでいれば、彼をさしおいてシャカオ飲みをひらくのは、具合いが悪い。この身分社会の論理は、村長《むらおさ》や一族の長老など、高位者のところでシャカオ飲みをひらかせることになる。

砕いたシャカオの根を、オオハマボウの樹皮からとった繊維にくるみ、両手で絞り、絞り汁をココヤシのお椀にうける。ポーンペイのシャカオは、根の粉末を水に溶くトンガやフィジーの「水っぽい」カヴァとちがって、濃い生《なま》の味が強烈だ。オオハマボウの樹液とまざったどろどろしたシャカオ液は、まず草と土の味がする。ついで強い苦味が舌にのこり、口のなかがしびれる。飲みすすめば、からだはけだるくなり、眠気がさしてきて、最後は眠りこけてしまう。

身分のちがう人びとが集まるのが、シャカオ飲みであれば、そこには無礼講はない。お椀は人びとの身分差を反映した礼儀にしたがって、まわし飲みされる。人を穏やかにし、礼儀がコントロールするシャカオは、若者の暴力をさそうビールとはちがって、評価が高い。

この礼儀作法にがんじがらめにされていたシャカオ飲みに、革命を起こした人がいる。ほかならぬわたしの「父」(養父)である。彼は小さなココナツの盃一杯のシャカオ液に、値段をつけ、外来のバーとおなじスタイルで客に提供するという、シャカオバーをはじめた。わたしが彼のお世話になりはじめたころは、すでに引退していたが、当時はアメリカの信託統治のもとで、経済開発と都市化がはじまっており、シャカオバーは都市住民をひきつけて、商売として大成功だったという。

彼の引退後もシャカオバーは事業として定着し、いまではポーンペイでただ「マルケット」(英語のマーケット)といえば、シャカオバーを意味する。道路が通じて、農村部にも貨幣経済が定着した。シャカオ栽培は農民にとって確実な収入源になった。農村でもシャカオは「マルケット」でお金を払って飲むものになっている。シャカオ畑が山へとひろがって、環境破壊が心配されている。

近年では海外に出稼ぎ移民する人がおおい。ポーンペイ人がいくところ、かならずシャカオがある。グアムでは、砕いて冷凍したシャカオをポーンペイから空輸して売る事業が、軌道に乗っている。ハワイでは、サモア人などの店から粉末カヴァを買ってきて、水っぽいとぐちをいいながら、シャカオ飲みを楽しんでいる。わたしはまだいったことがないが、アメリカ本土のカンサスには、席に着くだけで一〇ドルとられる「マルケット」が繁盛しているそうである。

(清水昭俊)

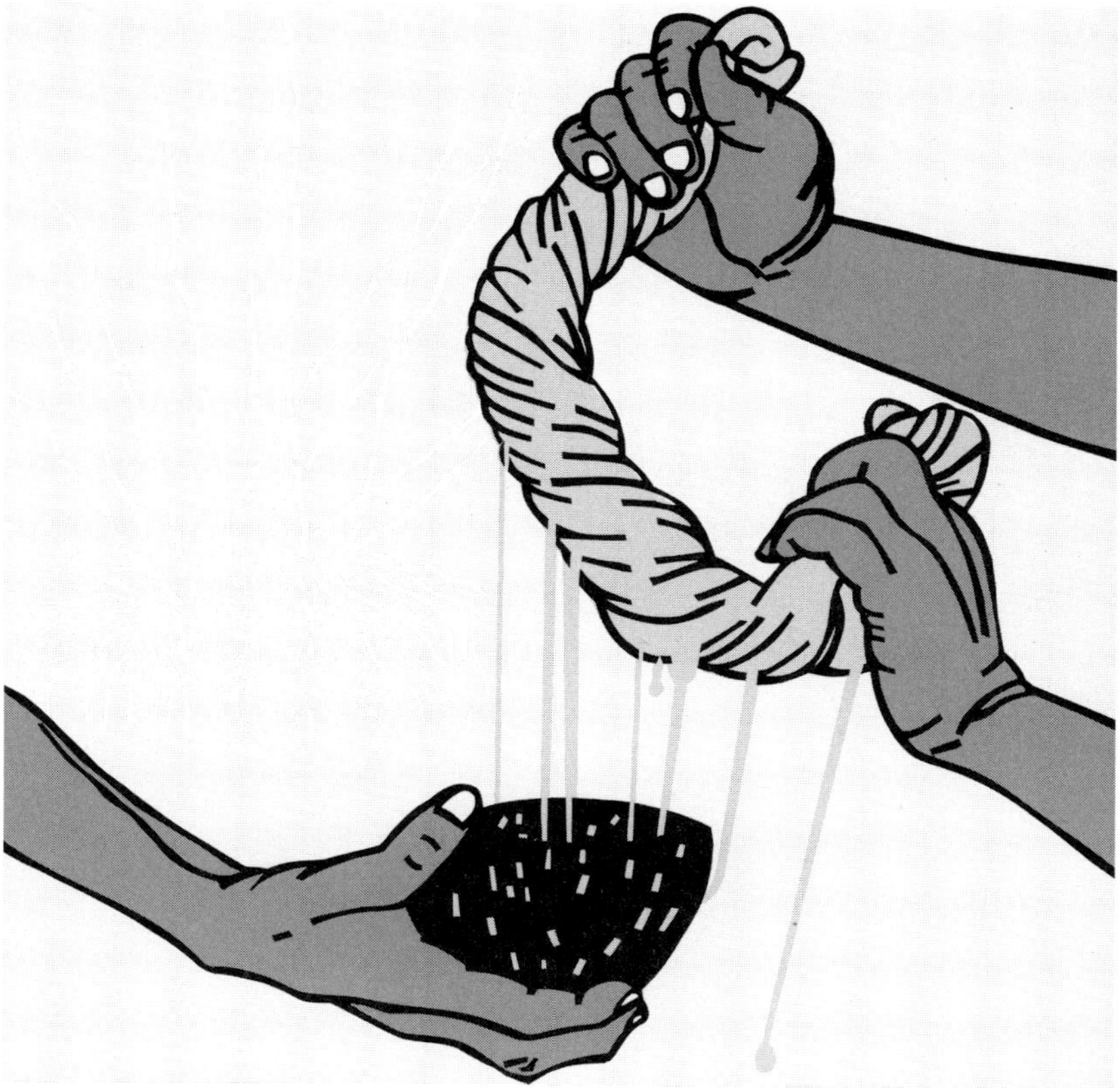

★ *Piper methysticum*　シャカオ（カヴァ）（コショウ科）

オセアニア地域にひろく分布する常緑の草木性低木。木の高さは2.5〜3mで、茎には節があり、葉はハート形をしている。標高150〜300m位の石がちの土地に適している。カヴァという名称はポリネシア語からの借用。地域により、アヴァ（サモア）、ワティ（ニューギニア）、ヤンゴナ（フィジー）などよび名はことなる。砕いた根やその粉末の水溶液は淡黄色の泥水のようで、飲むと特有の酔い心地がある。

ゴウシュウビャクダン

【オーストラリア】

コンドン（ゴウシュウビャクダン）はオーストラリア原産のくだもので、みかけは赤い大型のサクランボのようだ。果肉は黄色で、果汁がすくなく口あたりはパサパサしている。ほのかな酸味があり、甘味はあまりない。匂いも野生の果実にしてはくせがなくさわやかである。もともとアボリジニの食べもので、それを学んだ白人が開拓時代によく利用していたらしく、コンドン・パイなどいくつかのレシピがある。しかし今日マーケットではまったくみかけない。「どこへいってしまったのだろう」と、ふるきよき時代を知る白人はなつかしがる。

コンドンの木は、中央砂漠地帯の砂地の丘陵や氾濫原に点在して生える。五メートルくらいの高さになり、あざやかな緑の樹冠をひろげる。まきちらしたように白い小さな花を枝いっぱいにつけ、冬から夏にかけて実がなるとモノの本にある。ところが、ずっと気をつけていたのだが、いっかな見あたらないのである。幻の果実にはじめて出会ったのは一九九一年のことで、オーストラリアで調査をはじめて一〇年以上たっていた。エアーズ・ロックの公園管理局の旧宿舎を借りていたのだが、その前庭にコンドンの木が二本あり、赤い実をいっぱいつけていた。灯台もと暗しとはこのことだとおもった。「マンガタ（コンドンの現地語）をとらせてください」といって村の子どもたちが毎朝やってくる。飴玉やジュースはひったくるようにとっていくのに、水や植物となるといやにていねいだ。ところが木に登ってはしゃいでばかりいてまじめに食べているようすはなく、地面にいっぱい落ちている実にはふりむきもしない。

つきそってきたおばあさんが嘆いて、こんな話をしてくれた。「マンガタはたいせつな食料だった。女たちが集団ででかけていき、実をあつめて大きなクーラモン（木の器）にいれ、頭にのせて村にもちかえる。まず種をとりだし、石皿で果肉をすりつぶ

★ *Eucarya acuminata*
ゴウシュウビャクダン（ビャクダン科）

オーストラリア東部から南部に分布する小高木で、英語ではコンドン・ナッツ、クィーンズランド・ナッツともよばれる。種は脂肪分に富む。材は硬く、芳香がある。エウカリヤ属はオーストラリアに４種が分布し、家具や装飾材としてもちいられている。

しておにぎりのようにして食べた。のこったものは乾燥してしまっておく。あとで水でもどして食べられるからだ（コンドンは、アボリジニにとって例外的ともいえる貯蔵食なのである）。種は薬になる。あつめて殻をわり仁をとりだす。すりつぶして腰や背中につけると痛みが嘘のようにきえる。いまの若いものはキャンディーや缶詰めなど白人の食べものばかり食べ、糖尿病や心臓病になる。むかしはみんなすっきりとやせて、へんな病気に悩むことはなかった。健康によいブッシュ・フード（野生食）をもっと食べなければいけない」。

コンドンをみかけなくなったのは、アボリジニ社会が貨幣経済にまきこまれた時期と一致する。一九六〇年代のことである。アボリジニが現金を手にできるのは、ほとんど肉体労働にかぎられており、女性や老人は機会がなかった。そこで注目されたのがブーメラン、ヤリ、タテ、クーラモンなどの工芸品づくりだった。なかでもトカゲ、トリ、ヘビなどの木彫がおみやげ品としてよく売れた。その素材につかわれたのが、加工しやすく、木肌のうつくしいコンドンだった。コンドンの木はみるまに切りたおされて姿を消してしまった。

その日暮らしの現金を得るために、彼らは重要な食料資源を手放してしまったことになる。狩猟採集民は、眼前にあるものを徹底的に収奪する（あとのことはかんがえない）という行動様式と、資源は（どこかに）無限にあるという心理をもっている。居住領域がひろく、人口がすくなかったころはそれでじゅうぶんにやっていけた。ところが現代社会の貨幣経済にまきこまれたことで、従来の生活はバランスを大きく崩してしまった。乱れた生活システムを再構築し、しかも独自性を保つためには、やはり伝統的なるものの点検と活用がもっとも有効であろう。ブッシュ・フードをもっと食べようというおばあさんの提案はただしいのである。コンドンが白人の居住地で守られていたとは皮肉なことだが、それがふたたびアボリジニの地によみがえるのかどうか、見守る必要がありそうだ。

（小山修三）

ベンガルカラタチ

【ネパール】

ミカンは正月に欠かせない果物である。あたたかくした部屋で、つめたく冷えたミカンが口にあうからだろうか。それだけではなく、正月の鏡餅の上に供えるのもミカンなどの柑橘類《かんきつ》でなくてはならない。しめ縄につけるのもそうだ。では、どうして正月はミカンなのであろうか。これは、日本人が長いあいだ、ミカンを霊魂を宿す、神聖なものとかんがえてきたからである。このようなかんがえ方の背景には、ミカンをふくむ柑橘類のおおくが冬でも葉をおとさない常緑樹であることが関係していそうである。

秋から冬にかけてほとんどの木の葉が枯れてゆくなかで、冬になっても緑色の葉をつけ、黄色の果実をつける柑橘類はたいへんめだつものである。とくに、きびしい冬の季節に黄金色にかがやく柑橘類の果実は力強い光を放つ太陽のようにみえたようである。そのためか、ふるくから日本人は柑橘類を長寿を祝福する神聖な木とみなし、その果実を太陽や霊魂の象徴としたのである。

しかし、ところが変われば、おなじような果物にたいしても、まったくちがった見方がある。それを知ったのは、最近、調査をしているネパールでのことである。ネパールというと、おおかたの人は氷雪におおわれたヒマラヤをおもいうかべるようだが、ゾウやトラが棲むような暑い土地もある。それはインドとの国境にちかい低地部で、亜熱帯地域である。一年をとおしてあたたかく、むしろ暑いといったほうがよいようなところである。

ここには、いくつもの種類の柑橘類がみられる。じつは、ミカンの原産地はインド北東部、とくにアッサム地方とされており、ネパールの低地部にもミカンの近縁種、つまり柑橘類の仲間がすくなくないのである。そのなかに、一般にベルノキ、正式にはベンガルカラタチの名前で知られるミカン科の高木がある。このベルノキはヒンドゥー教徒のあいだで聖木として崇められているため、しばしばネパールやインドのヒンドゥー教の寺院の境内に植えられている。

このベルノキが聖木として崇められるようになったのは、その果実がまるく、大きいからのようである。ただし、ヒンドゥー教徒はベルノキの丸い果実から太陽をおもいうかべたわけではない。ギラギラと照りつける亜熱帯の太陽の下で、ヒンドゥーの人びとは日本人とはまったくべつのものを連想したようである。それは、女性の大きくて丸い乳房である。実際に、それを物語るヒンドゥーのおもしろい神話がある。

それによると、ヴィシュヌ神の妃のラクシュミーは有名なシヴァ神にいつも千のハスの花を捧げて祭っていた。ところが、あるとき、ハスの花がふたつ足りなかった。祭礼がちかづき、困り果てたヴィシュヌ神は妃に「おまえの乳房はハスの花のようにうつくしい」といった。これを聞いた妃は、刃物で自分の乳房をひとつ切りとった。もうひとつの乳房を切りとろうとした、そのときシヴァ神があらわれ、その行為をやめさせた。そして、シヴァ神は彼女の行為に感激し、切りとられた乳房が地におかれることのないよう、聖なるベルノキの木に実るようにしたのだそうである。

（山本紀夫）

★ *Aegle marmelos* ベンガルカラタチ（ミカン科）

ベルノキともいう。ミカン科ベンガルカラタチ属の高木で、インド・ネパールあたりから東南アジアにかけての熱帯ないしは亜熱帯的な気候の地域に分布する。球形をした果実は直径10～12cmになり、芳香のある甘酸っぱい果肉は生食されるほか、シャーベットにもされる。その果実および葉は、さまざまな民間薬としても処方される。ヒンドゥー教の聖木のうちでもっとも人気のあるもので、インドやネパールでは神聖な木としてヒンドゥー寺院の境内に植えられている。

バニヤン

【インド】

インド、ネパールを旅しているときのたのしみは美しい女性をみることだと正直に告白するが、第二のたのしみは、めずらしい樹木や花をみることだ。そのつぎは、仏や神の像に会うこと。残念ながら専攻のサンスクリット研究のランクはかぎりなく低い。

わたしをひきつける樹木の一番は、もちろんバニヤン（ベンガル菩提樹）だ。シヴァ神の髪といわれるふさふさとした気根を幹から地面につくほどに垂らしている姿を、気根に触れながらみつめることにしている。気根のほとんどが地上に達する前にウシに食べられてしまうが、運よく地面に達した気根はやがて幹となる。このようにして一本のバニヤン樹に一五〇本もの「幹」ができあがった例も報告されている。

自由に枝や幹をのばし、できあがる自分の姿にこだわる様子もなく、地下にあるべき根をゾロゾロとぶらさげているさまは、人なつっこくユーモラスだ。そのくせ冬でも落ちることのない葉は、柿のそれに似て意外に素直で、果実は一センチメートルもないほどのなんの変哲もない赤い球体だ。

バニヤンは、クワ科に属し、イチジクの仲間である。ピッパラ（インド菩提樹）、ウドゥンバラ（優曇華）とともにインドの三大イチジクといわれる。イチジクは無花果とよばれるように、花が「ない」。というよりも、花托につつまれるので外からはみえないのである。バニヤンの赤い実を割ると、小さな「花」がびっしりとならんでいるのがわかる。食用になるというが、まずそうでわたしはまだ食べていない。

長い乾季にも耐えることができ、生長もはやいためであろうか。インドやネパールでは街路樹として植えられることもおおい。ボンベイの東のプーナ市から真北にある古都ナーシクへとドライブしたとき、バニヤンの並木が延々とつづいていたことをおぼえている。この木の枝はかなり低いところで横にのび

★ *Ficus bengalensis*　バニヤン（クワ科）

インド原産の常緑の高木で、900種ちかくあるイチジク属のひとつ。和名はベンガル菩提樹。樹高は30mに達し、のびた枝と葉が大きな樹冠をつくる。樹冠の周囲が300m以上もあるというカルカッタ植物園のそれは有名である。熟した果実が食用になるほか、若い枝や葉は飼料に、樹皮は結束料や製紙原料に、乳液は薬用に利用される。

る。だから下にすてきな日陰をつくる。そのうえ気根がぶらさがっているので、この木の下で人間たちは傘をかけられているような気分になる。乞食僧のおおくがここに陣どるゆえんである。この木の下で生活する者たちもしばしばみかける。わたしもいつかこの木の下で寝てみたいとおもっているが、上をむいて寝ないように気をつけねばならない。鳥たちが眼をめがけてフンを落とすからだ。

人びとはこの木の枝に花環をかけて供養する。この木自体に「聖なる力」が宿ると信じられているからだ。またこの木は神がみ、とくに女神たちの住処ともいいつたえられている。説話集『カターサリットサーガラ』には、樹の女神の化身を妻にした男の話がある。ある月夜の晩に夫のみまもるなか、バニヤン樹の枝にあらわれた女神の横にその妻もすわった。「三つの月のように」輝きつづけるふたりの女と月とを男はいつまでもみていたという。

また、バニヤン樹はその身体が骨ばかりのおそろしい女神チャームンダーの住む木でもある。この女神は獣や人間の生血を好むといわれ、実際に人身御供《ひとみくう》もおこなわれたという記録がのこっている。ニューデリーの国立博物館には、チャームンダー女神がバニヤン樹の下にすわり、その前には切りとられた人間の手や足が供物として置かれているといった構図の石像がある。

バニヤン樹の枝には人間の首が、いくつかまるで実のようにぶらさがっている。たしかにこの木の下に立つと、みずみずしいというよりはむしろ、ものを犯すようなしつこい力を感ずるのだ。それは水分をじゅうぶんに保持するイチジクの木の力なのか。

数年前、プーナ市のある交差点で道路の傍らにあった巨大なバニヤン樹が切り倒されているのに出会った。幹の太さは一・五メートルちかくもあった。切られた枝、斧で割られた幹。まさに「死体」以外のなにものでもなかった。もしもバニヤンに女神が住んでいたならば、彼女は反撃にでなかったのか。かつて木のあった場所は、いまやコンクリートでかためられている。タタリもなかったところをみると、女神も気弱になっているのか。

（立川武蔵）

アーモンド

【イラン】

ザグロス山脈からの雪解けの水が、白樺とアーモンドの花の谷をぬってゆく。その川面を、新緑の草の束が、ひとつ、またひとつと流れてゆく。

イランの新年は、春分の日にはじまる。日本のお正月にあたるともいえるノウ・ルーズにはさまざまな新春儀礼がとりおこなわれるが、その最後の日、元旦から数えて一三日目は「戸外の一三《スィーズダ・ベ・ダル》」とよばれ、家族や友とともに郊外に野遊びにでる日ときまっている。古都イスファハーンの人びとはこの日、ノウ・ルーズのあいだ家に飾ってあった「七つのS《ハフト・スィーン》」（緑の草《セブゼ》、リンゴ《スィーブ》、にんにく《スィール》など、頭文字がスィーンの七つの縁起物）のうち、オオムギを盆の上で発芽させた緑の草を、ザーヤンデ・ルード（命生みだす川）に流すのである。

この光景をわたしは、イスファハーンから車で一時間半ほどの郊外にある、私有の庭園《バーグ》で目にした。その日は、友人たちとその家族が三〇人ほど、スィーズダ・ベ・ダルを祝うためにそこに集《つど》った。かなりひろいその敷地は、ザーヤンデ川がゆるやかな弧を描いているところにあり、手入れのゆきとどいた庭というよりも、さびれ果てた果樹園というようなものだった。

川沿いの白樺の木立を踏みわけていくと、薄紅色の花を咲かせた木々があらわれた。こんなところで満開の桜に出遭うとは、とおもわず息をのんだ。しかし、近寄ってみると、花は桜よりひとまわり大きい。枝の先に乾いてのこっている去年の実をみつけ、はじめてそれがアーモンドであると知った。洋菓子の材料としてはなじみがあるが、その木や花をみる機会は、日本ではめったにない。

じつはこのアーモンド、唐桃《からもも》、巴旦杏《はたんきょう》、扁桃《へんとう》ともいわれ、わが国ではすでに江戸時代に、ペルシアの特産品として知られていた。大阪の医師・寺島良安が編んだ百科全書『和漢三才図会』（一七一二年刊）には、「波斯《はるしや》」の項にその国の「土産」のひとつとして、「巴旦杏《アメントウス》」が挙げられている。良安は『和漢三才図会』を編纂するにあたって、明の王圻《おうき》の『三才図会』（一六〇七年）などの漢籍を典拠としているると同時に、ヨーロッパ経由の新知識をもとりいれている。「巴旦杏」という中国名は、ペルシア語でアーモンドを意味するbadamからきているとされるが（杉田英明著『日本人の中東発見』東京大学出版会　一九九五年）、それに添えてある「アメントウス」という読み仮名は、おそらくポルトガル語のamendoaに由来する。西域から中国を経由してきた旧知識と、ヨーロッパからの舶来品に関する情報が混淆しているというこの書の特徴が、ここによくあらわれているといえよう。

アーモンドの園を見渡し、「（イラン）革命以前は、この数倍の土地をもっていたんだが……。あの川向こうもぜんぶ我が家のものだったんだ」と友人はつぶやいた。園内にある別荘は、維持することができず廃屋となっていたが、そのほうがむしろ趣《おもむき》があった。ザーヤンデ川をみおろすヴェランダの床に食布《ソフレ》がひろげられ、もち寄りのご馳走がならべられた。食後はバックギャモンに興ずる者もあり、自慢の楽器をとりだす者もあり、詩を朗詠する者もあり。

庭園の外に友人と散歩にでることにした。川に沿って歩くと、ところどころでおなじく遊山にきた人びとが、アーモンドの木陰の青々とした草の絨毯の上でくつろいでいる。川辺の斜面をのぼりきると、赤茶けた荒野がひろがり、その彼方にはまだ雪をかぶったザグロス山脈がそびえている。そして碧天のもと、朽ちた土壁のかたわらで、間延びした顔のロバがなにやら白昼夢にふけっている。

アーモンドの花の合間を眺めおろしていると、ふと桃源郷の景観をそこに垣間みた気がした。陶淵明の「桃花源記」にみられる「良田美池《びち》、桑竹の属《たぐ》いある」東アジア的農村風景にくらべるとじつに西アジア的な、乾いたこの仙郷に春の訪れを告げているのは、あでやかなまでに花びらを散らす夭桃《ようとう》ではなく、雪解け水の流れにつつましく寄り添う扁桃であった。

別荘にもどってみると、宴もたけなわ。サントゥール（弦の打楽器）とトンバク（太鼓）の軽快なリズムにのり、踊る少女の軽い足どり、しなやかな手つき。酒はなくとも、楽の音があり、詩があり、人と人との絆がある。イランの人びとは、こうしてアーモンドの花とともに、春を迎えるのである。

（山中由里子）

★*Prunus amygdalus*　アーモンド（バラ科）

西アジア原産のバラ科の落葉果樹。種子の仁が食用・薬用・香料にされる。食用としてのアーモンドは江戸時代にポルトガル人によって渡来。苗木は明治初年に輸入されはじめたが、もともと夏季に雨のすくない温暖な地域に適するため、日本の風土になじまず、栽培・普及にいたらなかった。

アラビアチャノキ

【イエメン】

イエメンはその土地の肥沃さから、古来「幸福のアラビア」とよばれてきた。モカ・コーヒーは有名だが、モカが紅海岸にあるイエメンの港町で、一九世紀まではコーヒーの積み出し港であったということはいまではもう忘れ去られているようだ。そのイエメンをはじめて訪れた。

首都サナアのホテルにはいったのは明け方だった。仮眠をとった後、午後にスーク（市場）にでかけた。バーブ・アル・ヤマン（イエメン門）である。ホテルで拾ったタクシーのなかで、以前から耳にしていたカートにさっそく出会うことになった。タクシーの運転手がハンドルを握りながら左頬を風船のようにふくらませてカートを噛んでいるからだ。スークの奥まったところにはカートを専門に売る一角があり、昼食前の時間はカートを購入する人びとでごったがえすという。

カートとは、イエメンからエチオピアにかけての高地で栽培されるニシキギ科の常緑低木、アラビアチャノキのことである。イエメンの人びとは昼食後の午後には毎日のようにカートの葉を喫する。覚醒作用がある。裕福な家にはカートを喫するための部屋があり、カート・パーティーの催しは社会的ステータスの象徴である。カートは、現地のアラビア語ではすこしなまって「ガット」となる。最初聞いたときはわからずにいたが、すぐに理解できた。カートを喫するさいの正式の作法は知らないが、観察するに、かならず片方の頬だけに詰め込まねばならぬらしい。そして時折おもむろに水やコーラを飲み、水タバコなども併用している。

件《くだん》の運転手は、サイドブレーキのかたわらにカートの葉っぱをたくさんいれたビニール袋を置き、時折手を伸ばしている。「運転、大丈夫?」「へっちゃらさ」「それいくら?」「四分の一キロで二五〇リヤール（約一五〇円）さ」。イエメンの物価水準からすれば高いが、それでも運転手のは格安値段のよう

★ *Catha edulis*　アラビアチャノキ(ニシシギ科)

アビシニア茶またはアラビア茶ともよばれる。樹高2～4mほどのニシシギ科の常緑低木。葉は対生、楕円形、長さ5～10cm、鋸葉縁で、浸出液は甘味と芳香性があり、咳や胸部の病気に効果があるといわれる。その主成分はエフェドリン系のアルカロイドで、カフェインに類似したカチニンなど3種が知られている。

だ。

カートを噛んでいると疲れを感じないで長時間でも運転に集中できるとのことだ。この運転手は生活のために午後も働かねばならぬが、おおくのイエメン人は昼食後のくつろいだ時間に、カートを噛みながら紅茶をすすり、アルギーラとよばれる水タバコを吸いながら親しい仲間と談笑する。至福のときといえるだろう。この習慣はスーフィー（イスラーム神秘主義者）の儀式に使用されてひろがっていったという説もある。

わたし自身もサナア滞在中のあるとき、そんな時間を共有することができた。サナア大学で比較政治学を講じる研究者の自宅に昼食に招かれたのである。床いっぱいにひろげられたイエメン料理に五名のサナア大学の先生とともに舌鼓を打った後、予想通りカート・パーティーへと突入した。「いましがた摘んできたカートの葉っぱだ」とビニール袋が渡された。客であるわたしにたいして、柔らかい小さな芽をたくさんくれた。さっそく、試してみる。が、なんの変哲もない葉っぱである。すこしずつ頬張っていく。葉っぱから汁がでてくるが、全体としてパサパサした感じだ。たしかに自分が饒舌になっていくのは感じるが、それ以上の効果はあまりないようだ。

昼食をともにした経済学の研究者が中座したかとおもうと、戻ってきたときにはイエメンの伝統的な服装に変身していた。きらびやかな刺繍《ししゅう》をほどこしたベルトの正面にジャンビーヤとよばれる湾曲した半月型短剣を差している。イエメンの男のたしなみだ。彼は八〇センチメートル以上もあろうかとおもわれるカートの木をもって、そこから直接、葉っぱをちぎって口に放りこんで噛みはじめた。不必要な葉は放り投げる。いろいろな「作法」があるのだ。

知識人も庶民もカートを満喫するが、それがいっぽうで社会問題になっているのもたしかだ。大量のカート消費が家計を圧迫するからだ。カートはハシーシ（大麻）などとくらべればはるかに症状が軽いとはいいながらも、依存症に苦しんでいる人びともいる。イエメンが事実上の「鎖国」状態から脱して二〇年以上になるが、この伝統的習慣の是非については議論百出なのである。

（臼杵　陽）

ナツメヤシ

【中東・北アフリカ】

薄茶色の沙漠に島のようにうかんだ濃緑のオアシス地帯。ナツメヤシは、そうした中東のオアシス地帯の主要植物である。鳥の羽のようにひろがった枝葉の下に、重く垂れさがってなる飴色の実は、干し柿の味にも似た甘い実で、バランスのとれた栄養食品という意味では、「中東のカロリーメイト」とでもよびたくなるような食品である。ナツメヤシの実は、中東ではすでに六〇〇〇年もの昔から食用として知られていたという。

ナツメヤシは、その果実ばかりでなく、この木全体がまたじつに多種多様な利用価値を有している。まず幹は建材や道具作りに、枝葉は燃料となるほか、家具や籠類、ゴザなどの材料に、そして繊維はほぐして縄や紐《ひも》などにもなる。乳白色の樹液は、美味な飲料でジュース代わりとして愛飲されており、棘《とげ》は棘で縫い針や天幕の留め金としても利用し得る。

ナツメヤシは、こうして木全体が人びとにじつにおおくの恩恵をもたらす植物であることから、イスラームにおいても神の恩寵の象徴のようにとらえられている。イスラームの聖典『コーラン』では九〇ヵ所あまり、また預言者ムハンマドの言行録『ハディース』(ブハーリー編)でも、約二〇〇ヵ所にこの木のことがでてきており、後者ではナツメヤシは「ムスリムのような木である」とも述べられている。実際に、ナツメヤシの分布地域が、中東イスラーム世界と大きく重なりあっていることは興味ぶかい事実であろう。

チュニジアの一四世紀の高名な水利学者イブン・シャッバートは、「ナツメヤシの木は聖木であるから、不信心者の住む土地には繁茂しない」と述べている。後世の人びとはこれをうけて、「イベリア半島にムスリムがいたときにはナツメヤシは実を結んでいたが、ムスリムがいなくなってからはもはや実をつけなくなった」とし、イスラームとこの木の結びつきを強調して語ったりもする。おなじような意味で、ナツメヤシの木のなかでも実をつけない株は、「ファラオのナツメヤシ」とよばれている。この場合の「ファラオ」とは、神を信じず、神を冒瀆《ぼうとく》した不信心者の代名詞としてつかわれているのである。

チュニジア南部のオアシス地帯では、ナツメヤシの木がまた人間と同じように語られることが多い。ナツメヤシの株にも人間同様、雌雄があること、雄の株のほうが一般的に雌の株より幹が太く、棘も鋭く、その雌雄の容姿のちがいが人間のそれに似ていること、そして実を結ぶのは雌株のみであるが、その受粉期から収穫期までのサイクルが人間の受胎から出産までの期間にほぼひとしいことなどが類似しているからである。ナツメヤシは、またその樹頭部を切り落とすと、ほかの果樹のように再生することなく、枯死してしまう。それが人間が斬首によって命を落とすことに似ているともいう。

さらにヤシの木は人間同様、時に気が狂うこともあるのだという。ふつうはまっすぐにすーっと生えているヤシの木が、まれに曲がって生えることがある。人びとはそうしたヤシの木を、「気が狂ったからだ」と説明する。ナツメヤシを、このように人間にまでたとえて説明するのを聞いていると、オアシスの人びとのこの木に寄せる想いがつたわってくるようにもおもわれるのだが、じつは人間とナツメヤシの類似性は、つぎのようなことに由来するという。

ナツメヤシは、そもそもアラビア語では「ナハル」という。この語には同音異義語があり、それは「ふるいにかけたあとに残ったもの」を意味する。イスラームでは、人間はもともと土からつくられたとされるが、人びとの話によれば、人間はふるいにかけられたきれいな土からつくられ、他方ナツメヤシは、そのふるいに残ったものからつくられたのだという。しかしもともとはおなじ土からつくられたのだから、この両者は当然似ているのだという。

（鷹木恵子）

★ *Phoenix dactylifera*　ナツメヤシ（ヤシ科）

ペルシャ湾沿岸の乾燥地帯を原産地とする常緑樹。高さは20～30mにもなる。果実は「指」を意味する学名のとおり、一般的に細長い形をしているが、品種により丸みをおびたもの、色も茶や黒、黄、赤茶などさまざまで、イラクでは450種以上もの品種が知られている。樹齢5年くらいから実をつけはじめ、寿命は200年ほどにおよぶ。

フォニオ

【西アフリカ】

フォニオは西アフリカで栽培化された、イネ科メヒシバ属の穀物である。過去には西アフリカのひろい地域で栽培されていたが、単位面積あたりの収量がすくないこと、粒がきわめて小さいために脱穀に手間がかかることなどの理由により、現在では栽培地は減る傾向にある。しかし、種を播《ま》いてから約三ヵ月で収穫できること、やせた土地でも収穫可能なことなどから、端境期《はざかいき》の穀物としてこれを重視する社会はおおい。

粒は小さいとはいえ、フォニオの味はとてもよい。とくにおいしいのは、北アフリカからつたえられたクスクスという料理にするときである。フォニオを蒸気で蒸し、野菜を煮てつくったソースを上からかけ、焼いたり煮たりした肉をそえる。手間のかかるクスクスは、西アフリカではご馳走のひとつである。

フォニオのもうひとつの特徴は、高い儀礼的価値があたえられていることである。わたしが調査した西アフリカのおおくの社会（バンバラ、ソニンケ、ドゴンなどの人びと）では、ハレの日にはフォニオを食べることと決まっている。日常の食事にはフォニオより収量のおおいトウジンビエやソルガムを食べるのに、祭りの日となるとフォニオを食べるのはなぜだろう。

この点で興味ぶかいのは、おなじく西アフリカ原産のグラベリマ稲を栽培するマルカやソンガイなどの稲作民である。かれらも日常では多様な食事をとるのに、ハレの日の食事は米と決まっている。フォニオとグラベリマ稲、今日ではその栽培面積はかぎられる傾向にあるのに、祭りの日の食事にこれが選ばれるのは、先祖伝来のいわれがあるためだろう。

フォニオの神話を語る社会はおおい。そのひとつ、「マリンケ」の神話に耳をかたむけよう。神は最初にもっとも小さい穀物であるフォニオをつくった。それは「世界の卵」とよばれる双子の存在であり、それにつづいて八つの穀物をつくる予定であった。

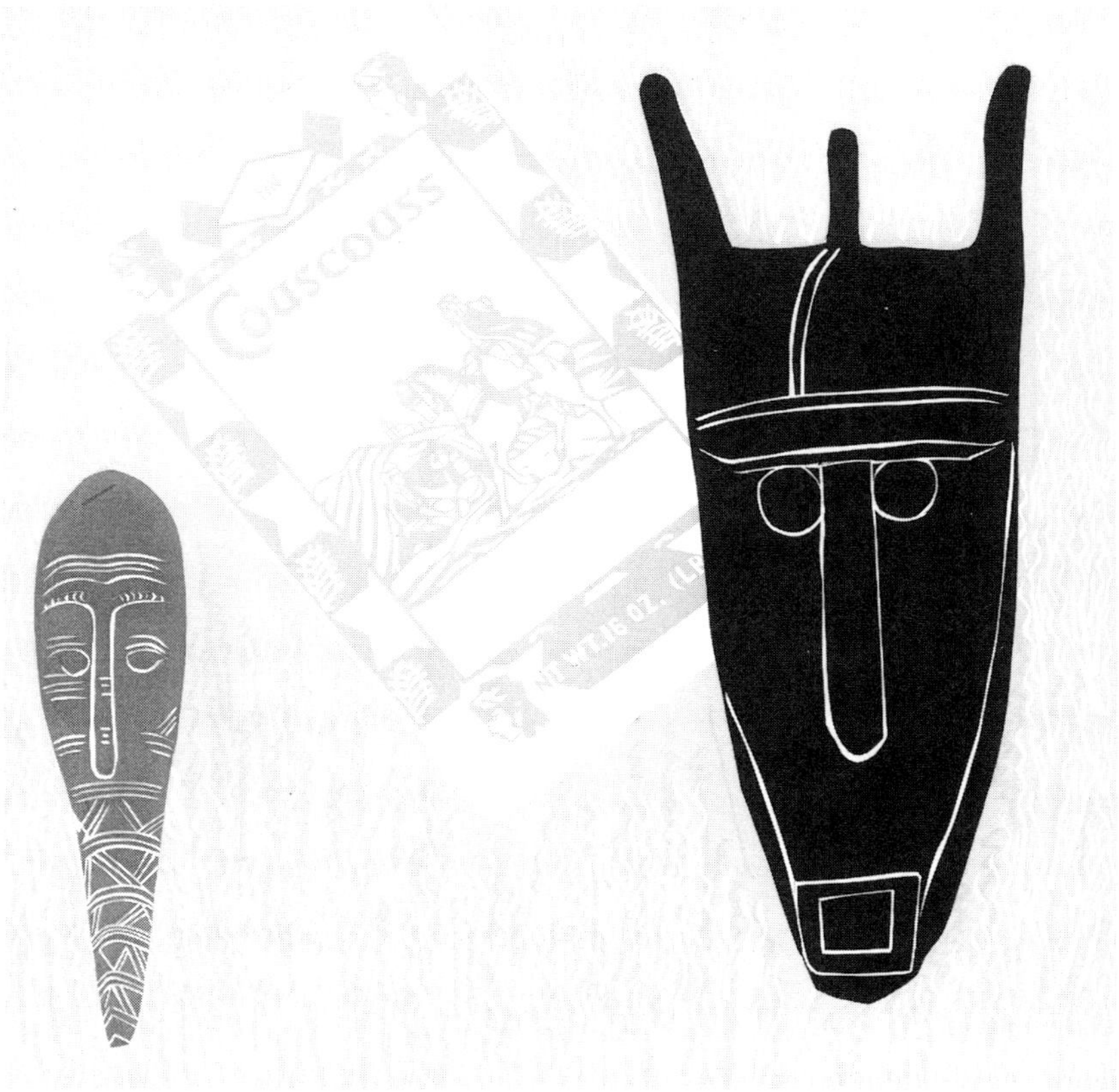

★ *Digitaria exilis* フォニオ（イネ科）

畑地、荒地、野原などいたるところにみられる一年草。アフリカではサハラ砂漠の乾燥サバンナ地域に帯状に栽培されている。高さは約30～80cm。果実は穀物としてもちいられる。

しかし神の定めにしたがう以前に、双子のうちのいっぽうであるペンバが世界をわがものにしようとして、子宮を引き裂いてあらわれた。引き裂かれた子宮は大地となり、この不浄な行為のために乾燥した不毛な土地となった。この土地から生まれたのが、不浄の色としての赤色をしたフォニオの一種である。いっぽう、「世界の卵」ののこりの部分はナマズとなり、不浄となったフォニオを食べるべく地上に遣《つか》わされた。このナマズにより浄化された大地にあらたにフォニオが蒔《ま》かれ、農業が開始されたのである。

わたしは西アフリカにおける農業の起源をさぐるために、一九九九年からマリ共和国北部で発掘をおこなっている。この地域は、現在では乾燥化のためにフォニオは栽培されていないが、西暦紀元前一〇〇〇年ごろの遺跡からはおおくのフォニオが発見されている。これまで西アフリカで発掘された穀物としては、モーリタニアのティシット遺跡でみつかった紀元前一一〇〇年ごろのトウジンビエが最古であり、わたしたちの発見はそれについで古いものである。

しかもこのフォニオは、花崗岩の砂の上に安置された小型ウシの上と横に、ひとつまみずつ置かれていた。このウシはおそらく供犠にされたとおもわれるが、この解釈が正しいとすれば、すでに紀元前一〇〇〇年ごろに、フォニオの栽培化とウシの飼育化が開始されていたこと、そして人びとは供犠をおこなって豊饒と牧畜の成功を祈っていたことが推測される。西アフリカの社会と文化の発展に、フォニオは大きく寄与してきたのである。

（竹沢尚一郎）

ヒョウタン

【西アフリカ】

ヒョウタンは、学名「ラゲナリア・シケラリア」といわれる。命名は、ラテン語で「ラゲーナ」、ギリシャ語で「ラゲーノス」が、「手でつかむところのある土器」を意味するところからきている。ヒョウタンは、西アフリカを代表する栽培植物である。西アフリカにも、さまざまな形状のヒョウタンがある。けれども、もっとも典型的な形状は、日本で炭入れなどにつかわれる球形のものだ。これには、おとながひとりでかかえられないほどの大きさのものもある。

この球形のヒョウタンは、半分にわって容器としてつかわれる。この容器は、もっぱら女性のつかうものとされる。北部カメルーンのフルベ族の女たちは、娘が結婚適齢期になると、嫁入り道具としてかかすことのできないヒョウタンを買いあつめる。また、白いヒョウタンに色をつけてもらったり、焼きゴテで文様をほどこしてもらったりする。伝統的には、フルベ族の女たちは、自分たちの部屋をこのような装飾がほどこされたヒョウタンでかざってきた。

球形のヒョウタンを半分にきったものは、水汲みから穀物の運搬、食器などとしてつかわれる。このようなヒョウタンを地面にふせて、地面をこすり、楽器としてもつかわれる。これは女性のつかうものではないが、この世の音とはおもえないような壮烈な音がでる。

ヒョウタンの中身を小さな穴からだしてしまい、球形のままバターをつくる器としてもつかわれる。この小さな穴をふさげば、上質の浮きにもなる。これは、水をおそれるフルベ族の生活とは無関係だが、チャド湖周辺に住むブドゥマ族などには、生活必需品だ。

半分にきったヒョウタンのかわったつかいかたをするのは、山地のヒデ族の女性たちだ。彼女たちは、半分にきったヒョウタンを頭にかぶる。われわれの連想が貧弱なのでそうおもうのだけれども、このヒヨウタンは、鉄カブトのようにみえる。山地に住む彼女たちは、おもい荷物をこのヒョウタンのうえにのせる。たぶん、そうすることで、自分たちの頭を保護しているのだろう。水辺で休息し、水を飲むときにも、このヒョウタンをつかう。しばしば、雑穀なども、このヒョウタンにいれる。

いまから三〇年前にわたしが、ヒデ族の村に住んだときには、このヒョウタンには、なんの装飾もほどこされていなかった。ついでながら、からだには衣類をつけていなかった。今日、ヒデ族の女たちは、自分たちのヒョウタンを派手な赤色にそめている。からだには、先進国からおくられてきた古着をつけている。これが、ときのなせるわざかとびっくりしている。

ところで、フルベ族の昔話のなかで、ヒョウタンは、食べものをくれるもの、死者をもう一度うまれかわらせてくれるものなどとして登場する。カヌリ族の話では、ヒョウタンが変身し、子どもをおいかけるというのがある。ヒデ族の住んでいるところからとおからぬところに住むムヤン族の話では、人をたべる女がヒョウタンに変身し、人をおそう。

これだけの材料で、ヒョウタンの象徴性などについてのべることはむつかしいが、わたしは、ヒョウタンの象徴性については、つぎのようにかんがえたらどうかとおもっている。まず、ヒョウタンは、女性の生活にかかすことができないものだから、女性を連想させる。それも、ただの女性ではない、母親である。というのは、食べものをくれたり、うみだしてくれるものでなければならないからだ。けれども、この母親も、子どもを愛しすぎたりすると、子どもをおいかけてきて、子どもをたべてしまう母親になる。母親には、やさしい母親とおそろしい母親という二面性がある。ヒョウタンの昔話は、どれも、この二面性とふかくかかわっているようにおもう。

（江口一久）

★ *Lagenaria siceraria*　ヒョウタン（ウリ科）

アフリカ原産と推定されるウリ科の一年草。茎はつる性でよくのび、茎、葉ともに軟毛がある。熱帯から温帯にかけてひろく栽培される。熟すと硬化する果皮を容器として利用する習慣はふるくからあり、日本では縄文時代前期の福井県鳥浜貝塚から出土している。アフリカをはじめとする世界各地の民話、神話によく登場し、人類にとって、もっともふるい栽培植物のひとつとかんがえられている。

エッキホコリタケ

【西アフリカ】

境界領域にあるものや現象は、わたしたちにふしぎな気もちを起こさせる。「逢魔《おうま》が時」、つまり、魔物にあいやすいといわれる時間も昼と夜の境目である夕方だ。かつて、日本全国の小中学生から「報告」された「口裂け女」も、その出現は塾から帰るころ、夕方だった。

キノコもみょうなものだ。菌類として植物界の一員であることはわかっていても、だいたい「木の子」という総称からして人を食っている。わたしたちはふつう、幼い植物にたいして「子」という表現はしないではないか。そのうえ、キノコを放っておいても木にはならないのだからこまる。サルノコシカケとかスッポンタケなどという名前のものがある。かとおもえば、マツタケのごとくやたらに採れば窃盗罪に問われるものがあるいっぽうで、食せば、たちまち不気味に笑いだし、幻覚の世界にはいりこみ、もだえ苦しみ、さらにはあの世へ人を誘いこむものもおおい。広島アジア大会で話題をさらった、中国陸上界のいわゆる馬軍団の選手たちの力の源泉は「冬虫夏草」というキノコにありともいわれる。この冬虫夏草の玄妙なる力も、それが一見したところ、虫なのか草なのか見わけがつかぬというところ、つまり境界領域がもつ神秘力に由来するのではあるまいか。

「プッロ・フッランゲル」とはキノコにあたえられた名前であるが、日本語ではない。西アフリカ、半乾燥のサヘル地域で牧畜を主とするフルベの人びとがある種のキノコにつけた名前である。字面《じづら》を追ってあえて訳すと、「小さなフルベ」ということになる。身の丈は小さしといえども、フルベの人びとと同等によばれるとは、すでにしてあなどりがたいものを感じさせる。まことにそのとおりで、フルベの人びとは野に生えるキノコには触れず、採らず、食さずを原則としているにもかかわらず、このプッロ・フッランゲルだけは特別なのである。

★ *Podaxis pistillaris*　エツキホコリタケ

担子菌類エツキホコリタケ科のキノコ。外観はササクレヒトヨタケに似るが、子実体（キノコ）は比較的かたく、傘はヒトヨタケのように水平にひらいて溶けることはない。腹菌類の一種とかんがえられている。インド、中央アジア、アフリカ、マダガスカル、オーストラリアなどの砂漠や乾燥地帯に分布する。砂漠の有機物の分解者である。

フルベの人びとにいわせると、キノコはなんとなく「きたない」。馬糞から生じるかとおもえば、半分腐ったようなワラ屋根の上に忽然《こつぜん》とあらわれる。その「きたなさ」は彼らがキノコにあたえる名称からもうかがえる。あるいは「犬の小便」といい、あるいは「兎の傘」といい、あるいは「鳩の屁」という。イヌノショウベンは馬糞やワラ屋根に生じる小さなキノコ、ウサギノカサは野原に生じ、傘の部分が大きくひろがったもの。ハトノヘ、これはかわいた馬糞の上にころがっている径一・五センチメートルほど、白色でアンパンを小さくしたような球形のキノコである。ハトは図体に似合わぬ大きなおならを発するらしい。フルベの人びとはそれぞれのキノコにりちぎに名前をつけてはいるが、いずれも食べようなどとはかんがえもしない。きたないのだ。

プッロ・フッランゲルだけはきたないのか、きたなくないのかよくわからない。大きいものは丈二〇センチメートルほど、形はガマノホのように細長く、全体が白い。雨季のおわりころ、野原の乾いた部分にときおりみつかる。人はこれをみつけると、だいじにとっておく。白い外皮の下にはほとんど黒にちかい、まことに細かな胞子がいっぱいつまっている。これが呪術にきくのである。人は外側からみると「白い」が、なかには「黒い」ものがいっぱいつまっている。プッロ・フッランゲルの様相、まさに人に等し、とフルベはいう。牧畜を主とするフルベは、けっして日常的に呪術に悩まされている人びとではないが、みずからに幸運をよびよせる術にも、あるいは人を病や死にいたらせる術にもこのキノコはもちいられる。

フルベにとってはキノコそのものが境界領域のものであり、プッロ・フッランゲルはそのなかでも雨季から乾季の境目に、しかもまれにみられるキノコということで、神秘力を増すのではあるまいか。

わたしはこれを植物防疫所の許可をいただいても
ち帰り、滋賀大学の横山和正先生に鑑定していただいたのだが、本多勝一氏がかつてパキスタンからもち帰られたものとおなじで、和名をエツキホコリタケ、学名を、*Podaxis pistillaris* というのだそうで、日本への紹介は本多氏にさきを越された。（小川　了）

エンセーテ

【エチオピア】

エンセーテの花には夜になるとコウモリがやってくるという。標高が二〇〇〇メートルをこえるエチオピアの高原の夜は、気温が一〇度以下になる。シャツを重ね着した上からヤッケをきていても足下から冷気がよせてくる。それでも、からだを動かしたり声をだしたりするわけにはいかないので、コーヒーの木にもたれてじっと空をみあげつづける。

エンセーテの花を訪れるコウモリをこの目で実際にたしかめようと、畑のなかで夜のすわりこみをはじめて三日目、直径三〇センチ、長さ一メートルはある釣り鐘型の花に大小二種のコウモリが交互に何度も訪れるのをみて、ようやく確信がもてるようになった。

家をとりかこむように植えられた数百本のエンセーテ。そのなかにまれに咲く花にコウモリがあつまってくる。そう教えてくれたのはアリ人の村びとたちであった。野生のバナナではすでに知られていたことだが、エンセーテの花粉もどうやらコウモリが媒介しているらしい。

エンセーテという、すこしかわったエチオピア起源の栽培植物が、西欧の文献にはじめて登場するのは一七九〇年、ナイル川の源流をもとめる旅をしていたイギリス人旅行家ブルースの著した紀行が最初である。エンセーテとバナナがべつの属として分類され、植物学的な性質のちがいがあきらかにされたのは、二〇世紀もなかばにちかづいてからのことである。

エンセーテはエチオピア西南部の高地に住む数百万人の人びとを養う重要な食料源のひとつであるにもかかわらず、一部の民族学者をべつにすれば最近まで注目されることはすくなかった。分野を問わずエンセーテの研究はあまりすすんでいない。花粉を媒介する生物だけでなく、エンセーテの植物生理や生態について、ほかにもまだわかっていないことはたくさんある。しかし、おそらく一〇〇〇年以上にわたってエンセーテを栽培してきた人びとにとって、エンセーテの花にコウモリがあつまってくることなど常識としてみんな知っていることなのだろう。エンセーテに生存をゆだねる彼らは、エンセーテのことをじつによく知っている。

たとえば、たくみな栄養繁殖の方法がある。エンセーテは一稔多年生といって、花を咲かせて種子を一回みのらせると枯れてしまう。その花が咲くまでに、長いものでは一〇年以上もかかる。その間、一度も枝わかれをしない。エンセーテをふやすために種子ができるのを何年も待っているわけにはいかない。かといって、側芽をださないのでバナナのように株わけすることもできない。地下にできる根茎（イモ）をそのまま植えたのでは、また一本のエンセーテがでてくるだけである。ジャガイモのようにイモを切りわけて植えても芽はでてこないという。そこで彼らは、大きなものでは直径七〇～八〇センチになる偽茎（幹のようにみえる葉柄のあつまった部分）を地表面ちかくで切り、その断面の中心部にある生長点をとりのぞいてやる。約一ヵ月すると、葉柄のつけね部分からたくさんの不定芽が分化してくる。こうしてできた苗をとりわけてエンセーテはふやされるのである。

エンセーテはめったに花をつけない。というより、花を咲かせる前に利用されてしまう。しかし、それでも食べるにあまるエンセーテが栽培されている畑では、まれに花をつけることがある。花はやがて種子をみのらせ、大きな花穂ごと地面に落ちる。エンセーテの黒くて固い種子は、畑の土のなかに何年もあって発芽能力を保っている。そして、その種子から育ったエンセーテは、保護され、栽培のエンセーテにあたらしい品種として組みこまれていくのである。

アリ人はこのようにして多様な品種をつくりだしてきた。その数はわかっているだけで七八種にもなる。種子から芽生えたエンセーテがあたらしい品種と認められるには、交雑によって変異が生じなければならない。そこで、わたしは、コウモリが村のちかくにある野生エンセーテの花と、畑のエンセーテのあいだで花粉の運び役をしているかもしれないとかんがえたのである。しかし、じつのところ、この仮説も彼らはとうに知っていることなのかもしれないのだが。

（重田眞義）

★*Ensete ventricosum*　エンセーテ（バショウ科）

ニセバナナ、アビシニアバナナともよばれ、バナナ（*Musa*）とおなじバショウ科に分類される。高さ3～5 m。野生型はアフリカ大陸の標高1000 m以上の高地に分布する。有用植物としてエンセーテが栽培されているのはエチオピア西南部だけである。根茎と偽茎のでんぷんを発酵させて食用にするほか、偽茎からとれるじょうぶな繊維を利用して縄や籠《かご》、敷物などに加工する。

コーヒーノキ

【エチオピア】

北東アフリカ、エチオピアの首都アジスアベバの朝は寒い。標高二五〇〇メートルをこす高原に位置するこの街では、雨降りの朝など、骨の芯までからだが冷えて、気分が重くなる。ふだんはあかるい靴みがきや新聞売りの少年たちの表情も沈みがちで、職場に急ぐ人たちの態度もどこかよそよそしい。

こんな日は、とりわけ、街のあちこちにあるケーキ・ショップやカフェがにぎわう。かなり濃いめの熱いブンナ（アムハラ語で、いわゆるブラック・コーヒー）や、マキャート（ミルク入りコーヒー）を、デミタスよりもさらに小さいカップでちびちび飲むと、からだが内側から暖まってくる。それで足りなければ、大きなグラスでブンナ・バ・ワタット（コーヒー入りミルク）をたっぷり飲めば、顔が上気するほど温まる。寒さに起因する病気をいやがるこの街の人びとにとって、一杯二五円ほどのコーヒーは、健康の秘訣といえるかもしれない。

今日、世界中で愛飲されているコーヒーの代表種アラビアコーヒーノキは、エチオピア南部が原産地とされている。そこでは、原産地ならではの風変わりな飲み方がある。たとえば、エチオピア西南部へいくと、いまでもコーヒーの葉をしぼったものに、ニンニクやショウガ、トウガラシを混ぜて飲んだりする。また、この付近のコーヒー栽培ができない低地では、豆を取りだしたあとの殻を安く手にいれ、それを煮だして大量に飲む習慣がある。

ちなみに、わたしの経験をいえば、葉のしぼり汁を薬だといわれてすすめられたことがあるが、青くさいうえに、トウガラシの辛さで、とても飲めたものではない。殻の煮汁のほうも、ほとんど味はなく、おいしいものではないが、日中の気温が四〇度近い半乾燥サバンナ地帯では、水分補給の手段として重要である。ここでもまた、コーヒーは健康飲料だから、とにかくありがたくいただくことにしている。

一般によく知られているコーヒーの飲み方、つま

★ *Coffea* spp. コーヒーノキ（アカネ科）

アカネ科の常緑低木。約40種が熱帯、亜熱帯地域に分布するが、気温13～26度の比較的すずしい条件で生育する。完熟した果実は深紅色で、ふつう甘い果肉のなかに2個の種子がある。この種子の外皮をのぞいて焙煎したものが、コーヒー豆である。いわゆるコーヒー飲料のもととなるのは、アラビア種、ロブスタ種、リベリア種などで、なかでもエチオピア原産といわれるアラビア種が生産の90%をしめる。

り豆を焙煎して粉に挽いてから利用するやり方は、もともとエチオピアにはなく、イスラム世界で発明されたものらしい。エチオピア南部にはカファという古くからの王国に由来する地名があるが、これがアラビア語のカフワの語源であり、ここからコーヒーとして、その飲み方とともに世界にひろまったとされている。

ヨーロッパで最初にコーヒーハウスができたのは一七世紀、「経済学の祖」アダム・スミスも、コーヒーハウスでの議論を重ねて、かの『国富論』(一七七六年)を著したという。日本では一八八六(明治一九)年、東京・日本橋にできたがあまりはやらず、本格的な普及は、一九六〇(昭和三五)年に豆の輸入が自由化されるまで、待つことになる。

話をエチオピアでの経験談にもどそう。高地エチオピア人の家庭に招かれると、食事の後、かならずコーヒーがでる。炭火のコンロでまず豆を煎ってから、たてぎねで粉に挽き、ジャバナというポットにいれて煮だすのだが、これら一連の作法を、当家の若い娘が客の前でおこなうことになっている。そして、これまた小さなデミタスで三杯を飲むのが礼儀とされている。このコーヒー・セレモニーは日本でいえば、さしずめ茶の湯といったところであろうか。

この間すくなくとも二時間ちかく、客と主人は、娘の動きを目で追いながら、おしゃべりに興じる。エリトリアとの国境紛争はどうなった、日本ではビデオデッキはいくらする、この国の将来は……などなど。茶の湯のおもむきとことなるのは、このにぎやかさだともいえる。

エチオピアが世界にもたらしたものは、モロコシやテフなどの栽培植物を中心に、けっしてすくなくない。コーヒーに付随する健康とおしゃべりの文化もそれにくわえたいところである。

(松田　凡)

ヘンナ

【スーダン】

わたしは一九八六年から、北部スーダンのアラブ系ムスリムの村の調査をつづけてきた。ここで仮にマフムーダーブとよぶその村は人口二〇〇〇人ほど、ちかくの町などで働く者もいるが、村びとの多数はナイル川や地下水を利用した灌漑《かんがい》農業に従事している。

マフムーダーブでは、コムギ、ソルガム（モロコシ）、トウモロコシなどといった主食となる穀物もつくっているが、力をいれている農業生産物は、むしろ現金収入の源となる商品作物である。その代表例は、ネギなどの野菜類、そしてここでとりあげるヘンナである。

ヘンナとはミソハギ科の灌木である。この植物に商品価値があるのは、その葉が身体装飾用の染料として、中東からインド世界にかけてひろく利用されているからである。畑からとってきたヘンナの葉をそのままつぶしたものや、あらかじめ乾燥させ、粉末状にしておいた葉に水をくわえて練っていくと濃い緑色のペースト状のものができる。それを皮膚に長時間付着させたあとはがすと、ヘンナがついていた部分が濃い赤茶色に変色している。肌に付着させておいた時間の長さに応じて、その色の状態は多少褪《あ》せながら、数週間から数ヵ月持続する。それが身体装飾になるのである。

アラブの人びとは結婚式などの祝い事のさいに、ヘンナで手、足の一部や指先を染めたり、アラベスク文様を描いたりする。また、熱さまし効果や皮膚を固くして保護するためにもちいることもある。ヘンナの利用に関しては、『月刊みんぱく』一九八四年一月号に掲載された、片倉もとこ氏の「アラビアのマニュキア」という興味ぶかいエッセイをお読みいただきたい。

さて、マフムーダーブのヘンナ栽培の話である。ヘンナは挿し木によって作付ける。一ヵ所に三〜四本の小枝を挿し木し、たっぷり給水する。それから一五〜

二〇日間隔で水をやり、生育をよくするために雑草とりもおこなう。挿し木をして五ヵ月ほどもすると三〇〜四〇センチの高さになるので、その枝の部分を地表から五〜一〇センチのところで刈りとる。それが第一回目のヘンナの収穫となる。それ以降、おなじ要領で給水をつづけ、木の高さが一・五〜二メートルほどになった段階で、また刈りとる。これをくりかえすことにより、生育状態によっていくぶんことなるが、年に二〜四回ヘンナを収穫できる。

刈りとったヘンナの枝はその場にまとめ、天日で四〜五日間乾燥させる。完全に乾いたヘンナの枝を棒でつよくたたき、葉の部分を枝から分離する。それから葉の部分だけをあつめ、大きな布袋に詰める。そのこった枝の部分は、家庭にもち帰って燃料にする。

袋詰めにされたヘンナの葉は出荷される。マフムーダーブの場合、大きくふたつの販路がある。ひとつはちかくのダマル市にあるヘンナの工場に運ぶケースである。工場を経営するのがこの村の出身者で、そこにもちこまれた袋詰めのヘンナの乾いた葉は、女性工員の手で土、泥、小石などがとりのぞかれ、それから機械で粉末状に細かく砕かれる。それを小売り用の小袋に詰め、市場にだすのである。もうひとつの販路はやはりダマルに住む仲介人に売却するケースである。彼はそれを首都圏にある工場に送りだす。

一九九四年三月、マフムーダーブでの調査を終え、首都ハルトゥームにもどってきたわたしは日本の留守宅に電話をいれた。家族の近況の知らせとともに、妻がわたしにたずねたのはなんとヘンナのことであった。なんでも、彼女の友人が白髪染めにヘンナが効果的だという情報をえて、わたしがアラブ世界を研究しているところから、妻にヘンナのことを聞いてきたのだという。さっそくハルトゥームの知人の家でヘンナの小袋をいくつかわけてもらい、帰国後、妻をとおしてその友人に渡した。その結果については聞いていないが、そのうち日本でも意外なところから、ヘンナの利用法がつたえられてくるのかもしれないとおもっている。

〔二〇〇三年の追記〕　その後、日本でもヘンナの使用は広まり、いまでは美容院でもよく用いられている。

（大塚和夫）

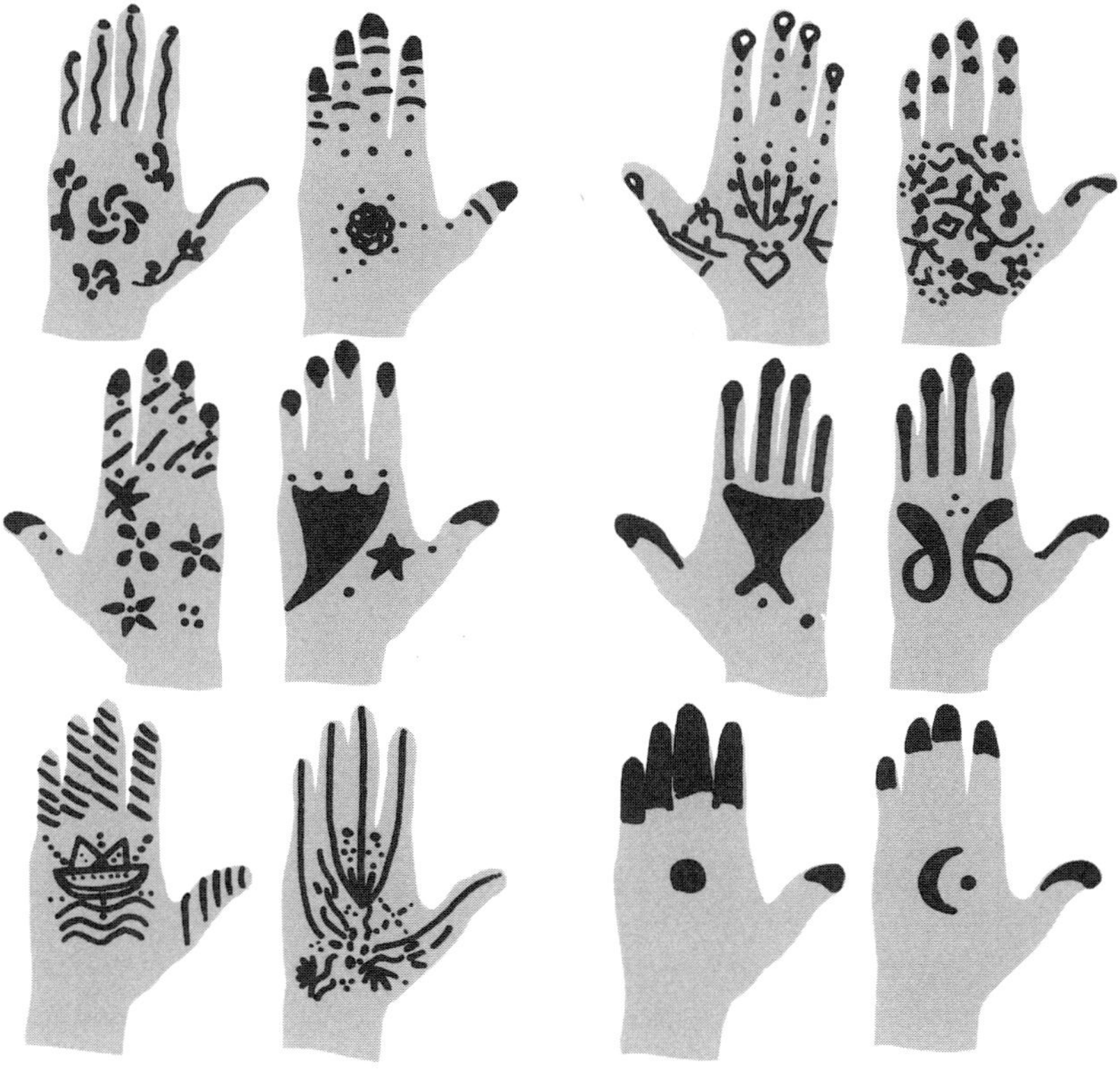

★ *Lawsonia inermis*　ヘンナ（ミソハギ科）

北アフリカから南西アジアにかけての原産。日本では指甲花《しこうか》ともよばれる。幹は高さ３～６ｍに達し、おおくの技にわかれる。花は径７mmほど。葉を粉末にしたヘンナ染料は、黄色の染料、顔料としてふるくからもちいられた。

スイカ

【カラハリ砂漠】

一八五八年、イギリスの探検家リヴィングストンは、アフリカ南部のカラハリ砂漠を縦断中に、あたり一面に群生しているスイカをみつけた。そのスイカは、ソフトボールぐらいの大きさと形で、縦縞がはいっている野生種である。かれは、それが人びとに利用されていることから、栽培スイカの起源地としてカラハリ砂漠をかんがえた。

何度かのカラハリ滞在中に、わたしは数人の女性によるスイカダンスをみている。列のなかで前方の女性が野生スイカを片手にもち、まわりの女性の手拍子にあわせて踊る。彼女は自分なりのふりをつけ、地面の砂をけり、手を大きくふり、うしろの女性にスイカを手わたす。今度はこの手渡された女性が同じように踊り、これを何度もくり返してゆく。この遊びもまた、チャプマンによるカラハリの探検記（一八六一年）に記録されている。

スイカは、英語でウォーターメロンといわれるように、九〇パーセント以上が水分からなる。とりわけ、カラハリの野生スイカの水分比率は九七パーセント、栽培スイカは九六パーセントと、日本のスイカの九一パーセントとくらべて高い。またカラハリの栽培スイカは、甘みの点では日本のスイカに劣るが、日本のものにはないナトリウムやカリウムをふくんでいる。塩の入手しにくいカラハリにおいて、スイカは水分のほかにもナトリウムの供給源として重要である。

カラハリでは、雨季になって野生スイカの果実が大きくなると、人びとは家畜をつれてその生育地に分散する。そこではまず、野生動物やヤギにうばわれないように、スイカをあつめて屋根のある木の囲いにいれる。その数は一世帯あたり数千個にも達する。カラハリのスイカは、乾季のあいだの数ヵ月も保存がきくのである。

かれらは、掘り棒のとがった先で、直径一〇センチぐらいの円形の穴をあけ、掘り棒をスプーンがわりにしてスイカを飲む。あるいは、くだいた果肉にたき火のあつい灰をいれて、水をつくりだす。この水はにが

★ *Citrullus lanatus*　スイカ（ウリ科）

ウリ科の一年草で熱帯アフリカ原産。野生種は食用の甘いものから甘味のない動物の飼料用、苦くて食べられないものまで多様。栽培はエジプトで4000年以前におこなわれていたことが壁画からあきらかで、その後各地へつたえられ、日本には17世紀にはいった。

くておいしくないが、一個のスイカから二〇〇ミリリットルの水がえられることになる。これは、ある家で二五〇〇個のスイカを貯蔵しているとすると、五〇〇リットルの水タンクをもっていることになる。まさに、スイカは砂漠の水甕《みずがめ》とよぶにふさわしい。

各地の野生スイカが涸渇してしまう雨季の初めころ、人びとは村にもどりスイカ畑をつくって栽培をはじめる。スイカは播種から約二ヵ月で収穫できる。最初は、家族の食用に数個とる。その後、冬（六月）の寒さのためつるが枯れるので、一度にすべての果実を収穫する。ちょうどそのころ、その年は畑をつくらなかった人びとが、スイカをもらいに畑のちかくに家屋を移動してくる。収穫された一〇〇〇個以上のスイカは、冬じゅうかれらのあいだで分配されつづけるのである。

栽培スイカのもっとも一般的な食べ方は、スイカの煮込みである。ナイフをつかってスライスした果肉だけを、鉄製の三足鍋のなかにいれる。そして、水も調味料もつかわずにひたすら煮込む。やがて果肉がとけて、ドロドロとした液体になっていく。そのころ、たき火のあつい灰のなかで炒ったあとに、ウスをつかってこなごなにしておいたスイカの種をそのなかにいれる。この種は脂肪分を補給してくれるのみでなく、歯ごたえをよくしてくれる。

もうひとつの食べ方に、スイカの丸焼きがある。スイカを丸ごとたき火の上に置いておくと、緑色の厚い皮は黒色にかわり、やわらかくなる。黄色の果肉もゼリー状になっていく。芯まで火がとおると、皮と果肉をいっしょに食べることができる。

カラハリでは、局地的に降雨がみられるので、農耕より採集のほうが信頼できる年もある。人びとはその年の降雨の状況に応じて、スイカの採集と栽培の比重をたくみにかえている。人びとは、野生スイカを水源として、栽培スイカを食糧源として利用している。スイカは、カラハリの生活には欠かせないものだ。

しかし近年、政府は僻地開発の一環として、井戸のない地域に給水車をおくり、トウモロコシを無償で配っている。それにともない、一九世紀の探検家がみつける以前からつづいてきたとおもわれるスイカと人とのかかわりあいは、現在、急速にうしなわれつつある。

（池谷和信）

ニガヨモギ

【ロシア】

ロシアはいまだに民間治療が生きている国である。田舎の農家を訪れると、天井の下の梁《はり》に乾燥させた薬草が保存されているのをよくみかける。それらの薬草類には医学的にみても実際に薬効をもつものがすくなくない。医療事情のわるい昨今ではなおのこと、それらの薬草は貴重なものなのである。

ロシアでいまも利用されている薬草のひとつにニガヨモギがある。これはヨモギ属の多年生草本で、ヨーロッパ原産だが、日本には江戸時代末期に渡来したと考えられている。その名のとおり草全体に苦みがつよく、芳香がある。健胃薬とされ、また古代ギリシア、ローマ、エジプト、中国、ユーラシア北部から北アメリカの民間で難産の治療薬としてもちいられている。古代ローマの博物学者プリニウスは、ローマでは戦車競争の勝者の報奨にニガヨモギの汁をあたえた、と書いているが、これは強壮剤としてだったらしい。

ロシアでも一七世紀以降の文献にニガヨモギは腫《は》れ物や虫刺されの痛みどめの薬としてしばしば言及されており、民間ではいまでも健胃薬、利尿剤、鎮痛剤、鎮静剤、駆虫剤などとしてもちいられている。コレラのさいの消毒剤として使われることさえあったという。

ロシアや東欧では、ニガヨモギのように民間治療にもちいられる植物は、共通の特徴をもっている。苦みと香りである。そしてこれらの特徴をもつ植物は薬効があるだけでなく、しばしば悪魔をはらう力があると考えられた。このようにして民間治療にもちいられる薬草のおおくは民間信仰と密接に結びつくことになる。『吸血鬼ドラキュラ』はブラム・ストーカーの創作ではあるが、主人公がきらうニンニクは、カルパチア地方などでは魔除けのための呪術的行為において実際に重要な役割りを演じているのである。

ロシアの農村では、クリスマス・イヴや大晦日に家や厩《うまや》をニガヨモギを燃やした煙でいぶした。これはその後一年間、家族や家畜を悪霊から守るためだが、このときに燃やすニガヨモギはウスペーニエとよばれる聖母昇天祭（旧暦八月一五日）の前夜に摘み、翌日教会で聖別されたものを聖トマスの日（同一〇月六日）に干したものでなければならない。このように薬草の薬効が一定の祭日に増大する、という俗信もヨーロッパではしばしば見いだされるものである。

ロシアの初夏に、おもに結婚前の娘たちによって祝われるセミークとよばれる祭日がある。これはほぼ六月はじめに祝われる聖霊降臨祭（五旬節あるいはペンテコステ）の週の木曜日のことで、初夏のたのしい祭りとみなされていたが、同時にこのころ水の精ルサルカが水からあがり、人を襲うとも考えられていた。そのためこの日、娘たちは一日中わきの下にニガヨモギをはさんでおく。ルサルカはニガヨモギを恐れる、と考えられていたのである。

ルサルカは洗礼をうけずに死んだ子どもや溺《おぼ》れ死んだ娘などがなる、ぼさぼさの長い緑の髪をした女だと考えられていた。聖霊降臨祭の時期に水からでて森や野原に住み、月の明るい晩に木の枝をブランコがわりにゆらし、踊るという。このルサルカの踊った場所では、草木や穀物の成育が早いと考えられた。もし森でルサルカにでくわし、「手になにをもっている？」と聞かれたら「ハッカ」とか「オランダゼリ（パセリ）」などと答えては絶対にならない。ルサルカにくすぐり殺されてしまうからだ。この質問には「ニガヨモギ」と答えねばならない。そうすればルサルカはすぐに退散する。

ロシアではさらにセミークの日のニガヨモギは、惚《ほ》れ薬としての効用をもつとも考えられた。この日に娘や若者が意中の相手をニガヨモギの茎で叩くだけで、その人の心をとらえることができると信じられたのである。

このようにニガヨモギはロシアの民間信仰では、薬草としての観念だけでなく、女性のエロチックなイメージと結びついている。レヴィ＝ストロースの『野生の思考』によると、ひろく北米インディアンの世界観ではヨモギ属の植物は、女性、月、夜を暗示するというが、以上のようなロシアの民間におけるニガヨモギとルサルカのイメージとの関連を考えると、レヴィ＝ストロースの指摘する観念連合が、じつは北米からはるかロシアにまでひろがる分布をもつものなのではないか、という想像を誘われるのである。

（伊東一郎）

★*Artemisia absinthium*　ニガヨモギ（キク科）

高さ40～60cmほどになる多年草。ヨーロッパから南シベリアにかけてひろく分布する。ヨーロッパでは、枝や葉に香料をくわえて蒸留し、アルコールに溶かしてリキュールのアブサンをつくった。属名は紀元前6～5世紀の小アジアの王妃アルテミシアにちなむ。

トマト

【イタリア】

イタリア料理に欠かせない食材のひとつ、トマト。しかし、その歴史は意外と浅く、一六世紀にメキシコからナポリに伝えられた当初は、毒草か、せいぜい観賞用植物とされていた。しかし一八世紀、品種改良が重ねられ、ようやく生産量が増えてくると、ナポリがパスタの原料であるデュラム小麦の一大生産地であったことも幸いしてか、ここにトマトとパスタという、イタリア料理を代表する組み合わせが誕生したのである。

ところで、現在イタリアでたんにトマト（イタリア語では「ポモドーロ」）といえば、わたしたちが想像する丸いトマトではなく、細長い形の「ポモドーロ・ルンゴ」（長いトマト）を指す。この品種は種も水分もすくなく、まさにパスタのソースなどの煮込み料理に適している。七月の終わりから九月初め、あちこちの畑では真っ赤なトマトが実り、どのマーケットでも色鮮やかな完熟トマトがうずたかく積まれる。もちろん、缶詰、ピューレ、ペーストなどに加工されるのもこのトマトである。

いっぽう、丸いトマトの「ポモドーロ・ロトンド」はほとんどが生食用で、しかもしばしば「ポモドーロ・ベルデ」（緑のトマト）ともよばれるように、まだ青味が残っている状態でサラダなどにして食することがおおい。また、ミニトマトは、半干しして香辛料のように使われる。彼らは、トマトソースを使わないパスタや肉料理などにちょっとトマト味を加えたいとき、台所の隅に枝についたまま陰干ししてあるこのトマトの房から数個もぎとって用いる。地方によっては、完全に乾燥させた保存用の「ポモドーロ・セッコ」（乾燥トマト）もある。

このようにイタリア人の生活には、随所に様々なトマトが様々な形でみられる。彼らの家に一歩はいれば、台所の片隅にはミニトマトが吊され、テーブルの上には「ロトンド」や「ルンゴ」が籠に盛られて置かれているし、冷蔵庫や棚にはトマト・ピューレが常備されている。とはいえ、イタリアのトマトの代表は、なんといっても「ルンゴ」だろう。このトマトこそが、パスタ料理のみならず、あらゆるイタリア料理に不可欠の調味料だし、そもそも頻繁に家族であつまって食事をするのが好き

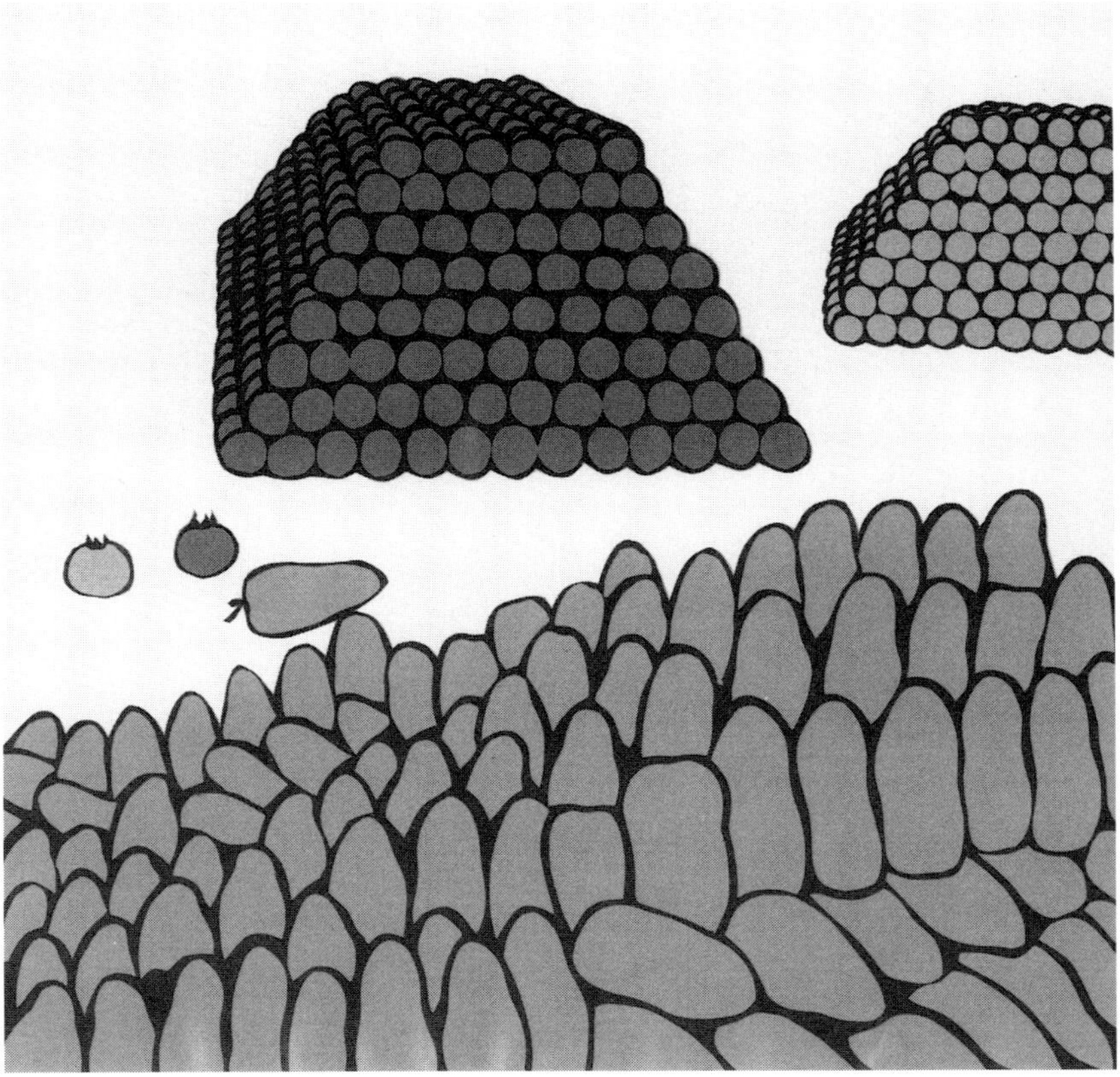

★ *Lycopersicon esculentum*　トマト（ナス科）

アンデス西斜面のペルー、エクアドル地方原産。熱帯から温帯地方にかけてひろく栽培される。ヨーロッパへは16世紀のはじめにイタリアに観賞用としてもたらされた。その後、品種改良により18世紀中頃から食用として栽培されるようになった。

なイタリア人にとっては、その味つけが、まさに家庭の味であり、ふるさとの味になっているのである。

イタリアの食生活は、近年たしかに様変わりしてきた。しかし現在でも日曜祝日ともなれば、結婚や仕事で家を離れている子どもたちも親元にもどってみんなで昼食をとる、という習慣はつづいている。たとえば、ローマ近郊に住むわたしの友人の老夫婦の家では、日曜日ごとに子どもや孫、ときにはおいめい、総勢一五人前後がにぎやかにおしゃべりしながら、二〜三時間にわたって食卓をかこむ。そのようすは、ただの昼食ではなく、家族の絆をたしかめあう場である。そして、メニューにはかならずどこかにトマトが使われ、その味は彼らが幼いころから食べてきた「マンマ」(お母さん)の味である。どの家でも、トマトをニンニク、オリーブオイル、バジリコなどの香辛料とともに数時間煮込んでトマトソースをつくるのは女性の仕事である。彼女たちは、頻繁にマーケットにでかけ、すこしでもおいしそうなトマトを選び、袋いっぱいに買いもとめ、それぞれのマンマからの教えと経験のなかで培ってきた味つけで調理をし、家族がお昼にあつまってくるのを待つ。

また、トマトの季節が終わった後のために、保存用の瓶詰めトマトを自宅でつくってしまう家庭もおおい。トマトの収穫が盛りを過ぎたころ、自分の菜園でトマトをつくっていればそれを使って、つくっていなければよそから大量に買い込んで、家族総出の瓶詰めづくりがあちこちでおこなわれる。このつくり方も家庭によって少しずつことなるが、皮つきのトマトそのままか、湯むきしたもの、あるいは裏ごししたものに、若干のバジルや塩を加えたあと、熱湯で煮沸消毒して瓶に密閉する。すくなくとも丸一日、量によっては数日かかる。もちろんいまでは市販のトマトの缶詰やピューレが簡単に手にはいるため、ことさら保存用につくる必要はないのだが、たいていは日曜日、昼食に集まる機会を利用して家族総出でおこなうこの作業は、一種の家族のお祭りのようなもので、たいせつな年間行事のひとつだ。そして、こうしてつくったトマトの味も、それぞれの家族自慢の味へとつながっていく。

イタリアに普及してまだ四、五世紀。でも今やトマトは、彼らの家族のつよい絆のなかにしっかり編みこまれ、彼らの食卓、いや人生の最大の友であり伴侶になっている。

(宇田川妙子)

サトウカエデ

【カナダ】

カナダ東部の落葉樹林では、秋になるとサトウカエデの葉が燃えるように紅葉する。とくに首都オタワからモントリオールへ、さらにケベック市へとセントローレンス川沿いに連なる地域は、サトウカエデの道と称される紅葉の名所である。わたしはカナダ人の友人に連れられて、ローレンシアンとよばれる地域に紅葉狩りにいったことがある。身を刺すような冷たい秋の夕暮れのなかで真紅にはえるサトウカエデをみて、無粋なわたしもその美しさに感激したことをいまでもおぼえている。

サトウカエデの葉は朝晩に温度差が大きければ大きいほど、あざやかな紅色にかわる。いっぽう、寒暖差があまりないような地域では、カナダ国内であっても紅葉は期待できない。一年をとおして比較的温暖な西部のバンクーバー周辺では、秋にはカエデ類は赤色ではなく、黄色に色づく。

真っ赤なサトウカエデの葉が一枚、カナダの国旗の真ん中に描かれているように、それはカナダのシンボルである。「メイプルリーフ」(サトウカエデの葉)という名前をつけたベーコン・ハム会社やトロントを本拠とする人気ホッケー・チームが存在する。また、カナダ航空の社章もサトウカエデであり、機体にその葉を描いた飛行機が世界中を飛びまわっている。このようにサトウカエデは実物以上に、社名や社章としてカナダのいたるところで見聞きすることができる。

サトウカエデがカナダのシンボルとして使用されはじめたのは一七〇〇年ごろまでさかのぼる。一八六八年にはオンタリオ州とケベック州の紋章の一部につかわれ、第一次および第二次世界大戦では軍服の記章に採用された。しかし、国旗になったのは比較的最近のことである。イギリス連邦の一部であったカナダは、独自の国旗をもっていなかった。そのため一九二五年から国旗をつくる努力がなされたが、なかなか決定することができなかった。一九六四年に当時のピアソン首相があらためて国旗づくりを提案し、それをうけて国旗のデザインを決めるため一五名からなる委員会が連邦議会のなかにつくられた。検討を重ねた結果、一九六五年二月一五日に現在の国旗が決定された。その日はカナダの国旗制定記念日になっている。

日本ではサトウカエデの甘い樹液からつくるメイプル・シロップが、カナダの名産品として有名である。現在のオンタリオ州南東部からケベック州西部の地域に住んでいた先住民イロクォイの人たちは、毎年三月ごろになると、サトウカエデの樹幹に切り傷をつけ、そこから流れでてくる樹液をあつめていた。大きな木からはひと春で一五リットルにもおよぶ樹液を採取することができる。その樹液が煮詰められ、メイプル・シロップや砂糖がつくられたのである。樹木の生命を奪うことなく、樹液のみを利用するむかしからのやり方は、先住民の知恵のひとつであった。現在、このシロップは甘さのわりに、低カロリーであるため、健康食品として若い女性を中心に人気をあつめている。

最後に、サトウカエデが酸性雨や酸性雪の被害をうけているという話をしておきたい。オンタリオ州のサドベリーは世界最大のニッケルの生産地であり、そこには精錬所がある。その精錬所から酸性雨の元凶となるおどろくほど多量の二酸化硫黄が排出されている。また、アメリカ合衆国の工業地帯から国境を越えて汚染物質が風や気流によって運びこまれている。この広範囲にわたる大気汚染の影響によって、カナダ東部の何百万本にもおよぶ木々が病気になったり、立ち枯れするという問題が発生した。サトウカエデも例外ではなかった。カナダの大自然、そして国家のシンボルたるサトウカエデは人間の生産活動の結果、危機に瀕《ひん》しているのである。

人間は工業生産によって、物質的にはゆたかになった。しかし、その副産物がわれわれの環境を壊しはじめている。このまま人間が無制限に欲望を追求しつづけるならば、それほど遠くない将来に、カナダからあの美しいサトウカエデの紅葉は消えてしまうだろう。われわれの身近にも深刻な環境問題が忍びよっているのである。

（岸上伸啓）

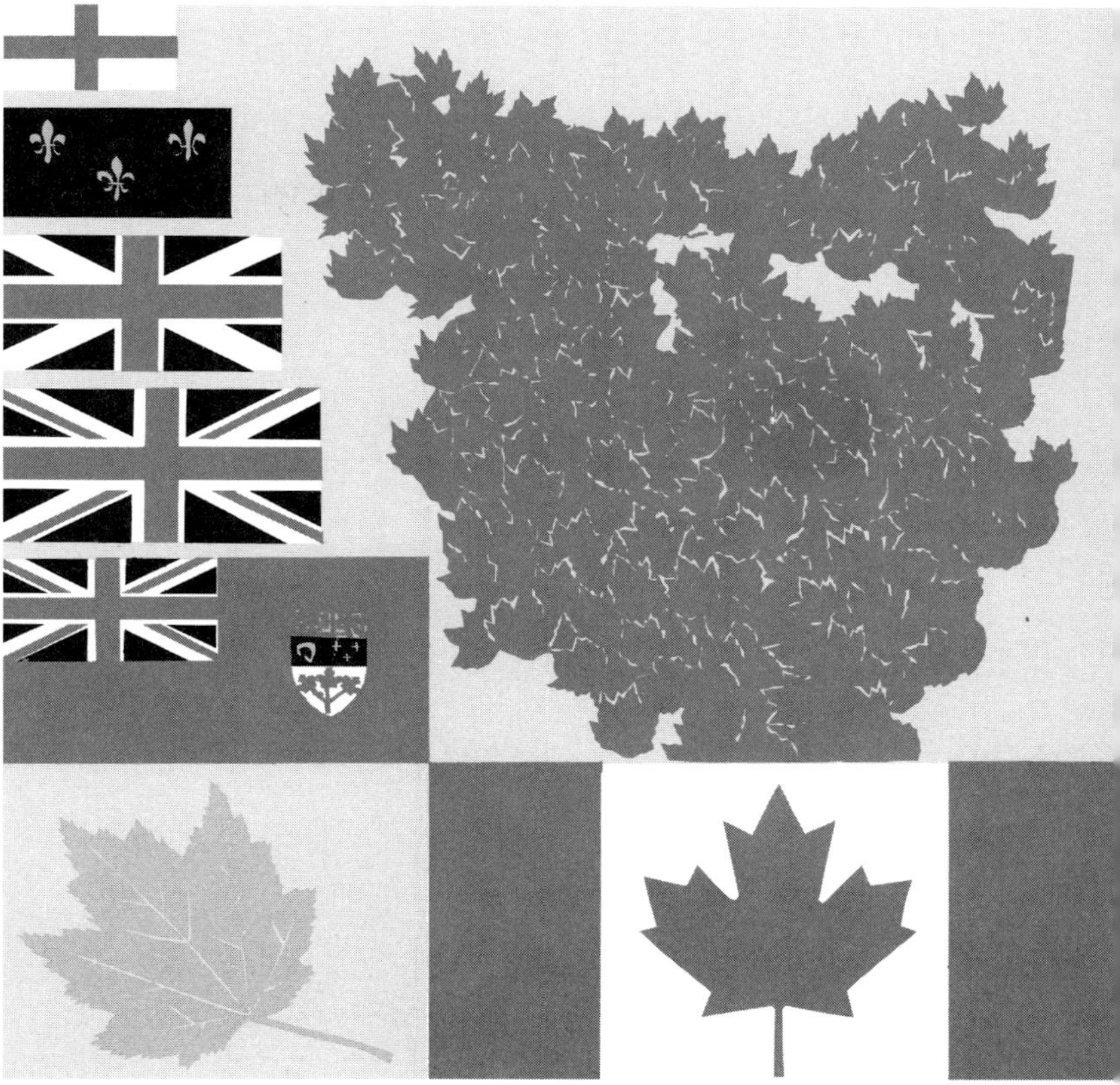

★ *Acer saccharum* サトウカエデ（カエデ科）

北米東北部を中心に分布している。英名のシュガー・メイプルからもわかるように樹液には、3～5%の蔗糖《しょとう》がふくまれている。秋には真紅に紅葉する。カナダの国花や国旗に採用されており、もっとも有名なカエデである。また、樹木はすぐれた建材や家具の材料とされている。

カカオ

【中央アメリカ】

カカオは紅茶やコーヒーにくらべると、はるかに文化の香りがつよいとおもうのであるが、紅茶やコーヒーの文化誌についてはいくつもの本がでているのに、カカオについての本はほとんどない。わたしの友人は、コーヒーや紅茶を飲みながら、その由来やいれ方などを語るのはさまになるが、チョコレートを食べながらではさまにならないからじゃないかという。なかなかの卓見である。

しかし、ではココアを飲みながらではどうか。これなら紅茶やコーヒーとあまりかわらないではないか。実際、一七世紀のイギリスではコーヒー・ハウスとともにチョコレート・ハウスというものがあった。伝統がいまにつづいているのか、おもしろいことに、コーヒー・ハウスは男性、チョコレート・ハウスは女性がもっぱらかよったという。しかしやがてチョコレートはあまり飲まれなくなる。そう、この時代はまだチョコレートは飲むものであった。チョコレートが食べるものになるのは、一九世紀のなかごろのことでしかない。ココアが生まれたのも、食べるチョコレートが発明されるほんのすこしまえのことにすぎない。それ以前はチョコレートは飲むものだったのである。なぜ飲まれなくなるかというと、それはあまりに栄養価が高いからとおもわれる。カカオの豆には脂肪分が五〇パーセント以上ふくまれていて、実際あまりたくさん飲めるものではない。

ところが、「泡立てた上等のカカオのはいった大きな壺が五〇個以上も運ばれてきて、モテクソマはうやうやしく給仕する女たちの手からこれをうけて飲んだ」と征服者のひとりベルナル・ディアスが記しているように、アステカの王たちはガブガブ飲んでいたようである。「この飲みものは女とまじわるために飲む」ものであり、カカオは、高貴な人しか飲めない「飲みものとしては最高のもの」であった。しかしその飲みものというのは、カカオの豆をすりつぶしたものを水にとかしてトウガラシや食紅の一

★ *Theobroma cacao*　カカオ（アオギリ科）

樹高4～10mになる常緑樹。花は幹に直接咲き、長さ15～20cmの紡錘形の果実がなる。原産地は南アメリカと考えられる。中央アメリカのマヤ諸語ではカカウ、ナワトル語ではカカワトルというが、語源はミヘ・ソケ語族のカカワに由来する。

種アチヨテなどをいれたもので、ヨーロッパの人に「ブタのための飲みもの」といわれるほど、ひどいものとおもわれていた。それがヨーロッパ人好みのあたたかいおいしい飲みものにかわるのは、一五八〇年代以降のことである。

紅茶やコーヒーがヨーロッパにもたらされたとき、最初は医薬品であった。カカオもおなじである。紅茶やコーヒーはおそらくカフェインが効いたのであろう。カカオにもカフェインがふくまれている。しかし量はわずかであり、もっぱらテオブロミンが主役である。これは大脳皮質を刺激して、思考力を高め、やる気をおこさせてくれるという。そんなことなどむかしの中米の人たちは知るよしもないが、カカオの効用についてはよく知っており、実際に薬としてもちいられていた。

一六世紀の中米では、カカオの飲みものは、熱をさげるのに効くが、四粒のカカオとオルリというゴムを一オンス（約三一グラム）まぜると赤痢《せきり》によく効くと信じられていた。カカオを朝飲んだ人は、その日ヘビにかまれても死なないといわれ、毒消しの作用があるとみられていたし、練り粉を傷口に塗ると、きれいに治った。そのほか、いろいろな薬草とともに飲まれて、下痢止め、止血、利尿のためや、心臓病、咳や胸の冷えなどの治療にもちいられた。またうつくしさを高めるために、カカオの練り粉を顔に塗った。しかし、空腹になるとそれをなめたという。美よりはまず腹である。また、適度な量を飲むと元気になり、爽快《そうかい》になるいっぽう、あまりおおく飲むと、目まいがおこったり、内臓がつまったり、調子がくずれて、不治の病におちいるともいわれた。

カカオは、高貴な人しか飲めない禁断の飲みものであり、薬としても利用されていたのであるが、またお金でもあり、さまざまな儀式にももちいられていた。カカオはその学名どおり、まさに神の食べもの（テオブロマ）である。

（八杉佳穂）

リュウゼツラン

【メキシコ】

日本語ではリュウゼツランというが、メキシコでは一般にマゲイという。日本には観葉植物として、斑入《ふ》りの小さな品種がはいっているが、メキシコには大小様々、一枚の葉が数メートルに達する大きなものもある。リュウゼツランはメキシコで様々にもちいられている。葉からとれる繊維は、布や袋、ロープなどにされるし、葉の先端のするどい刺《とげ》は、うまく折ると糸つきの針になる。また大きい肉厚の葉は、屋根や壁などの建材としてもちいられている。しかし、そのもっとも重要な用途はメスカルという酒をつくることである。

リュウゼツランの葉を切りおとしたあとのまるい感じの基部を煮る。これを岩のくぼみにいれ、太い棒で砕く。これに水をくわえ、足で踏みつける。岩のくぼみのうえに木枠を置き、そのうえに砕いたリュウゼツランを置き、液を滴《したた》らせる。さらに布袋にいれて液をしぼりだす。これにマメ科植物の根をつぶしてくわえる。この液を濾《こ》してかめにいれ、二、三時間煮る。これを冷やし四～五日おくと酒になる。

この記述は、メキシコ東北部のタラウマラ族のメスカルのつくり方である。基本は、葉の基部を煮て液をしぼりだし、それを発酵させたものである。このメスカルは原料の点において、きわめて特異である。すなわち、リュウゼツランの葉の基部にはデンプンも糖もほとんどふくまれていない。ふくまれているのは粘液である。これを加熱することによって糖にかえている。粘液を原料としている酒は、世界ひろしといえどもメスカルだけである。

このメスカルはこれでりっぱな醸造酒であるが、それを蒸留した酒もメスカルとよばれる。現在では「醸造酒のメスカル」はほとんどみかけない。「蒸留酒のメスカル」ならあちこちで売っている。テキーラというのは、テキーラ村（現在では市）でつくられた「蒸留酒のメスカル」をいう。メキシコ・シティの北西に古都グアダラハーラがあり、この町のさらに北西約五〇キロほどのところにテキーラ市がある。この町の周囲一面は、アオノリュウゼツランの畑で満たされている。そして町にはテキーラ工場がいくつもある。

リュウゼツランからつくる酒にはもう一種類ある。プルケという。この酒は、メキシコ・シティ周辺から北部にかけての乾燥地でつくられている。プルケをつくるリュウゼツランは、メスカルをつくるものよりも大型のリュウゼツランである場合がおおい。その花芽が一メートルほどに伸びたとき、芽のまわりの葉とともに切りとり、芽の部分を棒でたたいてつぶしておく。数ヵ月から一年後に、芽の部分を棒の先で一〇～二〇センチほどのふかさで何度も突き刺し、腐らせる。一～二週間後に、それをナイフでボール状にくりぬいて穴をつくる。この穴に甘い液がしみだしてくる。これをあつめて、数時間煮沸し、その後、革製の容器にいれ放置しておくと酒になる。

メスカルには「食べものとしてのメスカル」もある。じつのところ、これがもっともふるいメスカルであり、のちに酒がつくられたとかんがえられるのである。「醸造酒のメスカル」のつくり方で、葉の基部を煮ると書いたが、もともとの料理法は石蒸しである。地中に穴を掘り、焼き石で蒸し焼きにする。蒸しあがった葉の基部の中心部はそのまま食べる。繊維のおおい周辺部はしがめば甘い液を吸うことができる。しかしおおくの場合、たたきつぶして天日干しで乾燥させ、保存する。食べたいときに水に漬けてしがむ。「食べものとしてのメスカル」をつくっていたのは、メキシコ北西部の乾燥地帯で、食べもののすくない地方である。おそらく、この葉の基部を食べようとして石蒸しにしたのであろう。しかし、デンプンはふくまれてはおらず、熱で分解した糖分を吸うことになった。それでも、この地方では重要な食料であった。そして、たまたま糖ができることから、酒がつくられるようになった。

いっぽう、プルケは花芽を切り、そこにしみだす液をあつめる。リュウゼツランの花芽はキオテとよばれるが、これはしばしば野菜のようにして食べられる。花芽をとったあと、そこにあつまる昆虫たちによって、甘い液がにじみでていることに気づき、液をあつめることになったのであろう。

メスカルもプルケも、ともに食べものから発生した酒なのである。

（吉田集而）

★*Agave* spp. リュウゼツラン（リュウゼツラン科）

一般に乾燥地に生える植物で、リュウゼツラン科リュウゼツラン属に属し、中米から南米にかけて約300種が分布する。10～20年ほどで花芽をだし、種子をつくって枯れてゆく。花芽が５～６ｍの高さにもなるものもある。テキーラの原料となるアオノリュウゼツラン、繊維がロープや袋などにされるサイザルアサなどがこのなかまである。

ペヨーテ

【メキシコ】

ペヨテーロ（ペヨーテ巡礼者）たちが村に帰ってきた。カナスト（背負い籠）にいっぱいペヨーテを詰めて。五〇〇キロメートル以上もはなれた砂漠の聖地ウィリクタまでいってきたのだから、埃《ほこり》まみれ。疲れきったまま、カリウェイ（神殿）にたどり着く。ずっと火を守っていた留守番の人たちと、おたがいに「ありがとう、ありがとう」といいあっている。

カリウェイの大祭司、巡礼団の団長のシャーマンが、迎えてくれた人たちを目でよぶ。儀礼用の椀ヒカラのなかに盛ったペヨーテを四半分に割り、ひとりひとりの口のなかにいれる。子どもたちまで相伴《しょうばん》にあずかる。どんなに苦くてもモグモグ噛《か》んで飲みこまなければいけない。

メキシコ、ハリスコ州北部を中心とした四二〇〇平方キロメートルほどの地域に約二万人が分散して居住しているウィチョールの人びとにとって、ペヨーテはたんなるサボテンではない。太平洋岸の海からさまざまの神が生まれた遠い昔のこと、動物と人間とのちがいのない暗闇の時代、火の神、つづいてひとりの子どもの自己犠牲によって太陽が生まれる。われらが兄の聖なる鹿タマチは一度犠牲にされて聖霊タマチ・カウユマリエとしてよみがえり、ほかの神がみをひきつれて旅にでる。聖地ウィリクタの地にのこした彼の足跡がペヨーテになった。ペヨーテ巡礼は、この神話を再現する旅である。

巡礼が村にもどると、数週間後、もち帰ったペヨーテで盛大な祭りがひらかれる。村人はペヨーテと鹿肉のスープを食し、犠牲の鹿の血がトウモロコシ畑に注がれる。ペヨーテのいくつかが畑に植えられる。鹿とペヨーテは、生命の源として、トウモロコシの豊作と家畜の増殖を村にもたらすのだ。

ペヨーテ祭りのとき、ペヨーテは生かじりされることはない。メタテ（石臼）とマノ（石棒）をつかってすりおろしたペヨーテを飲む。カップのなかで液は下にたまる。飲み干そうとすれば、泡が口には

★*Lophophora williamsii*　ペヨーテ（サボテン科）

サボテン科ハシラサボテン亜科ウバタマサボテン属。和名はウバタマ（烏羽玉）。メスカリンをはじめ30種以上のアルカロイドをふくんでいる。生理作用のうちもっとも顕著なものは、強烈な色彩幻覚作用である。メキシコ中部から北部、そしてアリゾナの砂漠地帯に自生する。かつては、西シエラマドレ山脈に住むおおくの民族が、ペヨーテに特別の宗教的意味をあたえていたが、現在もペヨーテ採集の組織的な巡礼をつづけているのは、ウィチョール族だけである。

いる。飲みづらくて、おとなたちもけっこう閉口する。苦いだけではなく吐き気がくる。一カップ平らげることのできる人はほとんどいない。みなのうしろにまわって、もどす人もいる。しかし、ペヨーテの酔いはつづく。手製のバイオリンとギターの演奏がシンフォニーのように聞こえているのか、万華鏡の世界にひたっているのか。ともかく、ペヨーテを食べることは神がみと人間が食事をともにすること、コムニオン（聖餐《せいさん》）である。

カリウェイに祀《まつ》られている神がみにつかえる人びとにとって、任期の五年間に毎年一度、ペヨーテ巡礼を成就することが義務である。村に病気や災害がやってこないためである。けれども、五年間に一回だけというグループもおおい。伝統がうしなわれてきたということである。だから、ウィチョールのあいだでも、ペヨーテが実際、どんな形で生えているのか知らない人がおおい。ウィリクタでは土の上に頭を一センチメートルもだしていない。みつけるのはむずかしい。ひとつずつか、三つ、四つあつまっているものを、山刀で地中、五センチメートルぐらいのところで切りとる。根がのこっていると、また生えてくる。しかし、こんなことも知らない巡礼者もいるのだ。

ペヨーテは薬草である。リウマチ、心臓病、サソリ毒などにもちいることができる。しかしウィチョール族のあいだで、シャーマンが病気治療のさいに薬草としてつかうことはほとんどない。巡礼から持ち帰ったペヨーテを畑や林のなかに植えて保管することもできるが、じつに雨に弱く、すぐ腐ってしまう。だから切り干しにして必要に応じてメタテですって、つらい山歩きや畑仕事の前に食べる人もいる。

だが、ふつうの人びとにとって、ペヨーテは祭りのときにひと切れ、ふた切れ、わけてもらうものである。これはこわいことだ。神がみとかかわりあうことは自分のなかに義務をかかえこむこと。だから、至福の時間を経験できるとわかっていても、遠くからそっとみつめるだけの人がおおい。なんにもわけがわからない子どものなかから、次代のシャーマンがでてくるゆえんである。

（安元正也）

コカ

【アンデス地方】

南米原産のコカは、かつては「インカの聖なる植物」として帝国の政治・宗教・経済・社会のあらゆる面で重要な役割をもっていた。頭蓋骨の穿孔《せんこう》手術の際、麻酔薬として使われたという説もあるが、その実態は不明であり、コカに関する効用、使用法についてはまだ完全に解明されていない。

アンデスにおけるコカの歴史は古い。紀元前三〇〇〇年ごろに作られた土器に、コカの葉を口にふくんでいるため、片方の頬がふくらんだ人物をあらわした壺がみられる。

コカはふつう「噛《か》む」といわれるが、実際はガムのように噛むわけではなく、ふとい葉脈をとった何枚かの葉を、頬と歯ぐきのあいだにいれ、唾液で湿らせて葉にふくまれる成分を吸収するというのが正しいもちい方である。ある程度の葉をいれて口のなかでボール状にすると、自然と頬がふくらんでくる。しばらくふくんでいると、口のなかがしびれたような感じがしてくる。現地の人たちは、ときどきキヌア（アカザ科の植物）などを焼いた灰をお酒で練り固めたもの、あるいは石灰、貝を粉にしたものなどをコカといっしょに口にする。リプタ、トクラなどとよばれるこれらの物質はアルカリ性であるため、コカと同時に使用することにより、葉にふくまれるアルカロイドの吸収の効率がよくなるとかんがえられている。

今日でも、家畜の増殖儀礼、農作物の播種や収穫時の儀礼、家の新築儀礼などにおいて、「神あるいは精霊の食べ物」であるコカを欠かすことはできない。また、コカを使った占いも、高地の農村社会のみならず、ペルーの首都リマですらおこなわれている。いっぽう、「疲れをとる」「空腹を忘れる」「高山病に効く」などのコカの薬理作用に関しては、専門家によるさまざまな分析がおこなわれているにもかかわらず、いまだに謎の部分があるようだ。

このようにコカの葉は、アンデスの人びとの生活にとって、もっとも重要なもののひとつである。男女、貧富の差にかかわらず、おおくの人が使用する。誕生から葬式までの人生の節目の儀式に必要不可欠なものである。また、仕事中でも休息のときも、空腹でも満腹でも、健康な人でも病人でも、ひとりでも集団でも、コカはあらゆるところで使われる。

その長い歴史を反映してか、コカの使用に関しては、たとえばコカを口にできるのは一八～二二歳になってから、道で出会ったときは、挨拶がわりにコカを交換する、うけとるときはかならず両手あるいは帽子をさしだすなど、伝統としてさまざまな規制があり、またすべてにわたって使用の限度が決められている。

ところでペルーには「標高一五〇〇メートル以下の地方では、コカの葉の取り引きを禁ずる」という法令がある。何年前に施行され、また現在でも効力をもち続けているかどうかの確認はしていないが、その主旨は、コカを先住民人口がおおい高地に閉じこめておこうというものである。なぜなら、コカは「劣った」「遅れた」先住民文化のシンボルとかんがえられたため、リマを中心とした海岸地帯の住民は、コカの進入をふせごうとしたのであろう。

いっぽうで、アンデスを越えた東斜面の熱帯低地では、先住民ではない人間がコカを栽培し、それで粗製コカインを作り不法に大儲けをしている。その結果、コカはアンデス地域を越えた世界的な問題となってきた。自国で麻薬問題を処理できない西欧先進諸国は、栽培国であるペルーとボリビアにたいし、コカインの原料であるコカの栽培をきびしくとりしまることを要求している。その要求の背後には、「コカはコカインではない」というアンデスの人びとの言葉には一顧だにせず、その国の住民がどのような迷惑をこうむるかもかんがえない大国のおごりがある。

（藤井龍彦）

★*Erythroxylum coca*　コカ（コカノキ科）

コカは南米原産の常緑の小低木。高さ１～３mで、よく枝わかれする。初夏に黄緑色の小花を落葉後の枝につける。栽培の中心はペルー、ボリビア、コロンビアで、ほかにインドネシア、スリランカ、台湾でも栽培される。葉には麻酔薬となるコカインをはじめとする数種類のアルカロイドをふくむ。

パラゴムノキ

【アマゾン川流域】

「カウチュ」というのは、ゴムのフランス語名のことだが、もともとは、アマゾン川流域の先住民の言葉で「涙を流す木」を意味する。実際、傷だらけの樹皮から乳白色の液体を滴《したた》らせるパラゴムノキを目にすれば、誰でも先住民の詩的な想像力に感嘆するだろう。

パラゴムノキが流す「涙」は、一九世紀末から二〇世紀初めにかけて、アマゾンに未曾有《みぞう》の経済的繁栄をもたらした。もっとも、その繁栄は、熱帯林のただなかで酷使されたゴム労働者の想像を絶する苦難と、ゴムの産地に暮らしてきた先住民の物理的消滅という犠牲のもとに成り立っていた。ゴムノキの「涙」は、彼らへのレクイエムでもあるのだ。

パラゴムノキの樹皮内には無数の乳管が走っており、そこにはラテックスとよばれる、ゴム質をふくむ乳液が流れている。ラテックスを分泌する植物は二二〇種以上もあるが、パラゴムノキは商業的にもっとも重要である。ラテックスは、木の幹の高さ一メートルほどのところに切りこみをいれることで得られる。傷口から流れでる乳液は、幹に固定された容器にうけとめられる。ゴム労働者は、夜明けまえに森をまわって木を切り刻み、数時間後にふたたびもどってきてラテックスを回収する。この作業は乾季のあいだ毎日くりかえされるため、樹皮には斜めの切り傷が等間隔に何本も刻みこまれる。満身創痍《まんしんそうい》のゴムノキは、迫りくる死を粛々とうけいれる殉教者か、きびしい苦行に耐える修行僧のごとき威厳にみちている。

現在では、採取されたラテックスに酸がくわえられ、ゴム質が分離されて、生ゴムがつくられる。しかし、かつては煙に燻《いぶ》して固めるという方法がひろくいきわたっていた。

燻煙作業は、ヤシの葉の小屋のなかでおこなわれる。半地下式の炉でまきが燃やされ、煙が中央の穴から立ちのぼる。穴の上には横木がわたされており、

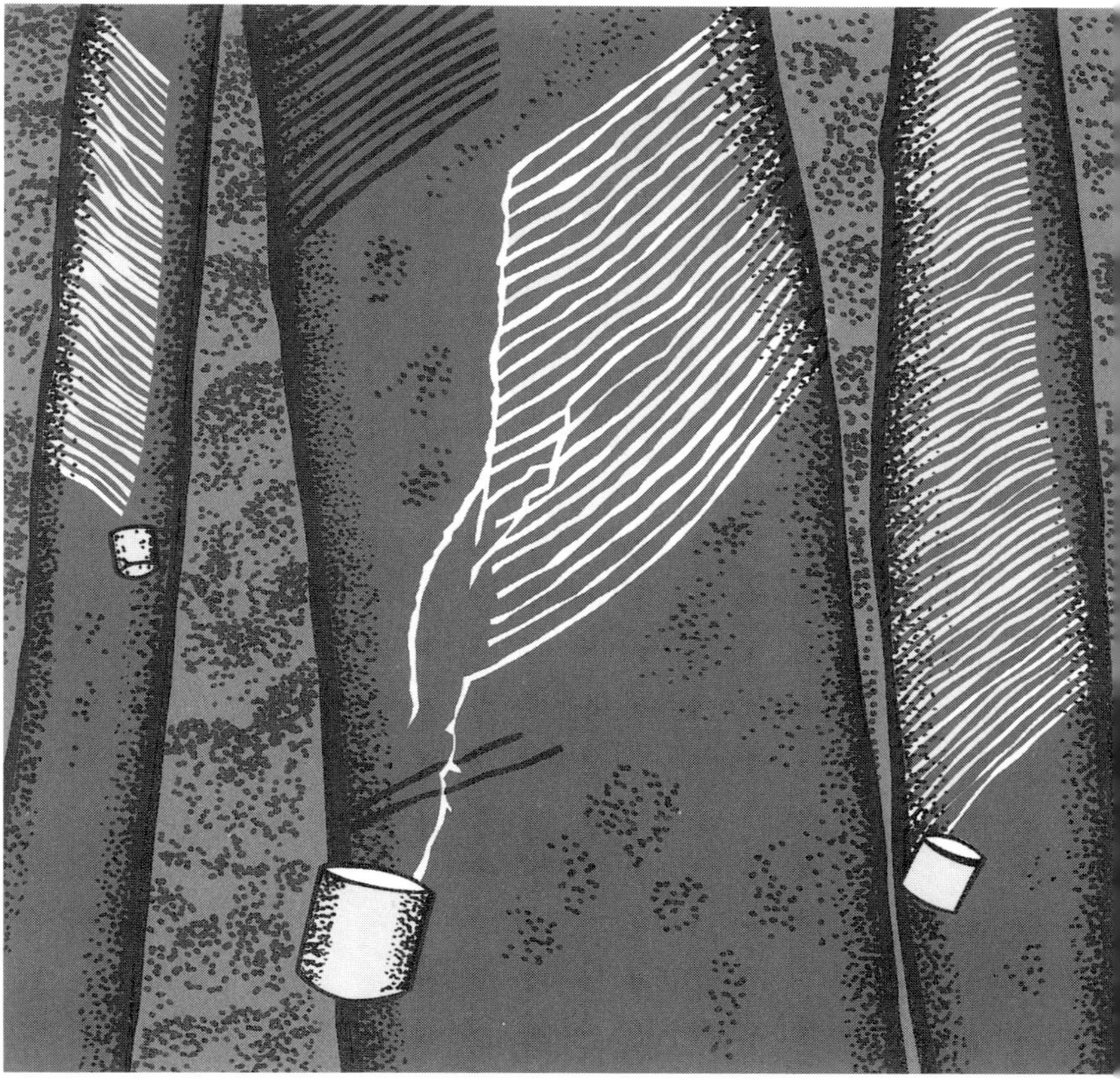

★ *Hevea brasiliensis* パラゴムノキ（トウダイグサ科）

ブラジル原産の高木。アマゾン川流域のゴム産業は、現在では東南アジアのプランテーション栽培と合成ゴムの普及により、小規模な地場産業としてのこるのみである。かつてのゴムの主要積出港であった、アマゾン川河口のパラ（現在のベレン）にちなんでパラゴムノキと命名された。

ゴム労働者がそれを手でまわしながら、中央部にラテックスを注いでいく。煙にさらされた乳液は横木に付着して凝固し、しだいに大きな塊《かたまり》となっていく。最終的に、ボラチャとよばれる一〇〇キログラム以上の生ゴムの塊が得られる。

もともと、ゴムの生産と利用は、アマゾンの先住民の発明である。彼らはゴムを加工し、球技用のボール、幻覚剤の注入器、太鼓のバチなどをつくっていた。しかし、一九世紀のヨーロッパの産業革命以後、ゴムはベルト、ホースなどの工業製品や、自動車、自転車のタイヤの原料としてつかわれだし、需要が飛躍的に伸びた。その結果、巨額の資本がゴム産業に投資され、河川の交通網が整備され、大量の入植者がゴムノキをもとめて未開拓の熱帯林に足を踏みいれるようになった。

ゴム産業の発展は、ラテックスの採取人として徴発された入植者と、ゴムの産地を生活の場としてきた先住民に多大の犠牲を強いた。前者はマラリヤがはやる不衛生な環境のなか、過酷な労働に従事させられ、後者は奴隷狩りの標的とされ、奥地へ追いやられていった。アマゾンを舞台にしたこの狂騒は、一九一〇年代東南アジアのプランテーションで生産された良質で安価なゴムが、アマゾンのゴムを世界市場から駆逐するまで続く。

コロンビア人作家ホセ・エウスタシオ・リベラの秀作『大渦』は、ゴム労働者の悲惨な運命を描いている。リベラは、ゴムノキを切り刻むことをなりわいとする主人公に、つぎのようなせりふを吐かせる。「木もおれも、それぞれ苦痛に責め苛《さいな》まれ、死をまえにして涙を流すのさ。そして、くたばるまであがき続けるのさ」。

アマゾンのゴム労働者にとって、「涙を流す木」は、いのちをすりへらしてゴムをあつめる自分自身の像にほかならない。世界経済の非情な歯車が自然と人間の調和を破壊していくなか、木と人間がおたがいの傷をなめあうような、卑屈な、しかし親密な共生関係が、そこにはあった。

（齋藤　晃）

アヤワスカ

【アマゾン川流域】

見えない世界を見る。聞こえない音を聞く。そんな虚実ないまぜの体験を可能にするのが不眠や断食の修行であり、歌や踊りの反復である。そうした技法にくわえ、われわれ人類は、意識の変容をもたらす薬草にも親しんできた。いわゆる幻覚剤である。ただし否定的な意味あいをもちかねないので、誤解を避けるために、意識変容剤とか精神拡張剤といいかえたほうがいいかもしれない。

ともあれアヤワスカはそのような幻覚剤の一種である。わたし自身の最初のアヤワスカ体験では、みすぼらしいソファーが玉座のように映じ、身体が昇天するかのような感覚におそわれた。それは日常的リアリズムを動揺させる貴重な体験となった。それをたんなる幻覚ととらえ、夢・幻の非現実的な錯覚にすぎない、と切り捨ててしまうならば、アヤワスカをとりまく豊饒《ほうじょう》な文化にはついに到達できないことになる。見える世界しか見ないのがリアリズムであるとすれば、幻覚剤はそれを一瞬のうちに打ち砕くすぐれた起爆剤なのだから。

幻覚剤は、世界中では一〇〇種類以上も知られている。そして、アヤワスカをはじめ、そのほとんどは中南米で使用されている。しかも、供犠やシャーマニズムなどの宗教的観念をともなうものであった。いいかえれば、祭司やシャーマンなどの宗教的職能者の管理下で、宗教的な目的のためにつかわれてきたのである。

アヤワスカは「死者の蔓《つる》」を意味するケチュア語だが、民族や地域によって名称や意味はことなる。ヒバロ族ではナテーマ、マディハ族ではラミ、コロンビアではヤヘ、ブラジルではジャグービなどの呼称をもつ。

また植物名としてだけでなく、その煮汁もアヤワスカとかラミとよばれている。というのも、アヤワスカの効力はその蔓をたたきつぶし、水溶液にしてはじめて発現するからである。しかし、ここにひとつの謎がある。なぜなら、アヤワスカにはたしかにハーマインとかハーマリンなどの幻覚性アルカロイドがふくまれているのだが、単独ではほとんど効き目がないのである。

では、なぜ幻覚が生じるかといえば、もうひとつの植物と混合するからである。その植物とはスペイン語でチャクローナ、ポルトガル語ではシャクローナとよばれている灌木で、葉のみをもちいる。そこにはトリプタミンという幻覚性のアルカロイドが含有されている。トリプタミンは人工のLSDとよく似た分子構造になっている。しかし、なぜふたつの植物を混合しなければならないのか、いぜん疑問はのこる。最近の有力な学説によると、トリプタミンがおもに幻覚にかかわり、ハーマインやハーマリンは、トリプタミンを無効にするために発生するモノアミン・オキシダーゼを破壊する作用をもつといわれている。

いずれにしろ、蔓と葉を混ぜて煮出した水溶液が体内に摂取され、人間の意識を変容させるのである。しかし、習慣性はなく、依存症をひきおこす心配もない。麻薬に指定され、取り締まりの対象となるような人工の薬物とは一線を画すものである。

アマゾンやアンデスの先住民社会において、アヤワスカは見えない精霊の世界と交流するために摂取されてきた。それを飲んで見るさまざまなヴィジョンの体験から、「神話」のような物語を「現実」のものとして納得させる役割りも果たしてきた。非先住民の人びとにとっても、呪いや予兆をさぐる手段として、あるいは前世や来世を知る手立てとして、アヤワスカのヴィジョンは意味をもっている。目には見えない霊の世界を想定した人びとにとって、アヤワスカは文字どおり死者の霊と交流するための蔓にほかならなかったのである。

（中牧弘允）

★ *Banisteriopsis caapi*　アヤワスカ（キントラノオ科）

アヤワスカはアマゾン川の中・上流域に自生する蔓性の植物である。太いものは直径15～20cmほどにもなり、木にからみついて成長する。ほとんど無臭の小さな白とピンクの花をつける。幻覚をひきおこすハーマインやハーマリンなどのアルカロイドを含有する。

II

動物

龍

【日本】

十二支のひとつに数えられる辰すなわち龍は中国渡来の架空の動物である。龍と聞くと、蛇身に角と髭《ひげ》をもつ顔と鋭い爪がついた四肢をそなえた例の姿をおもい浮かべる人もおおいのではないだろうか。しかし、その正体は古今の文献をひも解いてもいまひとつはっきりしない。

中国の明代に著された李時珍の『本草綱目』には、龍は鱗虫の長で、駝《らくだ》、鹿、鬼、牛、虎、蛇、蜃《みずち》、鯉、鷹、虎の九種の動物に似たところをもち、よく雲を立たせ、雨を降らし、水中に棲み、天にも昇ると記されている。しかし、鬼や蜃といったこの世ならざるものがたとえとして挙げられていて、せっかくのくわしい説明が得体の知れない素性をいっそう強調する結果となっている。

この書は日本の江戸期の本草学に大きな影響をあたえ、日本でも龍について述べるさいにはこの記述が引用されて人口に膾炙《かいしゃ》するようになる。こうした記述が中国渡来の文物に描かれた龍の画像とあいまって、日本における龍のイメージが形成されたのではないだろうか。とはいえ、日本の人びとにとってそれ以前も龍はなじみのない存在ではなかった。『日本書紀』や『万葉集』に言及がみられるし、『今昔物語』にもしばしば登場している。

中国の龍が西洋のドラゴンとことなるのは、西洋のドラゴンが悪魔とならんで徹頭徹尾悪役とされるのにたいし、龍は獰猛粗暴ながらも基本的には霊獣とされている点である。龍の出現を瑞兆としてよろこび、天子や君主は龍にたとえられてきた。日本においても同様に、龍は基本的にはポジティブな存在である。龍宮で富を授ける神、水神、海神として水界を司り、農耕や漁業に深く関わる神としてあがめられてきた。ただし、天狗にかどわかされて困っていたところを比叡山の僧に助けられたり、仏教に帰依することでようやく救われたりというように、中国にくらべると相当人間くさい（?）存在として働いていて泣かせる。

また、日本では龍と蛇が近しい間柄であることも目をひく。前述の天狗にかどわかされた龍は、小蛇に化けて池のほとりで日なたぼっこしているところをさらわれたものであったし、小蛇を助けたら親の龍王にお礼をされた話も伝わっていて、龍と蛇は厳密には区別がむずかしい。龍が聖獣あるいは水神とされる信仰も、以前から日本に存在した蛇身の神への信仰と中国渡来の龍が合体して成立したともいわれている。しかし、京都の神泉苑の所有をめぐって龍とみぞろが池の大蛇が一週間にもおよぶ大げんかをしたという話もあるように、まったく同一視するわけにもいかず、両者の関係は複雑である。

龍はたんなる架空の動物ではなかった。絵画に描かれただけではなく実在していたのである。八世紀に東大寺大仏に施入された物品に龍骨(多都乃保褥《たつのほね》)がふくまれていたと記録にある。当時龍骨は漢方薬として珍重された大陸からの舶載品であった。いっぽう、日本産の龍骨も存在した。瀬戸内海では漁網に引っかかってあがった骨を龍骨さまや龍神と称して祀り、眼病平癒を祈願したり、霊薬として服用していた。種をあかせば、これらの龍骨は象などさまざまな動物の遺体が風化変質した化石であった。みなれない大型の骨がみつかると、人びとは龍の骨とすることで納得していたらしい。

民俗芸能においても龍はしばしば登場する。たとえば、東日本各地では獅子頭をかぶった演者が三人一組で舞う三匹獅子舞がおこなわれているが、それらのなかには龍がでるものがすくなくない。わたしがこの一〇年ほど毎年訪れているところもそうした獅子舞である。獅子頭は細面で前後に長く二本の大きな角をもち、龍といわれればみえないこともない。この獅子舞はよく雨にたたられる。すると演者たちは「うちの獅子は龍だから動かすと雨をよぶ」という。獅子が龍とはなんとも不可解である。「でも獅子舞なんでしょう」と問いただすと、「そう、獅子舞」と彼らは平然とこたえる。やはり得体が知れない。獅子と龍、どちらに転んでもめでたいことにはかわりがないといえばそれまでであるが。

(笹原亮二)

★龍

ヘビに似た体に4本の足、2本の角とひげをもつ想像上の動物。池、沼、海にすみ、空にのぼって降雨をもたらす。龍の原像については、四足のあるところからワニ、天地と関係するところから竜巻とするなど諸説がある。日本では、しばしばヘビとおなじものの形象としてあらわれ、水、水神が龍の姿をとることがおおい。

ウマ

【日本】

古くからウマの産地として知られる青森県南部地方では、同じ屋根の下で家族のようにウマと暮らしていた。台所からウマのようすがみえる内厩で、飼主にとっても、ウマにとっても都合がよく、ウマの放尿や放屁《ほうひ》の音、糞の臭いも気にならなかった。

飼料は、青草の季節には朝草といって、夜明けとともに草刈りにでかけて、背負い縄で背負って帰る。そして飼い葉と混ぜてあたえた。青草のない季節は、細かく切った稲藁、豆幹《まめがら》、稗稈《ひえから》、粟幹《あわがら》、干し草に、稗糠《ひえぬか》、粟糠《あわぬか》などを混ぜた。このときは土間にしつらえてある大きな鉄釜で沸かした湯をかけてあたためため、やわらかくしてあたえた。厩《うまや》の敷藁は麦稈、稲藁が主で、ウマに踏ませてできた厩肥は堆肥に活用した。

飼っているウマは雌ウマがほとんどで、仔とりをかねていた。仔ウマは二歳になるとオセリとよばれる馬市にだされた。

オセリは馬産地域ごとに毎年開かれた。お祭りのように出店が並び、サーカスも興業されるほど盛大でにぎやかなものであった。番号順に一頭ずつ連れだされたウマを取り囲むように陣どった馬喰《ばくろう》たちの目は、ジッとウマに向けられる。「こりゃよいウマっこだなぁ。さぁ三万円。三万円ありませんか」。鑑定人の威勢よいセリの声が響く。「三万五〇〇〇円」と声がかかると、「三万五〇〇〇円。さぁ六、さぁ七、さぁ八、さぁ三万八〇〇〇円」……。「よし、五万円」。飼主は一喜一憂しながら耳を澄ました。

売買が成立すると、手打酒を飲み交わす。家族で丹精こめて育ててきたウマに名残を惜しみ、一杯機嫌のなかにも一抹の淋しさがあった。昭和三〇（一九五五）年ころの風景である。

ウマを飼う家では、ウマを災難や病気から救い、良馬を産出できるようにとの願いから、蒼前《そうぜん》信仰が生まれた。南部藩営九牧のうち最大の木崎野《きざきの》では、旧の六月一日と一五日の両日は蒼前さまの祭礼であ

★*Equus caballus*　ウマ（ウマ科）

奇蹄目ウマ科ウマ属の哺乳類。肩高1～1.5m。草食性で、性質は温和。北アメリカ起源だが、野生種はアジア、アフリカにのみ分布する。家畜化されたのは新石器時代以降で、日本では5世紀中ごろから普及したとかんがえられている。農耕、運搬、乗用としてもちいられてきたが、今日では主として競走用、食肉用である。

る。近郊近在からウマをきれいに飾りたて、首にさげた鈴の音を響かせながらウマを引いて参詣するのが慣例であった。ウマは境内の土を踏むだけで神の加護を受けるという。境内には小絵馬が所狭しと並べられている。古くは薄板に描かれていたが、大正時代になると画用紙に代わった。

参詣者は、家で飼っているウマに似た体型、同じ毛色の小絵馬を選んで買い求め、それに願主の名を書き加えてもらい、御神酒を添えて神主のお祓《はら》いを受けた。小絵馬は持ち帰って神棚や厩の入り口にかけて、無病息災を祈った。翌年にはお礼参りに奉納し、あたらしい小絵馬を求める。ささやかながらも相助け合って生きた人びととウマとの生活がみえてくる。

もうひとつ、ウマとの関わりで忘れてならないのはオシラ信仰である。イタコ（巫女）が唱えるオシラ祭文は、長者の飼っていたウマと、その娘との悲しい恋物語で、天にのぼったふたりがやがてウマの頭のような蚕となって地上に降りてきて、繭をたくさんつくって長者に恩返しをしたという。

そこで、桑の木で丈三〇センチメートルほどのオシラサマを棒状につくって、養蚕の神としてまつったのがオシラサマだといわれている。オシラサマは、馬頭《うまがしら》と姫頭《ひめがしら》の一対、または男女の人頭《ひとがしら》一対で、夫婦神である。災難除け、疫病除けの家の神であり、農神、漁の神でもある。

正月一六日はオシラ遊びの日である。いつもは箱に納められ、神棚にまつられているオシラサマを降ろし、設けた祭壇にまつって精進料理を供える。親類、縁者や近所の人が集まって手を合わせた。オシラサマを遊ばせるのはイタコである。以前はまつっている旧家の主婦が司祭者となってオシラサマにあたらしい布を重ね着させた。オシラサマを抱いたり、両手にもって揺り動かしたり、背負って遊ぶことを楽しみに近所の子どもたちがあつまったもので、それをオシラサマも喜んだという。

人びとはウマと生活をともにし、ウマとのかかわりが信仰と祭りを生みだした。しかし、ウマとともに暮らしてきた人も、時の移り変わりとともにすくなくなってきた。

（櫻庭俊美）

ヒグマ

【日本】

アイヌとヒグマとの関係は、きわめて重要な意味をもつ。アイヌの人たちが伝統的な生活を営んできた地域における最強の獣であり、人間にとっての脅威となったのがヒグマである。したがって、自然物に依存することを日常としたアイヌ社会においては、ヒグマとの共生を図ることが生存にかかわる現実問題でもあった。

つまり、アイヌの世界観ではクマは獣界の支配者であり、キムンカムイ「山の主」とみなされていたのである。そこでアイヌは、クマには特別な超能力や霊力がそなわっており、たとえば、その肉を食することは体力を増進させて老化をふせぎ、視力をよくする効果があると信じたのである。自然物を利用することによってなりたつ採集社会を高度に構築したアイヌの人たちは、必然的に、いかに自然物との関係を確実な絆で結びつけていくかという観念を体系的につくりだしてきた。

この人間と自然との共生という思想は、クマを男性に擬人化し、人間の女性との婚姻などをとおして、性的誇示や禁忌などを暗示した数おおくの説話や呪術行為のなかに息づいている。

またそれは、アイヌ独自の文化的コンテキストで練りあげられ、複雑な儀礼様式をとるクマの霊送りに、もっともよく表現されているといえよう。そこには多様な意味づけが加飾されている。アイヌにとって、ことに成人した男にとっては、クマ送り儀礼への関与の有無が精神的なありようさえ決めるようである。

一九七八年のこと、北海道の帯広市でアイヌの古老から話を聞いていたところ、彼はふとつぶやいた。「自分の生涯をふり返ると、クマの神さまを一頭も送れずにきた。このまま死んでは、先祖のところにいって顔向けできず、恥ずかしいことだ」。

さらに古老は、「一人前の男というものは狩りがじょうずで、捕獲した仔グマを一年間育てて霊送りをする技量がなくては先祖たちのもの笑いになる。

しかし自分は狩りができないので、年老いた六五歳のこの歳になってもクマの霊を送れずにきてしまった。できることならクマを手にいれて、自分が祭主となって自分が知っている方法で送ってやりたい。そしてこの地域に先祖からつたわるクマ送りの手順を若者たちに教えて、これを絶やさないようにしたいものだ」ともらされた。そこで、わたしは知人といっしょに古老の手助けをすることに決めて準備し、翌年の春、雪の降るなかで儀礼を執りおこなうことができた。

この飼育型のクマの霊送り儀礼は、「熊祭り」と俗称されて、アイヌの代表的儀礼としてよく知られている。しかし、アイヌ語でイオマンテとよぶこの儀礼の本質的意味は、あまり正確に理解されていないといってよい。イオマンテとは、神がみからアイヌモシㇼ（人間の世界）に遣わされた仔グマが、人の手で育てられ、成長したころあいをみはからっておこなわれる、殺害行為をともなう儀礼である。

アイヌには、あらゆる生物や造形物に永遠不滅の霊魂が存在しているというかんがえがある。たとえば、クマ神が人間の眼にみえない霊魂のままで人間社会を訪れても、それを人間たちは認識できない。そこで毛皮をまとい、肉や血や胆嚢《たんのう》をみやげに持参し、クマの姿に変装して人間に来訪をわからせる。この来訪者を人間はおおいに歓待し、ともに遊んでもてなしたのちに殺害する。この殺害という手段によって、はじめて霊魂と肉体が分離できるという観念にささえられたものである。

かくて、霊となったクマ神に、たくさんのみやげを背負わせて、丁重なる旅立ちをさせる。カムイモシㇼ（神がみの世界）に帰還するクマの霊には、告別の詞を荘重にとなえ、カムイ（神）にたいする永遠の友好共存の願いをこめたメッセージとして、献酒とともにささげる。こうして人間とクマは永続的に共生し、転生をつづけていくのである。このような霊送りの思想は、ユーラシア大陸から北アメリカにかけての北方狩猟民には普遍的に存在し、クマにたいする儀礼も、その生息する地域のほとんどでおこなわれている。

（大塚和義）

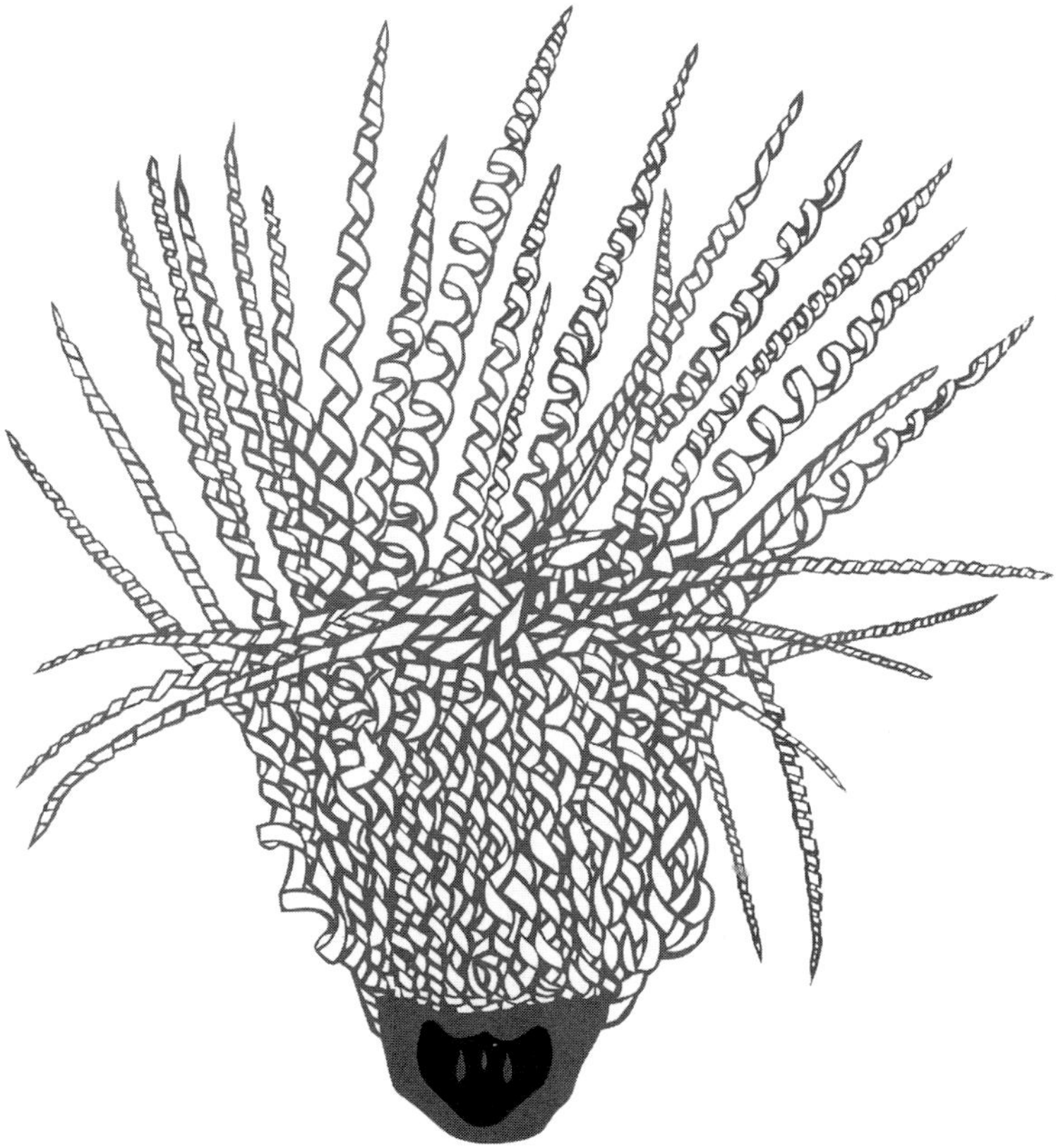

★*Ursus arctos*　ヒグマ（クマ科）

食肉目クマ科の日本最大の陸上動物。ヨーロッパから北アジア、北アメリカまでひろく分布するが、個体数はアラスカ、カナダ、ロシアに集中する。北海道のものは一亜種でエゾヒグマとよばれ、比較的小型で体長２ｍほど。単独で行動し、果実や種子、草木の根や芽、昆虫、魚などを食すが、ときに家畜もおそう。

アカウミガメ

【日 本】

ここ二〇年あまりウミガメ、とくに南日本に産卵するアカウミガメを生物学的に追いかけてきた。しかし、相手がウミガメになるとなかなかこちらの思惑どおりには動いてくれない。死体が上がるとその形態や遺伝的形質を、また生きたカメが捕れると標識をつけて行動を調べるなど、すくない出会いを有効につかおうと動いてしまう。

さて、このように対象にあわせた研究をおこなっているのだが、心の片隅でいつも興味深くおもっているのは、ウミガメという動物に人間が抱く感情の多様性である。

場所によって、個人によって変化するウミガメへの想いはじつに多様でおもしろい。調査旅行の途中で聞いた、ウミガメにまつわるよもやま話を紹介したい。

八重山諸島鳩間島生まれの小浜峯子さんは、戦後まもない小学生のころ、砂浜でごそごそでてくるウミガメの赤ちゃんをみつけた。びっくりした彼女は家に飛んで帰り両親にそのことを告げた。父はそれを聞くと家のなかでもっともきれいな白布と筆をとりだし、彼女の案内でその場所に向かった。父は浜の上にその白布を敷き、子ガメはその上を歩いて海に向かった。父はなかでも元気なカメを手にとると、甲羅に「峯丸」と書いて、ふたたび白布の上においた。夕陽のなかを峯丸と書かれた子ガメが元気に帰っていく姿を、峯子さんは忘れられないという。

八重山と宮古の中間にある多良間島の大見謝正勝さんは、若いころ産卵しているアカウミガメに出会った。家に帰ってその話をしたところ、つぎのような話を母親から聞いたという。むかし、多良間のある家にお嫁さんがきた。ところが姑のいじめがはげしく、お嫁さんはお腹に赤ちゃんを宿した状態で海岸で入水自殺をしてしまった。その後、おなじ場所にカメが上がって産卵した。涙を流して、その家の方向をみながら……。村の人びとは死んだお嫁さん

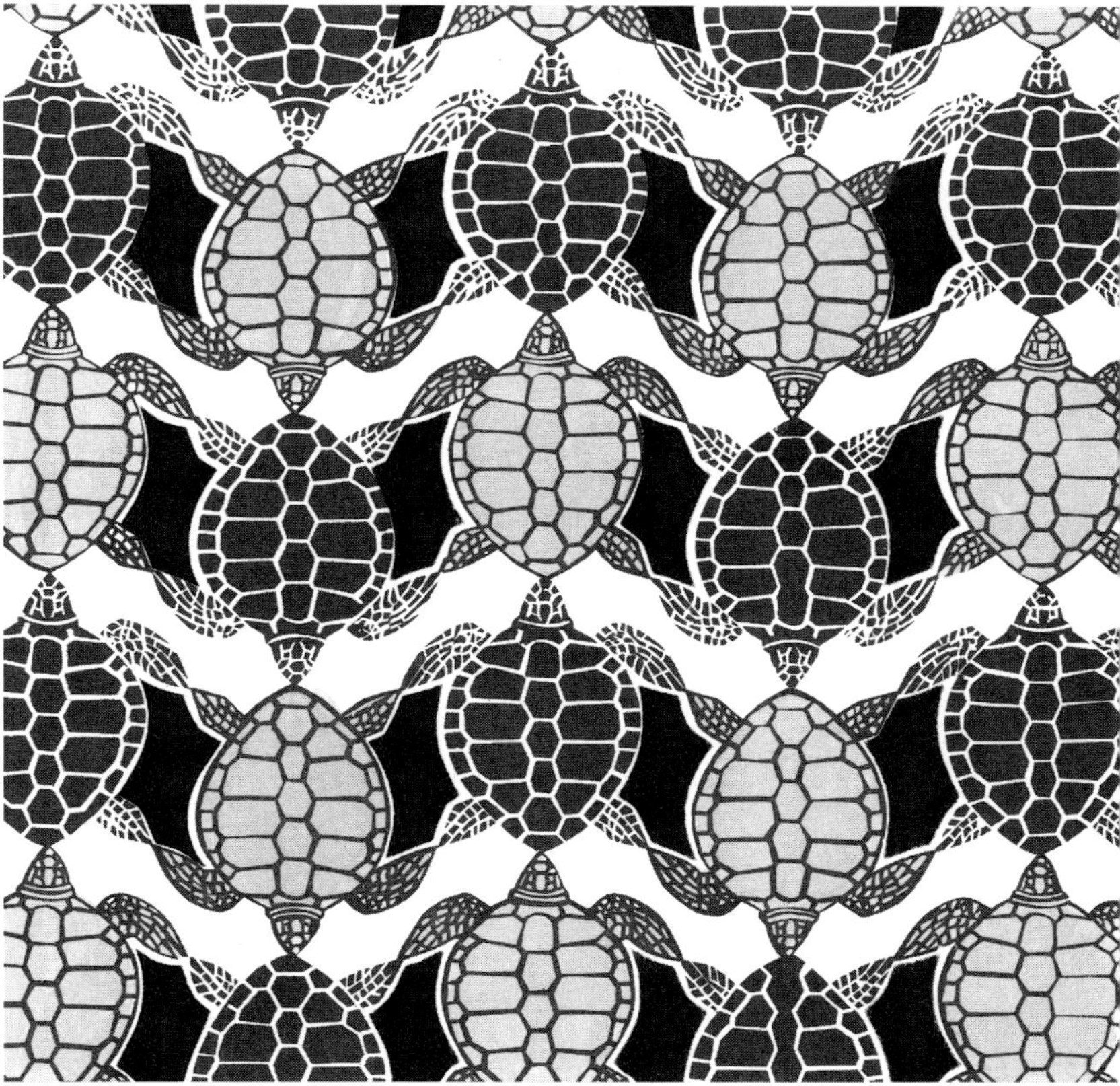

★ *Caretta caretta*　アカウミガメ（ウミガメ科）

甲長60～100cm、体重60～150kgで、ほかのウミガメにくらべて頭部がおおきく、楯型の甲の背面は赤褐色。太平洋、インド洋、大西洋に分布。日本本土の海浜に上陸して産卵する唯一のウミガメ。海底に生息する巻貝、ヤドカリ、カニなどの底棲動物をエサとする。日本では5～8月ごろ、南西諸島、九州沿岸から関東地方までの太平洋沿岸に上陸し、1回で80～160個程度の卵を産む。

が、ウミガメになって子どもを産みにきたと信じて、そのウミガメをみまもったという。

奄美大島のある老人は、子どものころウミガメの産卵期になると、祖母からウミガメの卵を採ってくるようにいいつけられた。採った卵は瓶のなかで塩漬けにされ、体力の低下したときには食し、傷には塗るなどして、おもに薬用に供された。彼が卵をもち帰ると、かならず種卵《たねたまご》をのこしたかどうかをたずねられたという。種卵とは、卵を採取するときにぜんぶとってしまわずに、すこしのこす卵のことをいう。先人のとったウミガメ保護対策である。この風習はひろく南日本全域にあったようで、場所によって半分の卵をのこすこともあれば、一〇個をのこしたところもあった。

このように心温まる話もあれば、逆にやや残酷な話を聞くこともある。鹿児島の漁師で網をつかって漁をする者にとっては、ウミガメは憎い動物だったという。当時、網はいまのようにかんたんに入手できるものでなく高価で貴重なものだった。そのたいせつな網をウミガメは破ってしまう。ある漁師はウミガメが憎くて憎くて、捕れると殴り殺したことをうちあけてくれた。

しかし、おなじ漁師でも豊漁をもたらす縁起のいい動物として、たいせつにあつかっていることもある。その年最初のウミガメを初亀とよんで酒を飲ませて放したり、死ねば墓をつくったりすることもあった。

日本人が抱く感情がこのように変化に富んでいる動物はめずらしい。さらに、おもしろいことに、そのかんがえ方は地域によって特徴的なものではなく、おなじ地域にもさまざまなかんがえ方がモザイク状に存在するようだ。いろんな人間が、ウミガメとそれぞれ別な形で付き合ってきた結果、このような複雑な感情構造ができあがったのではないかとおもうのである。

いまやウミガメは保護すべき野生動物の代表選手である。卵を保護する法令もあるし、酒を飲ませる人もいなくなった。ウミガメにたいする感情が単純化することに、なんとなく寂しさを感じてしまうのである。

（亀崎直樹）

サシバ

【日本】

旧暦の寒露《かんろ》のころ（新暦では一〇月初旬ころ）になると、まずアカハラダカが、そしてつぎにサシバが、琉球列島を南へと渡っていく。

復帰の年（一九七二年）には、まだサンバ禁猟のキャンペーンは、来間島《くりまじま》など宮古群島の南部地方にはじゅうぶんに届かず、自由にタカ（宮古ではサシバのこと）獲りがおこなわれていた。サシバが九州南部から南へ渡る途中に琉球列島をとおり、とくに宮古群島で羽根を休めて夜を明かすことは、いまでは周知のこととなっている。しかし、わたしが調査をはじめた復帰のころ、島の人たちのほとんどは、タカは南のほうからやってくるとかんがえていた。

実際、北風にのって南下していくサシバは、翼をあまり動かさないで北風にのり、徐々に高度をさげ、やがて北風に抗して翼をうち動かして高く飛びあがり、また動かずに北風にからだをまかせるのである。このため、低空を、南から北風に抗して飛んでいる姿を目撃することがおおいのである。

来間島では、南はユーヌス（ユー《ユー》の主）の方角とされ、タカは豊饒のひとつとして、神さまから送られてくるものとかんがえられていた。女性神役の最高位にある司《つかさ》のおばあさんは、「タカはウマヌパ（午《うま》の方角）から、こうして（羽ばたく身ぶりをしめしつつ）きれいにして島にやってくる」と説明してくれた。「神さまの使いだから、食べるなんてとんでもない」というのが司のおばあさんの意見だった。

しかし、資源にとぼしい宮古群島において、タカは神さまが島に送ってくださったユリムヌ（寄り物）のひとつ、それも重要な資源であったことは、すぐに理解できる。ふだんのサツマイモと具のない汁という食生活に、貴重なタンパク質を供給し、仲買人に売ることで現金収入をもたらしてくれるタカの重要さは、卓越したものであったといってよい。タカの第一の利用は、食用であった。肉はジューシー

（雑炊）やアブラ味噌（タカの骨つき肉を油でいためて味噌に混ぜたもの）の具として消費された。しかし、沖縄本島でもみられたように、タカが子どもたちのペットとなっていたこともたしかである。

寒露のころになると、タカがかならず宮古群島でもまず来間島にやってくる理由について、来間島では、つぎのように説明されていた。断層崖にちかい集落の北の端に、ティーダガマ（太陽洞）という名の洞窟がある。そこにはタカの形をした石、タカイスがあって、ティーダガマの入り口からさしこむ光が、ちょうどその石にあたるようになっている。タカは、毎年まずこの石にお参りするために、南のほうから来間島にやってきて、それから宮古群島全域へと散っていくのだ、と。このタカイスの聖性を強調するために、第二次世界大戦中、ティーダガマを塹壕《ざんごう》に利用しようとして、この石を動かした駐屯日本兵にふりかかった災厄についても、語り継がれている。

このように宮古南部地方では、タカは重要な食用資源であったが、同時に、信仰にかかわるたいせつな表象となっていたことも確認することができた。タカは、宮古の民俗文化のなかでたしかな位置を占め、ここではふれられなかったが、大がかりな仕掛けをもちいるきわめて洗練された捕獲技術をともなって、ひとつの特異な文化複合を形成していたといえるのである。

このタカ文化は、よりひろい琉球文化の古層に通底する可能性をもっている。ふるく琉球王朝時代の造船所が、鳥の巣を意味する「すら所《しょ》」と表現され、船が猛禽《もうきん》にたとえられていたことが知られている。いまでも八重山群島では、大小の船の種類をワシタカ類の名前をあたえることで区別している。宮古とおなじタカ獲りの方法を、わたしはバタン島というフィリピン北端の島で確認している。

減少しつつあるサシバを保護するための禁猟は、やむをえない措置であろう。ただ、日本本土のサシバ繁殖地での環境破壊こそが、サシバ減少の主因であるとかんがえられるだけに、その影響で宮古の伝統文化の重要な局面が完全に姿を消してしまったことは残念でならない。

（松井　健）

★ *Butastur indicus*　サシバ（タカ科）

タカ目タカ科の鳥で、全長約50cm。上面が赤褐色、下面は白っぽく腹に褐色の横縞がある。ヘビ、トカゲ、カエルのほか昆虫も食べる。日本をふくむアジア北東部で繁殖し、冬は東南アジアで越す。秋の渡りの時期には、愛知県伊良湖岬、さらに鹿児島県大隅半島にあつまり、大きな群れとなって宮古群島を通過していく。春の渡りは小さな群れでおこなわれるらしく、くわしい道筋はわかっていない。

イエネコ

【日本】

一九六三年八月、はじめて沖縄に旅したとき、那覇の知人の家でネコに出会い、沖縄ではネコも特色ある文化であるとおもった。赤い虎毛のネコ（アカマヤー、赤ネコの意）であるが、東京周辺で育ったわたしなどが知っているネコとは、印象がことなる。まず容姿がちがう。細おもてで、小柄である。しかも、すぐに飼い主のそばにすり寄りながら、わたしのほうをみすえて口をあけ、飛びかからんばかりの表情をみせる。攻撃的である。

もともと家でネコを飼うのは、那覇あたりでも、ネズミの害をふせぐためであった。那覇っ子である妻は、よく子ネコにネズミの捕りかたを教えていたミーコの話をする。ミーコは、妻が高校生のころ、実家で飼っていた三毛の雌ネコである。最初は、殺したネズミを投げあたえる。つぎはすこし弱ったネズミ、そしてつかまえたままの元気なネズミと、だんだんに実践に近づける。はじめはこわいのか、身がまえていた子ネコたちも、だんだんに手をだし、飛びかかるようになる。人間の家を巣にして狩猟の訓練をするとは、ネズミも捕らないいまどきのネコとは大ちがいである。

妻はミーコをおもいだしては、ネコを飼いたがる。あたりまえの家族のような顔をして暮らしながら、野性を失わないところにネコの魅力がある。ミーコの食事は一日に三度、白いご飯の上に、けずった鰹節をのせて与えていた。鰹節をかきはじめると、音を聞きつけたかのようにミーコは台所にくる。こういうところがたまらない。妻の父も、くつろいでいるときはミーコを膝の上にのせているようなネコ好きであった。子ネコをしつけるミーコをみて、人間にもまさる賢夫人だと、自慢していたのも父である。

そんな父が亡くなったとき、気がついてみると、ミーコの姿が家から消えていた。かわいがっていた主人が死ぬと、ネコはあとを追うというが、その後、父の寝室の床下で、ミーコが死んでいるのがみつか

★ *Felis catus*　イエネコ（ネコ科）

イエネコは、ヨーロッパヤマネコの亜種リビアヤマネコが、古代エジプトで家畜化されたものという。エジプトではバステト女神として神聖視され、女性に愛玩された。1世紀ごろから、ネズミの害を防ぐ家畜としてユーラシア大陸にひろまった。日本では『日本霊異記』など、平安時代初期の文献に登場する。

った。ミーコの子どもを飼っていた父の親友の家でも、その前におなじことを経験していた。ネコは死骸をみせないという人もあるが、飼いネコは家にもどって死ぬものであるという。ミーコはその例になる。

ミーコは土に葬ったそうであるが、もともと沖縄では、一般にネコが死ぬと、首を紐でくくって木の枝にさげた。海がみえるところの松の木がよいという。それはネコが化けるのを防ぐためであると伝えている。めずらしい習慣であるが、中国の福建省や台湾の漢族にあるほか、愛媛県にも知られている。古い作法の名残りであろう。古代エジプトでは、ネコが死ぬとミイラにしてバステト女神にささげたが、木につるすとは、ミイラをおもわせる葬りかたである。

ネコが死者に近づくことを忌む風習は、沖縄ばかりではなく、日本でもごくふつうにある。ネコが死者に触れると、ネコの魂が死者にはいって動きだすなどという。おなじ伝えは朝鮮、中国からヨーロッパにまでひろがり、東ヨーロッパでは、その死者が吸血鬼になるとする。これは、ネコと人間を一体とみる、古風な家畜観に由来するらしい。

沖縄ではネコを、あらたまってはマウ、一般にはマヤーとよぶ。マヤーは、マウの親しみをこめた言いかたである。鳴き声もマウ・マウで、標準語のニャオ・ニャオとはことなる。妻などは、ネコはマーウ・マーウと鳴くという。マウも、鳴き声の語音から生まれた呼称にちがいない。言葉でも、沖縄のネコは独自の道を歩んできた。

一九九九年一〇月二日、東京で古代エジプト展をみた。ネコの姿をしたバステト女神の像は、とりわけ沖縄のネコに似ていた。そういえば、本でみた現代エジプトのネコの写真の一枚は、那覇でウンジョー・マヤーとよぶ褐色の虎毛のネコにそっくりである。沖縄のネコは、いまもユーラシア大陸を越えてきた遠い記憶を秘めて、生きているようである。

（小島瓔禮）

アメリカザリガニ

【日本・中国】

農業用水路の両側に網をいれると、アメリカザリガニの幼生から親まで、いくらでも捕れたのは、娘が子どもであったころの話である。幼稚園にいく前の孫を同じ場所につれていったのは、三〇年ほどあと。護岸されて、アメリカザリガニもドジョウもいなくなっていた。娘に採集したもののなかには、メス親の腹部の遊泳肢に、びっしり卵が付着したのがあった。やがて、孵化した幼生が母体の腹面に吊りさげられたまま、ブランコしながら大きくなっていった。その様子を孫にもみせたかったが、同じ場所にはもういなくなっていたのである。

小学二年生になった孫と、今度はスルメを餌に釣りにいこうと約束したが、まだ実現させていない。しかし、民博退官後に勤務した関西学院大学の学生が他のところで捕ってきてくれたものは、飼育中、オスとメスが向かいあって抱く姿勢で交尾するのを孫と観察することができた。

アメリカザリガニは、大正時代、養殖のためアメリカから輸入したウシガエルの餌に好適だとして、やはりアメリカから輸入されている。その後、逃げだしたものが、はじめは徐々に、あとで爆発的に増え、北海道と沖縄をのぞく日本全域に分布して、イネの苗を食い、畦に穴をあける有害帰化動物だと問題視されてきた。

日本にも、在来のニホンザリガニもしくはザリガニと称するものが、北海道と東北地方の一部の山間渓流にいるのだが、赤が目立つアメリカザリガニしか子どもたちが知らないのは、分布勢力もさることながら、ペットとしての面白さに欠けるからであろう。

さて、アメリカザリガニの本場は、ミシシッピ川流域のルイジアナ州である。湿地帯が発達していて、ゲイターと略称するワニ（アリゲイター）やナマズ、ウシガエルとともに、アメリカザリガニが多産する。一八世紀、カナダの一部がイギリスの支配下にはいり、アカディアの地を追われてルイジアナに移ったフランス系の人びとは、ハンバーガーなどのお手軽料理しか連想させないアメリカにおいて、美味と定評のあるケイジャン料理をつくりあげた。ワニもアメリカザリガニも、その食材。おもしろいのは、英語のザリガニ類を指す「crayfish」を、ルイジアナでは「crawfish」とよんで差別化していることである。ちなみに、ケイジャンとは、アカディアンのなまりである。

シンガポールにもケイジャン料理の店があった。アメリカザリガニが使われていたかどうか、店にはいっていないのでわからない。しかし、中国では、一九九〇年代にはいってから、北京、上海、浙江省の海塩県、南京など、各地の市場で食材として目立って売られるようになる。ザリガニ類の正式名は「蝲蛄《ラアクウ》」だが、俗名は「大頭蝦《タアトウシィア》」か「龍蝦《ロンシィア》」。「龍蝦」はイセエビ類のことだから、この俗名はいただけないが、一九九八年、講師をたのまれ、兵庫県民交流の船で西安にいったとき、団員たちと離れて「老孫家」という、かつて蒋介石もよく訪れたという有名料理店にいったら「香辣小龍蝦」という料理があった。トウガラシ味のものであるが、「龍蝦」でなく「小龍蝦」となっていたのでほっとした。

岡山大学名誉教授の山口恒夫さんの『ザリガニはなぜハサミをふるうのか』(中央公論新社　二〇〇〇年)は、ザリガニ類に関して論じたすばらしい本である。それには、一九三九年、旧満州の新京(現在の長春)のデパートや夜店で、日本からのアメリカザリガニが一匹五〇銭で売られていたとあった。今日の中国のアメリカザリガニが、そのとき以来のものかどうかはわからないが、FAO(国連食糧農業機関)の推定で、一九八四年の世界のザリガニ類の総生産量は約一万トン、そのうちアメリカは一九三五トンとなっている。同書では、アメリカの数字は実際もっとおおいと補正しており、中国でもアメリカザリガニを年間一〇〇〇トン生産しているという。

戦後の食糧難の時代と、美食ブームによって高級フランス料理店で食べられるようになった昨今をのぞき、日本では美味とされずに食されてこなかったアメリカザリガニが、中国では有名料理店の「老孫家」にまで登場していたのである。このように利用されるのであれば、水田の有害動物と悪評されることは、中国ではあり得ないことになる。　(周　達生)

★ *Procambarus clarkii* アメリカザリガニ（アメリカザリガニ科）

日本在来のザリガニ（*Cambaroides japonics*）は、ザリガニ科に属し、外来種のアメリカザリガニとはべつの科に属する。両科をあわせてザリガニ上科とするが、ロブスターとかオマールエビと称される海産のものは、またべつのアカザエビ上科に分類されるものである。

ヌートリア

【日本・中国】

外国産の輸入動物が動物園や養殖場などで飼育されているかぎりでは、その動物は「外来動物」にすぎないが、それが捨てられたり、脱出したりして、いつのまにか日本の自然においても繁殖できるようになって定着すると、「帰化動物」とよばれることになる。ヌートリアは、その帰化動物のひとつである。

ラッコやビーバー、カワウソなどの水生獣が、毛皮獣として珍重され、乱獲され、絶滅に瀕した際、それらにかわってヌートリアが登場した。一九〇〇年、原産地アルゼンチンからの毛皮輸出量は七〇〇万枚だったそうで、当然のことながら、アルゼンチンの野生ヌートリアは絶滅していくことになる。そのため、ヨーロッパ各地で養殖が試みられ、ドイツでまず成功。その技術は各国へ拡がっていく。

日本にヌートリアがはいったのは、一九〇七年、上野動物園が最初である。そのあと他の動物園でも飼育された。そして、一九三〇年代にかつての欧米の養殖熱が日本にも伝わる。

欧米のほうは、すでに養殖熱が下火になりつつあり、養殖はキツネやミンクのほうに移っていた。だが、日本だけは、とくに重視する必要があった。旧満州の中国東北地方やシベリアへ出兵する兵士の軍服に、この防水性にすぐれた毛皮がもとめられたからである。一九三九年、一五〇頭をアメリカから輸入、各地に軍用毛皮養殖所が設けられる。終戦にいたるまでのあいだの飼育頭数は、四万頭以上だったと『日本の淡水動物―侵略と撹乱の生態学』(川合禎次・川那部浩哉・水野信彦編、東海大学出版会一九八〇年)で、朝日稔さんが報告している。おもしろいのは、当時はそれを「軍用沼狸」とよんだこと。「沼狸」の音が「勝利」の音に通じるからである。

養殖していたころから脱出するものはいたが、戦後その種の毛皮の需要がなくなると、養殖場は廃止

★*Myocastor coypus*　ヌートリア（カプロミス科）

巨大なネズミのようだが、ドブネズミなどよりヤマアラシの仲間に近い、齧歯目ヤマアラシ亜目カプロミス科に属する哺乳類である。後足に水搔きがあり、草食。原産地アルゼンチンでは「コイプ」とよばれる食肉獣だったが、日本には毛皮獣として、カワウソの学名「ルートラ」がなまったヌートリアの名称ではいってきた。

され、なかば見捨てられたのがどんどん逃げだし、日本各地で野生化した。

わたしの住む神戸市周辺の池や川にもヌートリアはいる。三田市の池でも発見されたことがある。また、一九九八年七月二三日の朝日新聞の「読者の新聞写真」に採用された「後ろ脚に突き刺さったルアーを抜こうとするヌートリア（戸田正次さんのカラー写真）」のキャプションをみると、それは西宮市武庫川のヌートリアであった。なお、ウシガエル釣りでよくいく東加古川の野池では、数頭が生息していたが、三つあった池のひとつは親水公園になり、護岸によってマコモなどの水草がなくなってしまったから、その池では数年後にみることができなくなるだろう。戦後多数みられた岡山県でも、河川改修や工業団地化が拡大し、この帰化動物も生き残るのがますます困難になりつつあるようだ。

だが、ヌートリアの毛皮は、旧ソ連やカナダでいまなお価値をもち、養殖がされている。中国でもそうである。

中国の養殖は、一九五七年、旧ソ連の養殖ヌートリアを輸入し、おおくの省で放養したものだが、毛皮用だけでなく、食用にもしてきた。しかし、食用は養殖地付近にかぎられており、全国的には目立つものではなかった。ところがおもしろいのは、野生動物食つまり「野味《イエウェイ》」食で有名な広州では、たとえば生きた「野味」のすこぶるおおい清平市場へいくと、一九九〇年にはいってからは、センザンコウやオオサンショウウオが保護動物に指定されて市場から姿を消したのにかわり、ヌートリアのかごが山積みにされてきたこと。「新野味」として珍重されているのである。正式名は「海狸鼠《ハイリイスウ》」だが、広州では「海狸」が俗称。料理店で「瓦罐双冬海狸煲《ウァクワァンスゥアントンハイリイバオ》」のような鍋料理がでたりするが、「河狸」とメニューに書いている店もあった。「河狸」はビーバーのことであり、ビーバーは中国でも新疆《しんきょう》ウイグル自治区東北部に分布しているから、この名称はいただけない。

それはともかく、日・中ともヌートリアとのつきあい方は、時代によってことなっており、地域によってことなっているといえるだろう。（周　達生）

アフリカマイマイ

【日本・中国】

沖縄の石垣島とか与那国島などの空港には、植物検疫所が発行する「植物検疫」と題するパンフレットが置かれている。それには、もちだしの規制されている植物名が写真いりであげてある。「サツマイモ」や「アサガオ」とならんで、沖縄の砂浜近くによく生えている、アサガオやヒルガオに似た花を咲かせる海辺植物「グンバイヒルガオ」もあげられている。これらは、アリモドキゾウムシやサツマイモノメイガなどの害虫をもちこむ可能性があるので、生茎葉と地下部のもちだしが禁じられているのである。植物だけでなく、大きな陸生巻貝の「アフリカマイマイ」も印刷されてあった。

アフリカマイマイは、東アフリカ原産のカタツムリ。一九世紀のなかごろ、モーリシャス諸島経由でインドにもちだされ、そこから食用または薬用との触れこみで、東南アジアその他の地域に広がった。食用のカタツムリといえば、たいていの人がフランス料理で有名なエスカルゴを想起するだろう。エスカルゴの殻は、球形で直径四センチほど。日本では、むき身の缶詰を輸入して使っている。これは美味だが、先のとがった一〇センチ以上もの長さになる貝殻をもつアフリカマイマイのほうは、沖縄でも食用を目的に導入され、一時食べられたにもかかわらず、まずいからという理由で食べられなくなった。

沖縄では、一九三五年ごろ、台湾やインドネシアから導入されたという。戦後の食糧難時代が過去のものとなり、だれも見向きもしなくなってからは、被害が目だつようになる。サトウキビ畑が大被害をうけただけでなく、住血線虫の中間宿主としても駆除する必要が生じた。オカヒタチオビとかゴナキシスというアメリカの肉食性陸生巻貝を天敵としてもちいたりしたが、効果はさほどなかったようである。これが、検疫の対象にされている理由である。

中国では、一九三一年、福建省の廈門《アモイ》大学のキャンパスで繁殖しているのが発見された。シンガポールから華僑がもちかえった植物についていたのが増えたとされている。「褐雲瑪瑙螺《ホーユンマーナオルィオ》」と命名され、すでに広東省、海南省その他にも分布が拡大している。

北京の百貨店で買った、廈門大学蝸牛養殖加工場製の缶詰のむき身を、わが家で調味して試食したことがあるが、まずいというほどのものではなかった。輸出もされているようだが、福建省州で養殖中に出現した、従来の黒っぽい肉のものとことなる、白っぽい肉をもつ変異種は、『人民日報』海外版で紹介され、海外でも注目されているという。イギリスのエリザベス女王訪中時の宴席でも、この「白肉蝸牛《パイロウウオニュウ》」がだされたそうである。

　沖縄ではまずいとされたが、調理法がことなると美味になる場合もあるのだろう。ちなみに、李祖清編著『中国食用蝸牛的養殖与加工』(重慶出版社　一九九一年)には、アフリカマイマイの生物学的特徴と養殖法がくわしく述べられているばかりか、一二種もの料理名とその料理の材料、つくり方が紹介されている。その一例の「魚香蝸牛肉片」は、四川省成都の錦江賓館というホテルの名菜である。この料理は、甘味、酸味、塩から味、トウガラシの辛味の四味とも味わえるだけでなく、魚をつかっていないのに魚の香りをだすことができる四川独特の料理法による、いわゆる「魚香」が特徴なのである。

　それはともかく、何十回も中国へいっているのに、市場で食用の生きたアフリカマイマイをみたことがない。ある晩、テレビの動物番組を孫とみていたら、成都の市場の場面がでた。解説はなかったが、たくさんのアフリカマイマイが大きな網袋に詰められ、横に寝かされて、下半分が水槽の浅い水につかっているという場面であった。

　ただ、食品ではなくペットとしてなら、雲南省昆明の小鳥や花を売る市場で売られていたのをおぼえている。ガラス張りの水槽の底に野菜くずがはいっており、アフリカマイマイは内壁上部に登ってはりついていた。一個一〇〇円ぐらいであった。野菜の餌代は知れている。だが、小鳥のように鳴いたりしないし、粘液状のはいあとや黒い糞の掃除もたいへんだ。それに寒くなると休眠してしまう。飼育しても面白くないことこのうえない。だから捨てられやすい。脱走もするだろう。

　一九六六年、五歳のアメリカ人少年が、ハワイ土産に三個のアフリカマイマイをマイアミへもちかえった。母親が庭に捨てさせた三年後、周囲二〇ヘクタールの植物が、甚大な食害をうけたという。

　昆明のペット用のほうは、どうなるだろうか。気になるところである。

(周　達生)

★ *Achatina fulica*　アフリカマイマイ（アフリカマイマイ科）

軟体動物門のなかに、イカやタコなどをふくむ頭足綱があり、そこには貝と称するものもふくまれる。貝には二枚貝の斧足綱、ツノガイの仲間の掘足綱、巻貝の腹足綱などをふくむが、カタツムリの仲間は、腹足綱の有肺亜綱にはいる。アフリカマイマイは、雌雄同体だから、2個体だけでもたがいに交尾して、年5回、それぞれおおくの卵を産む。

ヨナグニサン

【日本・中国】

台湾に近い日本最西端の与那国島は、一周しても三〇キロ未満の小さな島で、人口も二〇〇〇人に達しない。しかし、ここには世界最大といわれているヨナグニサンというガがいる。

前翅《ぜんし》の開長二〇〇ミリ前後で、メスのほうがオスより大きく、腹部も太い。石垣島や西表《いりおもて》島にもいるが、最初に採集されたのが与那国で、分布の密度も八重山諸島でもっとも高いから、「与那国の天蚕」ということで命名されている。だが、このガは、インド、マレーシアなどの東南アジア各地、中国南部にも生息する。与那国はむしろ分布地の北限にすぎない。また、世界最大というのも、正確にいうと、翅《はね》の面積が二五平方センチに達するヘルキュレスモスというのが、ニューギニアやオーストラリアにいるので、前翅の開長が最大のガなのである。ちなみに、ヘルキュレスモス(*Coscinocera hercules*)は、ギリシア神話の巨人ヘラクレスにちなんだ命名だが、ヨナグニサンの学名*Attacus atlas*のアトラスも、やはりギリシア神話の巨人である。

かつては成虫の標本が売られていたし、繭糸の財布もあったのだが、採集過多、農薬散布、森林開発で絶滅に瀕するようになり、いまはTシャツや絵ハガキなどにデザインされたかたちでしか売られていない。ヨナグニサンは、一九六三(昭和三八)年文化財保護条例で採集が禁止され、六九年与那国町指定の天然記念物、八五年沖縄県指定の天然記念物になる。海抜二三一メートルにすぎない宇良部岳とその付近の生息地が指定地になっている。山頂付近はウラジロガシ群落、中腹部は低地林の構成種がおおいイタジイ群落からなり、食草のアカギ、モクタチバナ、ショウベンノキなどの樹林がまだかなりある。

与那国町教育委員会は天然記念物指定という消極的保護だけでなく、教育委員会前、潮原の県道沿い、宇良部岳に高さ六メートル、幅五・四メートル、長さ三〇メートルの防風ネットによる増殖施設を設置して、そのなかに食草のアカギを植え、ガに産卵をさせ、幼

★ *Attacus atlas*　ヨナグニサン（ヤママユガ科）

ヨナグニサンは、ヤママユやサクサンなどの巨大なガの仲間であるが、そのなかでもとくに大きいことで知られている。翅は赤褐色で、中央部に三角形で透明の「窓」のような斑紋がある。前翅尖端部は、鎌状に突出しており、そこの斑紋はヘビの頭部を連想させる。

虫から蛹《さなぎ》、成虫までの飼育を施設内でおこなってきた。一九九四年の台風一三号で損害もうけたが、個体数は増殖、放し飼いで着実に増加している。まだ試作段階だが、与那国町商工会では、保護を最大限配慮しつつ、地域活性化のため人工飼育をさらに拡大し、繭糸利用のネクタイやテーブルクロスをつくろうとしている。

ところで、立神岩《たちがみいわ》近くの海に面した展望台の柱には「町魚カジキ」「町木クバ」「町花木サルスベリ」「町鳥メジロ」などとともに、「町蝶ヨナグニサン」のタイルがあった。「町蛾」でなく「町蝶」なのである。

さて、与那国へいったあと、過去五回調査で訪れた中国雲南省西双版納《シーサンバンナ》タイ族自治州へ一〇年ぶりにいってきた。すでに空港ができ、観光化しているので、その変容ぶりをみるためだが、関西国際空港から昆明までの直行便もあるので便利である。昆明の花鳥市場や、西双版納のタイ族文化園などの観光施設のどこでも、装飾品としての額入りチョウの標本が、いっぱい売られている。見ばえのするのは、ヨナグニサンが数頭のチョウに囲まれたもの。そのすべてが「蛾」ではなく、「蝶」にされていたのが面白い。「中華覇王蝶」とか「覇王蝶」とラベルがついている。ただ一ヵ所、昆明の世界園芸博覧園に残っているバタフライ・ファームの売店の展示標本だけ、説明書きが「蛾」だった。

ちなみに、ヨナグニサンの中国における正式名は「皇蛾」である。前翅の尖端がヘビの頭の側面に似ているので、「蛇頭蛾」という別名もある。中国での食草樹木は日本と異なるが、やはり広食性《こうしょくせい》である。日本のものより赤褐色の部分が濃く、開長も三〇〇ミリに達するものさえある。

チョウとガは、かつては蝶亜目と蛾亜目に大別されてはいたが、現在の生物学では区別しない。その差異は便宜的なもの、あるいは民俗分類として認められるのみである。たとえばヨーロッパでは、ドイツでガをNachtfalter、チョウをFalterまたはTagfalterとよび、英語もガをmothとよぶこともあるが、チョウとガを日本ほど区別しない。中国は、日本と同じように「蝶」と「蛾」を区別するほうの文化をもつが、どうしてか、与那国の「町蝶」、中国の昆明や西双版納の「中華覇王蝶」は、民俗分類からもはみだしている。ガよりチョウのほうがよいという価値観によるのだろうか。

（周　達生）

ゴキブリ

【中　国】

ゴキブリがあらわれると、すぐにスリッパや新聞紙をまるめて叩きつぶそうとする人がいる。キャーキャー叫んで、ただ逃げまわる人もいる。女性だけでなく、大の男まで逃げることがある。なにしろゴキブリは、嫌いな虫の筆頭にされており、不潔だ、病原体をまきちらす、いや、あのテカテカの油ぎった体をみただけでゾッとするといわれて、世評は最低だ。ゴキブリでもないのに、とばっちりをうけてゴキブリ亭主といわれたりする気の毒な人もいる。

ところで、ゴキブリの仲間は、三億年前の石炭紀後期から存在していたことが化石によって知られており、現存する種は三〇〇〇種にもなるようだ。大部分は、熱帯の野生昆虫として生息し、一部の種だけが人家の台所に出没する。一九九五年、ボルネオ島でいくつかの中国料理にもちいるツバメの巣を採集する洞窟や、コウモリの生息する洞窟をのぞいた。暗闇ではわからなかったが、懐中電灯で足もとを照らすと、いるわいるわ、厚く糞が堆積したうえにゴキブリがわんさといた。ゴキブリ嫌いの気の弱い人なら、卒倒するにちがいない。

ゴキブリは、かつてはバッタなどの仲間の直翅目に分類されていたが、現在は単独のゴキブリ目に分類されている。ゴキブリは総称で、明治のころは「蜚蠊」と書き、ゴキカブリと読ませていた。中国の総称も「蜚蠊」だったが、こちらのほうが日本の先輩だ。しかし、今日は「蜚蠊」より「蟑螂」とよぶのがふつう。おもしろいのは、沖縄方言。ゴキブリをフィーラーというが、これは「蜚蠊」の中国語音のなまったもの。沖縄だけが、「蜚蠊」ということばを今日までうけついでいるのである。

「蜚蠊」すなわちゴキカブリが、ゴキブリとなったのは、飯島魁の書いた動物学の教科書でゴキカブリをゴキブリと誤植されたのを、一八九八年、昆虫学者の松村松年が『日本昆虫学』でそれを踏襲したのにはじまるといわれている。ほんらいは「御器」

すなわち蓋付の椀をかじる虫がゴキカブリであったのだ。

ところで、ゴキブリは、不愉快な嫌われ者である面ばかりをもつ虫ではなかった。世界各地で、食用、薬用にされた仲間もいる。最近は、熱帯雨林の超高木の林冠で、花粉の媒介をしている仲間も知られるようになった。

中国でのゴキブリ食の例は、寡聞にして知らないが、中国ではゴキブリを食用に売っていると書いた本があった。道ばたで、ほう酸団子かなにかのゴキブリ退治の民間薬を売る人は、しばしばゴキブリの死体を山積みにして商売をしている。そんなものをみての勝手な想像かもしれない。

それはともかく、薬用ゴキブリなら中国にもある。「土鱉虫」とか「地鱉」「䗪虫」といわれる数種の偏平幅広ドーム型のゴキブリで、その雌成虫の乾燥体である。需要がおおいからか、漢方薬店で売られているもののおおくは養殖もの。大型のかめや、地面をほった飼育槽で養殖する。広東省の「東方後片蠊」は、俗に「金辺土鱉」とか「大土元」とよばれていて、亜種はことなるかもしれないが、四国、九州、沖縄の森林の落葉下にいるサツマゴキブリと同種である。江蘇省や浙江省、安徽省のは、「中華地鱉」で、俗に「蘇土元」といい、こっちのほうが体内に土をふくまないのでよいとされている。前者と似ているが、属する科までことなる。いずれも、うっ血、閉経、捻挫などの治療にもちいるが、獣医もつかうそうである。

この「土鱉虫」については、前々から知っていたが、最近、上海の鳴く虫などを売る市で、はじめて「土壁虫」ありますという手書きのポスターを発見した。コオロギ相撲で傷を負ったコオロギの治療の仕方はいろいろあって、拙著『民族動物学―アジアのフィールドから』(東京大学出版会　一九九五年)でも紹介したが、人間のための「土鱉虫」をコオロギ用に売っていたのがおもしろい。コオロギ用のは生きたままで売られており、すりつぶして服用させるという。なお、「土壁虫」は、「土鱉虫」の誤記である。

(周　達生)

★Blattaria　ゴキブリ目

ゴキブリはゴキブリ目に属する昆虫の総称。中国で薬用にされているゴキブリは、ほかのゴキブリ類と形態がことなり、あまりゴキブリらしくない。江蘇省、浙江省、安徽省で、その乾燥体が漢方薬店で売られている中華地鱉は、*Eupolyphaga sinensis*（ヤクヨウゴキブリ）、広東省でみられる東方後片蠊は、*Opisthoplatia orientaris*（サツマゴキブリ）で、属する科がことなる。雲南省やチベットでも、別種のゴキブリが薬用とされる。

ブタ

【中国】

ミャオ（苗）族にとってお正月はもっともにぎやかで、はなやぐひとときであるが、年の瀬はブタの悲鳴ではじまる。ミャオ族のお正月は漢語で「苗年」とよばれ、旧暦の一〇月（現在の一一月ごろ）、最初の辰の日（初丑の日とするところもある）が元旦にあたる。そして、各家いえではお正月の準備として、二日前の寅の日にブタを殺し、卯の日にモチをつく。だから、年の瀬には村じゅうにブタの悲鳴がひびきわたる。

ミャオ族は西南中国にひろく分布し、中国の少数民族のなかでは人口が四番目におおい民族である。わたしの調査地である貴州省東南部の黔《けん》東南苗族侗《トン》族自治州もミャオ族が集住する地域である。ミャオ族の人たちはこの地でおもに棚田を利用した水稲耕作を営んでおり、家畜としてスイギュウ、ブタ、ニワトリ、アヒルなどを飼っている。また、水田ではコイも飼っている。これらの家畜や魚は人間が食するだけでなく、祖先や精霊へのそなえものとしてもつかわれている。とりわけ、祖先の霊が家にもどり、家族といっしょに過ごすお正月には、ブタがいちばんのごちそうとなる。ミャオ族の人たちにとってブタは特別な存在なのである。

殺すブタは、お正月用に一年前から飼育してきた雄の白ブタである。肉質をやわらかくするために去勢することもめずらしくない。どのブタもまるまるとふとっており、おとなが数人がかりでやっとあばれるブタをとりおさえることができる。

ミャオ族の男たちはみな家畜解体の名人ではないかとおもわせるほど、じつに手際がよい。まず牛刀で喉の動脈を切り、血ぬきをする。こうしないと肉がおいしくないという。ぬいた血はすてずに盥《たらい》にとり、かたまるのをまつ。

つぎに熱湯をかけて、包丁の背でしごくようにして毛ぞりをする。顔を洗うお湯とおなじお湯を使用すると、うまく毛ぞりができないとされており、わざわざべつのやかんでお湯を沸かす。また、毛ぞり

★ *Sus scrofa*　ブタ（イノシシ科）

新石器時代に農耕がはじまってから中国やインド、西アジアなどそれぞれの土地でイノシシが順化され、肉用家畜となった。発育がはやく通年繁殖可能で、年に2回以上分娩し、1回に10頭以上産む。雑食性である点や、嗅覚がするどい点は祖先種のイノシシとよく似た特徴をもつ。

を容易にするために、ブタのうしろ足に包丁で切れ目をいれ、切れ目から息をふきこみ、ブタのからだを風船のようにパンパンにふくらませる。台の上に板を置き、毛ぞりのすんだブタをその上にのせて、頭を切りおとし、首まわりの肉をドーナッツ状にして切りはなす。つぎに、ブタをあおむけにし、腹をさいて小腸、大腸、膀胱とペニス、胃、腎臓、肝臓、心臓、肺臓をひとつひとつていねいにとりだす。体内にのこっていた血もすくって盥にいれる。

ミャオ族は、ブタをくまなく食べ、あますところなく利用する民族である。寅の日から辰の日にかけて、赤身、ばら肉、肝、胃、大腸はショウガやトウガラシといっしょに炒めて食べ、かたまった血も鍋料理にして食べる。血はモチ米といっしょに腸詰めにしたり、お粥にまぜて食べることもある。脳みそは醤油で煮しめ、スライスして白菜やニンジンなどといっしょに煮るか、炒めたりする。豚足は火であぶって毛をとり、甘酒、木姜子（クスノキ科のアオモジの実）といっしょに甕《かめ》にいれておくと、発酵して、下痢どめの薬になる。ペニスは炭火であぶり、子どものおやつになる。膀胱は膨らませると、子どもが遊ぶゴムまりになる。また、食べきれない肉は、ドラム缶にいれ、燻《いぶ》して保存するが、日本で豚トロとよばれている首まわりの肉は一番最後に食べるため、長期保存がきくように、塩や山椒といっしょに甕につけてから燻製にしている。

ところで、自治州内の台江県では、ミャオ族は苗年とともに漢族のお正月である「春節」（旧暦一月一日）もおこなっている。一九世紀なかごろ、ミャオ族は清朝の圧政に抗して大蜂起をおこし、王朝の支配体制をゆるがした。その蜂起の火ぶたがきられたのが台江県であった。蜂起が鎮圧されると、朝廷側は強力に漢族への同化政策をすすめたため、台江県は中国においてミャオ族がもっとも集住する県でありながら、漢化が一番すすんでいる。町に近い村では、苗年よりも春節の方がさかんに祝われるようになった。しかし、春節にあわせてブタを殺し、モチをついており、祖先にブタをそなえることはかわらずにつづけられている。こうしてお正月を祝う時期が変化しても、ミャオ族にとってブタはお正月に欠かすことのできない存在なのである。（曽　士才）

キンギョ

【中　国】

キンギョは夏の季語である。しかし、いまでは一年中買うことができて、特段夏の生き物ではない。むかしは「キンギョえ――キンギョ」という節回りのよいかけ声とともに、暑いさなか金魚売りが振り売りしていたというが、わたしの子どものころ（昭和四〇年代）には、もうすでにみることができなくなっていた。それでも、夏の縁日にはワキンの金魚すくいがいまでも欠かせないし、そこでとったキンギョはビードロの金魚鉢にいれて飼うのがもっともふさわしい。金魚鉢のガラスの硬い質感は、なかの水と相まって涼感をもたらしてくれる。

キンギョは、中国原産である。寛延元（一七四八）年に安達喜之によって著されたキンギョの飼育書『金魚養玩草《きんぎょそだてぐさ》』には、文亀二（一五〇二）年に堺（大阪府堺市）に渡来したとあり、それが定説となっている。したがって、昨年二〇〇二年は、キンギョ渡来五〇〇周年という記念すべき節目であった。本家の中国では、さらにさかのぼること五百数十年前の開宝年間（九六八～九七五年）に、現在の上海にほど近い浙江省嘉興で「金魚」が放生されており、これがキンギョを養う初期とされる。ただし、突然変異の赤いフナの存在はもっと古くまでさかのぼることができる。

いま、中国でキンギョを買おうとおもったら、大きな街にある花鳥魚虫市場にいけばよい。そこは、文字どおり盆栽、切り花からキンギョ、鑑賞鳥、コオロギなどの昆虫類まで所狭しと並べた、いわゆるペットショップ街である。最近は、われわれ日本人にとってもなじみの深い犬猫、熱帯魚なども売られているが、基本的に中国伝統愛玩動植物中心の市場である。へたな動物園より珍奇な動物たちに出会うことができる。

上海などの江南の下町では、夏場、籠にいれたキリギリスを軒先に吊しその鳴き声を愛で、秋になると、路地裏で子どもから老人までコオロギ相撲に興じる。春になると、小鳥を籠ごと公園にもちこみ、鳴き声を競いあう。しかし、日本とことなってキンギョはとくに夏の風物詩ではなさそうである。また、中国には金魚すくいがない。そのため、あくまで相対的であるが、いまの中国では、一般の人がキンギョを手にする機会がそれほどおおくあるとはいえない。熱心な愛好家たちを中心に飼育されているのである。ただ、日本の金魚すくいでとられたワキンが、すぐにいなくなってしまう（死んだり捨てられたりする）ことからかんがえると、コンスタントにかわいがるマニアの数は、中国の方が圧倒的におおいであろう。

一九九六年の一二月、浙江省の省都杭州の岳王路花鳥市場を訪ねた。そこは真冬ということもあって、動物たちの姿をあまりみかけることができなかった。そういうなかで、ひときわ盛況だったのが、金魚売りである。それは、ストリート・ベンダー（露天商）であったが、日本のように振り売りするのではない。いや、振り売りすることができないのである。それというのも、彼ら金魚売りは、じつに多様な品種のキンギョを大量に取りあつかっているのである。その数、なんと一〇三品種。ホーローでできた直径六〇センチメートルほどもある白い洗面器のような容器に、いろんな模様、形をしたキンギョが、からだの大きさにあわせて詰めこまれていた。それが、所せましと並べられる光景はじつに壮観である。

中国民族動物学の大先達である周達生先生が、以前、中国のキンギョ飼育書にある品種名をみて、「数えてみるのがいやになるほど品種がある」（『民族動物学』東京大学出版会　一九九五年）と述べられている。じつに多様な品種のキンギョが、わずか一種のフナ（アジアブナ）からつくりだされたのである。ちなみに、周先生はきちんとその数を計算したが、それは総計三五六品種にものぼったという。それからいうと、わたしがみた壮観なキンギョの群れは、わずか三分の一以下の種類しかなかったということになる。日本のキンギョの品種が三〇そこそこ（もともと分類体系がことなるが）であることからかんがえて、キンギョの品種作出にかけた中国人の情熱のほどが推しはかられよう。

（菅　豊）

★ *Carassius auratus*　キンギョ（コイ科）

フナの飼育品種で、揚子江下流で古くから改良がおこなわれていたといわれる。色彩、からだの長短、ひれの有無、形状などの差異によっておおくの品種にわけられる。現在、日本では、古くに中国から輸入されて、さらに改良された品種や、第2次世界大戦後、あらたに輸入されたいわゆる「新中国金魚」などの多様な品種に区別されている。

ヒャッポダ

【台　湾】

梅雨もあけるとすぐにやってくるのが夏休みだ。最近はアウトドアブームもてつだい、RV車で山に海にでかける人がおおい。フィールド調査中、野外で食事をしたり寝たりすることも珍しくないわたしとちがい、日ごろコンクリートジャングルに働く友人たちは、こぞって自然を満喫するためにでかけていく。そんな楽しいアウトドアライフもとんだ訪問者のために大騒ぎになることがある。それはヘビである。もっともシマヘビやアオダイショウなどはさして気にならない。やっかいなのはマムシやハブなどの毒ヘビである。

ヘビの毒はその作用の仕方によって、ふたつにわけることができる。コブラなどがもつ毒は神経毒とよばれ、運動神経と筋肉の連絡を遮断する働きをもつ。神経毒をもつヘビに咬《か》まれると、全身のしびれが初期症状としてあらわれ、やがて体全体の動作がおもうようにいかなくなり、血圧の著しい低下がおこる。最終的には横隔膜筋が麻痺することによって、呼吸障害をおこし死にいたる。

いっぽう、マムシやハブに代表されるクサリヘビ科の毒は出血毒とよばれ、神経毒とはことなる症状をひきおこす。出血毒が体内にはいった場合、咬まれた部位の周囲の血管から出血がおこり、つづいて周囲の組織の壊死《えし》がはじまる。壊死が進むと筋肉は崩壊し、ひどいときには骨が露出するという状態にいたる。神経毒にくらべ致死率こそ低いものの、重症の場合は急性腎不全などをおこして死亡する。こう書くと、ヘビ毒は百害あって一利なしのようだが、ヘビ毒にふくまれる酵素が医薬品などに利用されることもある。重症筋無力症の原因究明に一役かっているNGF（神経成長因子の一種）などはヘビ毒から抽出される。

ヘビの脱皮した皮を財布のなかにいれておくとお金がたまるなどという俗信もあるが、やはりヘビは人間にとって脅威であり、また、その姿形の異形さ

★ *Deinagkistrodon acutus* ヒャッポダ（クサリヘビ科）

中国南部、台湾、ベトナム北部に分布する爬虫綱有鱗目マムシ亜科の大型種で、全長1～1.5m。頭部は大きく三角形で、胴はややふとく、尾が短い。灰褐色または黄褐色地に暗褐色の三角形斑紋がならぶ。山地の森林地帯に生息し、夜行性で行動はのろい。長大な毒牙をもち、毒性がつよくきわめて危険である。

ゆえに忌み嫌われてきた。妖怪メドゥーサ、八岐大蛇《やまたのおろち》など、神話や民話に登場するヘビは古今東西、悪玉として描かれることがおおい。いっぽうで、毒ヘビのくせに、人びとの信仰をあつめるかわりものもいる。咬まれたら百歩歩くうちに死んでしまうというところから命名されたヒャッポダ（百歩蛇）がそれである。

台湾原住民族のパイワンの伝説には、しばしばヒャッポダが登場する。太陽が壺のなかに卵をうみつけ、それをみていたヘビが壺のなかにはいり、しばらくすると壺から首長の祖先が生まれたという創世伝説。ある娘がヒャッポダと結婚したところ、ヒャッポダはまるで首長のような立派なみなりをしたハンサムな青年にかわり、ふたりのあいだには美しい子どもがたくさん生まれたという変身伝説など、数えあげるときりがない。また、首長家の柱や壁にはかならずヒャッポダの彫刻がほどこされ、壺にはヒャッポダの文様が刻みこまれる。

ただ、ヒャッポダも毒ヘビであり、人間をおびやかす存在であることにかわりはない。万が一、咬まれた場合、傷口をひろげ毒素を吸いだすという応急処置がとられるのは台湾でもおなじである。もちろん現在では血清をもちいた治療がほどこされるが、以前は薬草をもちいた療法がとられた。われわれに身近なところでは、ショウガの根やアカザの実をすりつぶしたものを患部に塗布していた。わたしは薬草のどの成分がヘビ毒に作用するのかはわからないが、話を聞くと、彼らは薬草をもちいると同時に、安静にして水をひたすら飲み続けるという治療を欠かさない。重症のときにひきおこされる排尿障害などを防ぐことをかんがえると、あながちこの対処法はまちがっていないようである。

ヒャッポダを意味するブルン、ラマルンというパイワン語は、老人や祖先という意味でも使われており、ヒャッポダは首長や祖先を象徴するものとして神聖視されてきた。それゆえパイワンの人たちは通常、他の毒ヘビがみつかると棒や石でたたき殺すのだが、ヒャッポダだけは殺さず、立ち去るのをじっと見守るのである。

（野林厚志）

トラ

【朝鮮半島】

ソウル・オリンピックのマスコットにホドリ（トラの子）が選ばれたのは、むかしからトラが朝鮮半島の人びとにとても親しみをもたれてきた動物だからであろう。

そもそもトラは、建国神話である檀君《だんくん》神話に登場する。トラはクマとともに人間になることを神に祈った。神は霊力のあるひと束のヨモギと二〇個のニンニクをさずけながら、これを食べて一〇〇日間、日の光をみないでいれば、人間になるだろうといった。クマは神のいいつけを守り人間になるが、トラはつつしみがたりず、なれなかった、というくだりがある。

トラはまた、山神の使い、化身とかんがえられている。寺にある「山神閣」には、老人の横にうずくまるトラか、トラに乗った老人を描いた山神図がかならず掲げられ、これにむかって男の子をさずけてくださいとか、病気をなおしてくださいとか、幸福にしてくださいと祈るのである。

日本の昔話は「むかし、むかし、あるところに」ではじまるが、朝鮮半島では「トラがタバコを吸っていたとき」ではじまる。この昔話のなかにもっともおおく登場する動物がトラである。崔仁鶴の『韓国昔話の研究』（弘文堂　一九七六年）にも「まるで、虎の国ともいえるほど昔話や伝説、あるいは一般の民間信仰に、それが占める割合は大きい」とある。こうした昔話にでてくるトラは、ときに、まぬけな一面をもつ、滑稽《こっけい》なものとしても描かれている。「泣いているとトラがくるぞ」といわれても泣きやまない子どもが、干し柿をもらって泣きやんだのを家の外からうかがっていたトラは、自分よりも干し柿のほうが恐ろしいものなのだとおもい、すごすごひきさがるといった話もある。

ところで、こうしたトラは絵画や刺繍にもたくさん描かれているが、縞《しま》模様ではなく、ヒョウやヤマネコのような斑点模様のものがすくなくない。日本では江戸時代にトラとヒョウを同一視して、トラをオス、ヒョウをメスとみなすかんがえ方がひろく普及していたというが、朝鮮半島でもトラとヒョウとヤマネコとを三兄弟とみなす地方があるという。恐怖と畏敬の対象であるトラが、昔話でまぬけで滑稽な存在として描かれるのは、両義性をもたせるためだろう。しかし、わたしは京都市動物園でチョウセントラを実際にみたが、その姿からはまぬけさなど微塵《みじん》も感じられなかった。ヒョウやヤマネコまでもトラとかんがえられていたからこそ、トラが滑稽なものとして描かれたのではないかとおもわれた。

ともあれ、かくも民間信仰や昔話にトラが登場するのは、かつて朝鮮半島にかなりの数のトラが生息し、人びとの前にしばしば出没していたからであろう。「虎患」といい、トラが人や家畜におよぼした被害の記録が、李朝時代の文献に数おおく残されている。また一九二九年にだされた『朝鮮神話伝説』(近代社)のなかで、中村亮平は「由来朝鮮には虎が多かったので虎との交渉があらゆる面にうかがわれる。今でも田舎に入ると、山を越えるのに、牛や馬に沢山の鈴をつけて行き、夜分には松明《たいまつ》をつけたり、時々大声をあげたりして、虎に備える工夫をしている」と書いている。

現在の朝鮮半島においては、トラは、北朝鮮(朝鮮民主主義人民共和国)におよそ一〇頭ほどが生息していると専門家はみているが、韓国には一頭もいないといわれている。韓国からトラがいなくなった原因としては、朝鮮戦争、森林伐採による乱開発などで生態系が破壊されたことがあげられよう。「韓国からトラがいなくなったのは加藤清正が退治してしまったからだ」という話もあるが、それはともかくとして、遠藤公男は『朝鮮彙報』(大正六年八月号)に載せられた「朝鮮における猛獣被害及其の予防駆除」という記事などから、日本植民地時代の官憲による駆除作戦にその原因があったと指摘している(『韓国の虎はなぜ消えたか』講談社　一九八六年)。

さきの「トラと干し柿」の話ではないが、韓国ではいつまでも泣いている子を泣きやますのに、「エビ(鬼、お化け)がくる」という。こわいものがくるぞという意味である。そういえば、わたしはフィールドで「エビというのは日本人のことなのだ」と聞いたことをおもいだした。

(朝倉敏夫)

★ *Panthera tigris*　トラ（ネコ科）

食肉目ネコ科の猛獣。ベンガルトラ、スマトラトラ、マレートラなど8亜種にわけられ、チョウセントラ（シベリアトラ）がなかでも最大。雄で体長3mちかくに達するものがある。世界野生動物保護基金（WWF）の調査では、1994年現在、チョウセントラはロシアに150～200頭、中国に50～100頭、生息することが推定されている。

トナカイ

【シベリア】

トナカイはシカの仲間であるが、奇妙なシカである。シカといえば、すらりと伸びた細くて長い足、端正な顔だち、そして雄ならば他を威圧するようなりっぱな角をもつというイメージがあるが、トナカイはまるでその逆である。「赤鼻のトナカイ」という歌があるが、べつに鼻が赤いわけではない。しかし、その顔つきはどうみても愚鈍であり、首も足も太くてみじかく、秋の雄の角はりっぱだが、雌にもりっぱな角が生えている。そしてほかのシカ類とことなり、つねに群れをつくり、さらに人に飼われているものがいる。家畜とされ、遊牧の対象とされるシカはトナカイだけである。

しかし、みかけどおりにたくましい動物である。まず寒さにはめっぽうつよい。中空の毛をもった毛皮は零下四〇度にも達する寒気に耐え、かたい蹄《ひづめ》は氷を砕いてその下から餌となるコケを掻《か》きだすことができる。そして、おどろくべきことに、数十キログラムの荷物や人を背にのせて、あるいは一〇〇キログラム以上の荷物や人をのせたそりをひいて、一日に数十キロメートルの距離を走りぬく。しかも、その疲労はたった一晩の自由行動でほとんど回復する。

トナカイはそのためにつくられたのではないかとおもわれるくらい、人間の役にたってきた。とはいってもサンタクロースのそりをひいて子どもたちにプレゼントを配ってくれるからではない。トナカイは北方に暮らす人びとに、自分の体とその労力をたっぷり献上してくれるからである。

まず、その体からは肉と血と毛皮を人に提供してくれる。肉はエネルギー源とタンパク源であり、血はビタミン源である。毛皮は零下四〇度以下になる寒気から身を守るのに必須である。そして、シベリアでは彼らを飼い慣らすことで、役畜としても利用する。荷物を背に積んだり、人が背にまたがったり、あるいはそりをひかせたりして、交通輸送手段とし

★ *Rangifer tarandus*　トナカイ（シカ科）

ユーラシア大陸と北アメリカ大陸の北部寒冷地帯に棲息する偶蹄目シカ科の動物。肩高80～150cm、体重60～300kgほどになる大型のシカで、いくつかの亜種にわかれるが、大きくは森林種とツンドラ種とに大別される。寒さにはよく適応するが、暑さには弱く、その分布はだいたい永久凍土の分布とかさなるといわれる。アメリカではカリブーとよばれる。トナカイとはアイヌ語に由来する名称で、日本には江戸時代から知られていた。

て人のために働かせる。ただし、一人前の役畜に育てるのには、それなりの訓練が必要である。騎乗用あるいはそり牽引用の訓練は、成長したらすぐにはじめなくてはならない。しかも、トナカイにも個性があって、トレーニングで優秀な先導獣に育つものもいれば、最後までいうことをきかずに、役立たずとして食用にまわされてしまうものもいる。きちんと訓練され、人の指図を理解するトナカイはだいじにされることはいうまでもない。

しかし、これらの貢献にたいする人間からの報酬はまことにささやかである。せいぜい移動生活につきあってやること、蚊や虻《あぶ》などの害虫を追いはらうために煙をたてて燻《いぶ》してやること、そしてときおり塩をくれてやることだけである。塩でなくてもよい。塩分をふくんだ人の小便でじゅうぶんなのである。

狩猟対象として、または家畜として、北の世界でこれほど人に貢献してきたトナカイではあるが、近年、人の彼らにたいするあつかいが粗略になっている。シベリアから地下資源や森林資源をしぼりとろうとしている「文明人」たちは森やツンドラを荒らして餌場をすくなくし、トナカイの住める場所をどんどんせばめている。また、彼らがトナカイの肉や毛皮を安物として買ってくれないために、トナカイ飼育産業も経営がすこぶるくるしい。

他方そのような文明人たちの影響もあってか、近年ではトナカイを飼う人びとも扱いが荒くなっている。以前ならばトナカイの毛皮は格好の防寒具の材料だったが、いまは買い手がつかないからと捨てられている。騎乗トナカイやトナカイぞりは、タイガやツンドラではもっとも効率的、経済的な交通手段であるにもかかわらず、若者はガソリンをくう雪上車や万能走行車のほうにのりたがる。

人とトナカイとの関係もふくめ、北方世界の生態系は、いま急速にそのバランスをうしないつつある。

（佐々木史郎）

クロテン

【シベリア】

毛皮を「やわらかい黄金」とよんだロシア人は、高価な毛皮をもとめてシベリアのタイガを東進し、わずか三〇〇年たらずで全シベリアを手中におさめた。その東進のもっとも重要な原動力であったのが、シベリアを代表する毛皮獣であるクロテンだ。エカテリーナⅡ世の治世、シベリア総督府の紋章に双頭のクロテンがみられることや、イルクーツク市の紋章もクロテンであることなどから、いかにシベリアにおいてクロテンが重要な毛皮獣であったかをうかがいしることができる。

クロテンの毛皮に一度でもふれたことがあるかたはよくごぞんじとおもうが、その柔らかで優美な感触は、ほかの毛皮獣とは比較にならない。濃いグレーやひじょうに濃い青味のある褐色のものが珍重され、刺毛は細くてうつくしく、銀の刺毛が散在したものはとくにヨーロッパで人気を博したという。そのためクロテンの毛皮が西欧の王侯貴族に重用されてきた歴史はふるい。

また、フビライ・ハンの謁見用のテントはクロテンの毛皮で裏貼りされていたともいわれている。洋の東西を問わず、絶えず高貴・高価といったイメージとむすびついてきた毛皮といえよう。日本では北海道に生息しているが、こちらは大陸産のものにくらべると色が黄味がかっていてステンなどとよばれることもある。

毛皮は北方先住民にとって防寒のための生活必需品であり、かつ交易のための商品であったが、征服者のロシア人にとっても、地位や名誉を誇示する象徴であるとともに大儲けのできる交易商品であり、重要な国庫財源であった。そのために毛皮をもとめてウラル山脈をこえたコサック兵たちがシベリアを征服すると、先住民にはヤサク（毛皮税）として毛皮の納入が強制されるようになる。

一七世紀なかごろには、ロシア全体で年間二〇万枚ものクロテンの毛皮が生産されていたが、こうした帝政ロシア時代の乱獲がたたって、二〇世紀にはいるまでに、クロテンはいったん絶滅の危機に瀕した。革命政府は一転して重要財源である毛皮獣の保護政策をとり、クロテンの好むヒマラヤスギの植林や人工繁殖、生息好適地への放獣などの振興策によって、ふたたびシベリアにクロテンが姿をみせるようになった。その後はコルホーズやソホーズの狩猟専門班などが組織され、狩猟割りあてと免許制で安定管理された狩猟がしばらくつづいた。しかし、さらに旧ソ連の崩壊にともなう経済の自由化により、欧米の安価な養殖毛皮が流入し、ふたたびシベリアの毛皮獣狩猟は衰退の様相をみせている。

わたしの調査地であるサハ共和国も毛皮生産の盛んな地方であり、首都ヤクーツクの毛皮店には優雅な毛皮コートや帽子がならべられている。しかし、おおくはヨーロッパの養殖ミンクか外国から移植した安価なマスクラット（ネズミ科）の毛皮をもちいており、クロテンをもちいたものはわずかしかみることができない。ハンターは毛皮価格の暴落で狩猟用具さえ満足にそろえられない状況で、コルホーズやソホーズの狩猟班は崩壊し、いまや狩猟は年金生活者の余暇でしかない。

しかし、このような状況でもなおクロテンは国家の重要財源であるとともに、シベリアを代表する象徴的毛皮獣である。サハ共和国でも狩猟振興のために、クロテンだけには特別な狩猟管理がほどこされている。

クロテンの狩猟者は、一頭につき五〇〇〇ルーブル（一九九五年時点で約一二〇円）を支払って狩猟免許を取得しなければならない。狩猟許可数は地域ごとに厳密に決められている。さらに取得した狩猟免許の頭数に相当する毛皮をおさめなければ、「サハ・ブルト」という国家毛皮コンツェルンから罰金を科せられる。これは、生物資源を保護しながらも、重要な毛皮の生産はきっちりと維持しようということなのである。ちなみに狩猟者の捕ったクロテン一頭の一九九五年の買い付け価格は、九〇万ルーブル（約二万二〇〇〇円）であり、クマの二倍、キツネの六倍の価格がついていた。

はるかむかしからおおくの人間を魅了したがゆえに、人間に翻弄されつづけてきたクロテンの歴史は、裏がえせば人間の欲望とあこがれの歴史であるといっても過言ではないであろう。

（池田　透）

★*Martes zibellina*　クロテン（イタチ科）

体長は35～55cm、尾長は12～19cm、体重は0.5～5kgであり、ほかのテンにくらべると尾が短いことが特徴。樹上でもたくみに動きまわることができ、小型脊椎動物・昆虫・果実などを採食する。森林のなかでは水辺をよく利用することから、小川の上に倒れている木の上などにワナを仕掛けて捕獲することがおおい。

チョウザメ

【アムール川流域】

「チョウザメ」ときくと誰でもおもい浮かべるのは「キャビア」である。世界的な珍味として知られているキャビアは、カスピ海産のチョウザメ（ロシア語でベルーガ、セヴリューガとよばれる種類）の卵巣を塩漬けにしたものであるが、チョウザメの仲間はユーラシアから北アメリカにかけての寒帯、亜寒帯地域の海、湖沼、河川に生息する。

洋の東西を問わず、文明世界ではチョウザメの肉とキャビアは珍味として王侯の食卓をにぎわしてきた。肉は白身で引締まっており、適度の歯ごたえがある。また軟骨もこりこりとしておいしい。ヨーロッパ人はステーキで食べるが、刺身も絶品である。日本ではキャビア以外なじみがうすいが、極東のアムール川河口周辺の「少数民族」とされるニヴヒの人びとにとっては、チョウザメの肉は珍味のひとつであるとともに、重要な食料源でもあった。

アムール川に生息するチョウザメの代表種はロシア語で「オショートル」（ニヴヒ語ではトゥキ）とよばれるものと「カルーガ」（おなじくパルク）とよばれるものである。オショートルはアムールにしか生息していない特殊な亜種で、体長は数十センチメートルから三メートルになる。カルーガはダウリヤチョウザメともよばれ、体長は五メートル以上、体重は一トンにもおよぶ。ただし、一八六〇年にロシアがアムール川を領有して以来、キャビアが重要な輸出品とされたために乱獲され、その数は急速に減った。ソ連時代に原則的に禁漁とされ、今日にいたっている。ただし、この魚の捕獲を専門とする漁師に特殊な免許があたえられ、わずかではあるが現在でも捕獲されてはいる。

アムール川が完全にロシア領となる前は、その河口周辺はニヴヒの人びととの専用の漁場であった。そこには毎年五月の末から六月にかけてオショートルとカルーガが多数集まってきたという。チョウザメはもともと回遊性の魚で、季節的に川を上下に移動

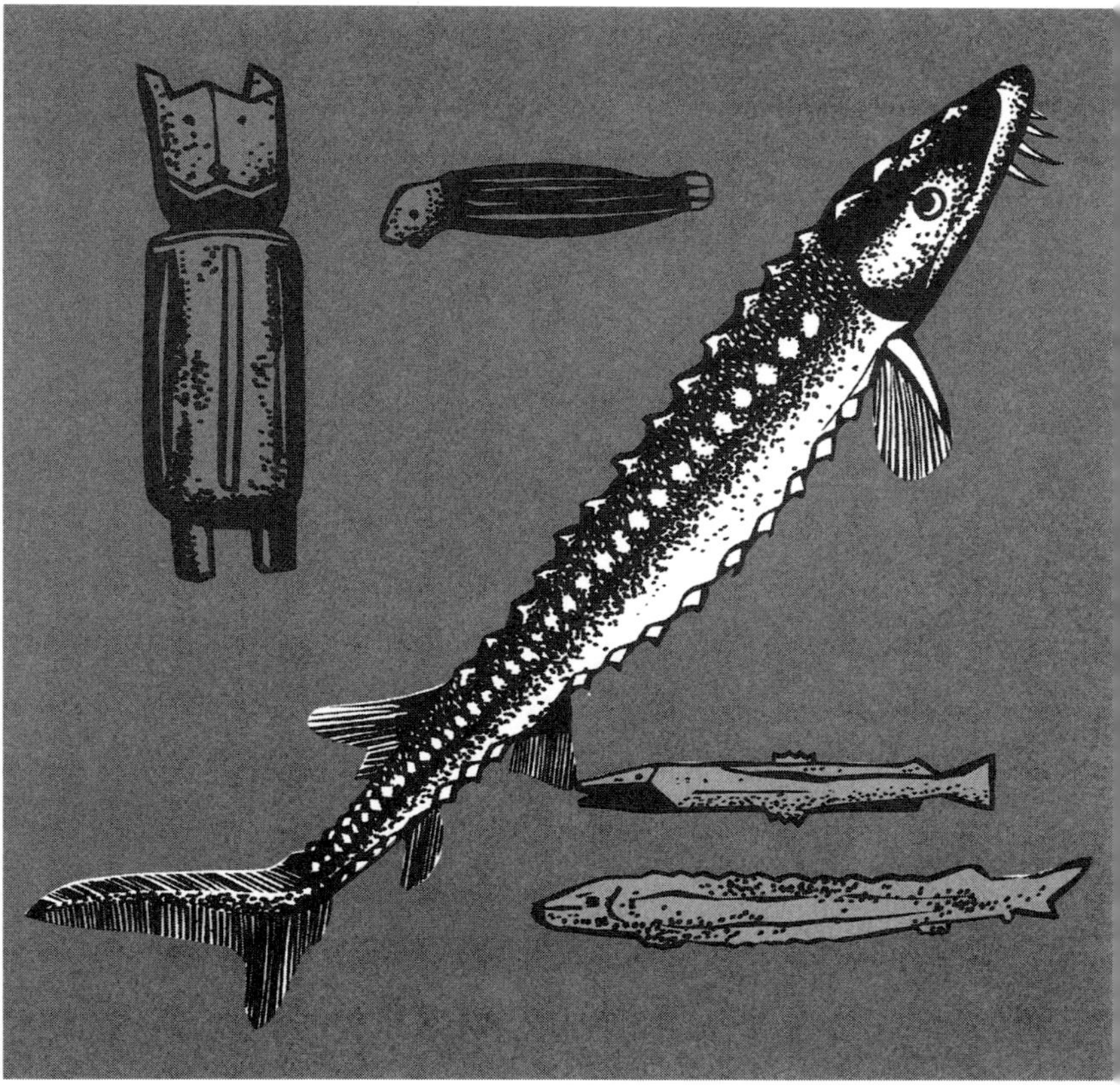

★Acipenseridae　チョウザメ（チョウザメ科）

チョウザメ目チョウザメ科の魚の総称で、世界中に4属25種がいるとされる。アムール固有の魚であるオショートルとカルーガは、学名ではそれぞれ *Acipenser schrencki*, *Huso dauricus* とされ、属を異にする魚である。チョウザメの卵巣キャビアは世界の珍味とされるが、現在、アムールのチョウザメからは輸出用のキャビアは生産されていない。

したり、サケマスのように海にでて育ち、産卵のために川に戻ってくるものもいる。五月末から六月はじめは産卵期で、川底に卵を産みつける。彼らは本来川底を好む魚であるが、川面の氷がすっかり解け、波がおさまった静かなときには水面付近まで上昇してくる。ニヴヒたちはそのようなときをねらって、専用の刺し網を川に流す。また、彼らは袋のようになった網を川底に仕掛けてからめ取ったり、あるいはマグロの延縄《はえなわ》漁のように鉤《かぎ》がたくさんついた縄を川底に沈めて引っかけたりと、さまざまな方法で捕獲した。また、チョウザメ漁は真冬でもおこなわれた。厚く張ったアムールの氷に穴をあけ、袋状の網を氷の下に仕掛けるのである。

ニヴヒの人びとはキャビアには見向きもせず、その肉の方を好んだ。彼らがもっとも好んだチョウザメ料理は、凍らせた肉を細切りにしてネギと混ぜ、そこに軽く塩をふったもので、タルクとよばれた。チョウザメ以外の魚でもタルクはつくられるが、カルーガ、オショートルのものがもっともおいしい。この料理はアムール川河口がニヴヒだけの土地ではなくなってから一五〇年たったいまでももっとも好まれる料理で、ウォッカにたいへんよく合う。しかし、一九世紀当時はチョウザメのタルクも特別なごちそうではなく、クマ祭りでも前後の腹ごしらえに食べられていた。人が食べない部分はイヌの餌にまでされていたらしい。ただし、軟骨性の背骨は、ゆでて肉をきれいに落として乾燥させて、中国商人に高い値段で売った。チョウザメの干し軟骨は中華料理の貴重な食材のひとつだったのである。

ニヴヒのあいだでは奇形や不自然な姿をしたチョウザメが捕れると、なにか災いが起きると信じられていた。そのために彼らはパルク・スガイ、トゥキ・スガイというチョウザメの姿をした木製の精霊像を彫り、それを炉の上に吊してそのような魚が二度とあらわれないように祈った。現在では数が減って、アムールを旅してもチョウザメそのものに出会う機会がめったになくなってしまった。

（佐々木史郎）

ワタリガラス

【北太平洋沿岸地域】

日本では多数のカラスが群れている姿をよくみかける。山で群れていたり、町なかでゴミをあさるカラスをみるのは日常茶飯事である。わたしがかつて住んでいた北海道のカラスは、本州のカラスにくらべてはるかに大きいが、おなじハシブトカラスである。通常、動物は同種であれば、北へいくほどからだが丸くなり、かつ大型化する。しかし、ここで紹介するワタリガラスは、北海道のふつうのカラスとくらべてもはるかに大きい。

ワタリガラス（オオガラス）は日本では北海道の北部や東部に冬期に飛来することもあるが、トンビよりもひとまわり大きく、カーカーと鳴くことはない。カラスのお化けのようなものだ。ワタリガラスは一羽またはつがいで行動することがおおいようである。そのおもな分布域は、サハリン島、カムチャツカ半島、チュクチ半島、アラスカ半島、そして北米の北西海岸地域など極北・亜極北地域である。わたしは北方でのフィールドワークを開始して一五年近くになるが、残念ながら生きている大型のワタリガラスをまじかにみたことはあまりない。

カムチャツカ半島に住むコリヤークのハンターによると、ワタリガラスのからだの色は黒というよりも濃紺色で、ひじょうにどう猛で、両翼をひろげれば一メートル以上もあるものがおり、カムチャツカ半島では幼児や牧場で飼っているウシを襲い、殺すことがあるという。空を飛ぶ姿は威厳に満ちているとのことである。ワタリガラスは雑食性で、人間の近くに居住するという点においては他のカラスと似ているが、大きさや危険度はわれわれの知っているカラスとはかなりちがうのである。

西欧や日本では、カラスはその鳴き声や黒い容姿から不吉な鳥とみなされ、死とむすびつけられることがおおい。しかしそのような俗信は、いわゆる北太平洋沿岸地域ではみられない。この地域では、ワタリガラスは創世神話のなかで重要な役割りを果たし、神話や儀礼のうえで尊敬されるべき動物としてたびたび登場してくる。それは儀礼に使用されるユッピック（エスキモー）の仮面や、北西海岸地域の先住民がつくるトーテムポールにワタリガラスがモチーフとして表現されていることからもうかがえる。

わたしが一九九四年の夏に訪れた、カムチャツカ半島の西海岸にあるレスナヤというコリヤークの村でも、ワタリガラスの神話や昔話が古老のあいだにうけつがれていた。そこにでてくる主人公はクイキナークとよばれるワタリガラスで、その妻はミチという名であった。クイキナークは人類の創造主として描かれているいっぽうで、だまして食物をとりあげようとしたキツネに逆にだまされる愚か者、いつも他の女性をだまして浮気をする不道徳ないたずら者であり、きわめて両義的な存在である。とくに興味ぶかいのは、クイキナークの悪い側面である。彼は意地悪で、罪ぶかく、嫉妬ぶかく、いつも人間や他の動物を怒らせる存在として語りつがれているのである。彼の悪い点は、人間の悪い点そのままである。

コリヤークらの伝承のなかで、ワタリガラスは人類の創造主であるという点で偉大であるとともに、まったくダメな存在でもあるという、この矛盾するメッセージは、じつは人間自身が偉大であると同時に、ダメな存在でもありうるという人間の両面性を、暗に後世に伝えるためのコリヤークら北方諸民族の歴史的なメッセージのような気がしてならない。ワタリガラスのなき声は、おろかな現代人よ、賢くなれ、とわたしには聞こえてくる。

（岸上伸啓）

★ *Corvus corax*　ワタリガラス（カラス科）

北半球にひろく分布するが、山岳地帯や亜極北地域以北で優勢で、日本付近ではサハリン、千島列島以北にかぎられる。冬季に少数が北海道に飛来する。全体に黒色で、カラス類のなかでは最大の鳥である。雑食性だが動物の死体など肉食をこのむ。野生での寿命は10年前後。

イヌ

【モンゴル】

モンゴルの草原を旅する人は、人家にちかづくとき「ノホイ・ホリ（イヌを封じてくれ）」と大声でさけぶことになっている。猛然とほえたてるイヌをとりおさえてくれ、と頼んでから、ようやくウマからおりることができるのである。

遊牧民にとって、イヌはもちろん放牧対象の家畜ではないし、家畜の放牧のおともをすることもない。決して牧羊犬ではないのである。この事実は、モンゴルにかぎらず、中央アジアからトルコまでひろく共通している。イヌは、むしろつねに宿営地の周辺にいて、見知らぬ客を威嚇《いかく》する。夜間には、家畜をねらうオオカミやキツネたちを撃退する。

これまで、モンゴルでは家畜にたいしてめったに名前をあたえないのと同様に、イヌにたいしても命名することはない、とおもわれてきた。しかし、わたしの調査したかぎりでは、いつもイヌに名前がつけられていた。

たとえば、ブルゲド（タカ）やションコル（ハヤブサ）など、天空を舞う鳥の名がおおい。こうした猛禽《もうきん》類のほかに、想像上の鳥ハンガリド（鳳凰《ほうおう》）や、翼の意でジルゲー、飛ぶものの意でニスゲーなどという名前もみうけられる。

どの地方へいっても、だいたい同じ名前のイヌばかりにでくわす。近隣でも同じ名前ばかり。とても個体識別の用をはたしているとはいいがたい。こういうふうにしておくものだ、という定型的な名前があるなかから選択されているにすぎない、といえよう。空を飛んで獲物を狩る鳥たちのように、大地を飛ぶように走り、オオカミなどの外敵をおそうべし、そんな理想が、イヌの命名にたくされているようにおもわれる。

モンゴルでは、ことだまが信じられ、名前を口にするだけで現実世界にあらわれる、とかんがえられてきた。たとえば、オオカミのことをチョノというが、チョノと口にすると本当にオオカミが出現する

★ *Canis familiaris* イヌ（イヌ科）

イエイヌともよばれ、人間の住むところどこにもみられるもっともふるい家畜。400によぶ品種がみられる。モンゴルの草原部では各戸で飼われ、立ち上がると人間ほどの背たけになる。毛並みは黒褐色、目の上に斑点があり、巻尾、たち耳、性質は獰猛である。

から、どうしてもオオカミの話をするときには「野のイヌ」などと婉曲に表現するのである。そもそも、チョノという単語そのものがじつはトルコ語からの借用で、オオカミを意味する生粋のモンゴル語をもたないというほど忌避が徹底している。

家畜の群れが宿営地付近にみあたらないまま、オオカミの遠吠えがきこえたとき、人びとはオオカミにさとすように語る。「金色の大きな奥歯をもつものよ、お聞きなさい、いま天から獰猛《どうもう》なライオンが降りてきたぞ、おまえを襲おうとしているぞ、家におもどりなさい」。そんな仮想的現実をことばで描いてオオカミに説教しようというのである。

こうした言語感覚を背景にしているのだから、いざオオカミたちが姿をあらわしたときによぶであろうイヌの名前は、きっと猛禽類をよびまねき、オオカミを威圧するであろう、そんな期待がたくされていたのかもしれない。

とはいえ、モンゴル高原でもオオカミはすくなくなった。イヌはもっぱら人家の周辺の清掃当番をうけおっている。草原には特別に設けられたトイレなどなく、水分は大地に吸収され、固形のほうをイヌが消化する。

……その家のイヌはたいそうせっかちなやつだった。こちらが尻をだすやいなや、さっそく鼻面をわが尻にむけてつきだしてくる。これぞまさしく「お尻合い」。すっぴんのところへこんなに接近されると、でるものも引っ込んでしまう。恐る恐る、なんとか用をたしおえた。

すると、そのイヌはくんくんとにおいをかいだあと、あろうことか、つんと横をむいてそのまま立ち去ってしまったではないか。とても食えたものじゃない、とでもいわんばかりに。おーい。ちょっと待ってよ。なにが気にいらないの。おいしいわよ。たぶん。きっと。

異文化にすっかりなじんでいるとばかりおもいこんでいたわたしは、こうしてはじめて、毅然《きぜん》とした拒絶も潜在していることに気づかされたのであった。

（小長谷有紀）

ヤク

【ブータン】

わたしがフィールドにしているブータンを代表する家畜といえば、ヤクである。ヤクは、ウシの一種である。だからウシとの交配もおこなわれている。ヤクとウシの大きなちがいは、ヤクは腹から肩にかけて黒いふさふさとした毛が生えていることと、体型がウシよりもひとまわり大きいことである。その黒い色といい、りっぱな角といい、ヤクは一見したところ、いかにも獰猛《どうもう》そうである。しかし、大きな音におどろくとすぐに暴走する臆病な動物であるとブータン人はいう。

ブータンではまれに乗用のヤクもいるが、おもに荷物の運搬用の家畜である。ウマはおよそ六〇キログラムの荷物を運ぶが、ヤクなら九〇キロから一二〇キログラムを運ぶことができる。これは人間の三人分から四人分の仕事量にあたる。そのうえ、ヤクはめっぽう高所につよい。標高三〇〇〇メートルをこえる急なのぼり坂では、ウマは五、六歩、歩いてはたちどまり、腹を大きくふくらませてゼイゼイいう。その姿は、まったく人間とおなじである。ところが、ヤクは三〇〇〇メートルくらいの高度ではほとんど苦しそうなようすをしめさない。以前、ヤクを五二〇〇〜五三〇〇メートルのところまで荷運びにつかったことがあったが、なんの支障もなく強力な運搬役をはたしてくれた。

ブータン人は、ヤクにはおどろくほどの生命力があるという。たとえば、ぬかるんだ急な坂道を登っているとき、ウマやヤクといえども足をすべらせて崖下にころげおちることがある。もしその道の下のゴウゴウと音をたてて流れているヒマラヤの急流におちれば、ウマは、ほとんどの場合たすからない。わたしは何キロも下流の、おだやかな流れになった川のなかに、腹を大きくふくらませたウマの溺死体がうかんでいるのを何度もみたことがある。しかしヤクは、このような急流におちてもおぼれ死んだりはせず、どこかで岸にはいあがってくるという。そういえば、ついぞヤクの溺死体はみたことがなかった。

またヤクの身体は、すべてを利用できる。まず毛が利用できる。子どものヤクは、おさえつけて毛を刈りとる。ヤクの毛はたいへんじょうぶで、この毛を糸に紡いで布に織る。ブータンやチベットの遊牧民の黒いテントは、ヤクの毛で織られた布でできている。この布は、ほかにも外套《がいとう》のようなものに仕立てられるが、手ざわりがゴワゴワしており、そのうえ重いので、けっして優雅な布とはいえない。

ミルクからは、バターやチーズがつくられる。また肉はたいへんおいしい。ブータン人は、冬のはじめにヤクを殺し、その肉を寒風にさらして干し肉にする。これを薄切りにして、そのままトウガラシをつけて食べたり、煮物にいれたりして冬の食料としている。

ブータン人は敬虔《けいけん》な仏教徒なので、食料のためとはいえ生き物を殺すのに、いろいろといいわけをする。このようないいわけはそれぞれの民族にあるようである。たとえばフランス人が野鳥を料理につかうのは、いかにもかわいそうにおもえたので、そのことをフランス人に聞いてみたことがあった。そのときのいいわけは、ウズラなどの野鳥は、神さまが人間に食べてもよいものとしておあたえになったのだ、というものだった。

それではブータン人は、どのようないいわけをするのだろうか。あるとき、僧侶に聞いてみると、おもしろい答えがかえってきた。それによると、ヤクのような大きな動物を殺したとすると、ひとつの命でおおくの人びとの命をたもつことができる。しかし魚や鳥は、ひとつの命を殺しただけではひとりの人間をも満足させることができない。だからヤクは食べてもよいが、魚や鳥は食べてはいけない、というのがその論理であった。

このようにしてヤクは、からだが大きいために力もちで生命力ゆたかな愛すべき動物であり、そのうえたいへん役にたつありがたい家畜とみなされているのである。

（栗田靖之）

★ *Bos mutus*　ヤク（ウシ科）

チベットとヒマラヤ、中国西部の高地に分布。野生のヤクは、現在では崑崙《こんろん》山脈周辺でしかみることができない。野生のヤクは家畜よりかなり大きく、体高２ｍに達するものがある。ヤクの家畜化はウシの家畜化と同時期、新石器時代にはじまるとされる。ヒマラヤ地域では、ヤクとウシの雑種を、荷役や搾乳用の家畜とするところもある。

ブタ

【ネパール】

「ワック・ブトラ（ブタ毛）」というよび声とともに、大きな風呂敷をせおったインド人の行商人が村にやってきた。彼らは、一年に数回ブタの背筋にはえる剛毛をブラシの製造用に買いつけにくるのである。村びとはブタを屠《ほふ》るたびにひきぬいておいた一握りの剛毛からわずかの現金をえる。

ここは、ネパールの丘陵地帯。マガールという人びとが住む、人口がちょうど一〇〇人一二所帯の山村である（一九九四年）。人びとは常畑と焼畑でおもにトウモロコシを栽培し、ウシ、ヤギ、ブタなどの家畜を飼育してくらしている。もよりの車道から徒歩で九時間もかかるこんな村にまで、行商人がやってくるほど、このあたりはブタ毛の産地であり、いいかえるとブタ肉の一大消費地なのである。

村には合計二九頭のブタが飼われている（一九九四年）。日中は放し飼いにされ、夜間は小屋にいれられる。集落内の菜園には、石垣や柵がつくられてブタの侵入を防止している。それでも活発でわるさをするブタには、首から大きな三角形の叉木《またぎ》をつけて、足かせとすることもある。その姿はまるで罪人のようで、哀れでおかしい。えさは毎朝一回、トウモロコシを製粉したときにでる皮やどぶろくの糟《かす》などがあたえられる。

マガール語でブタはワーとよばれ、経産の雌ブタはワーマン、種ブタはブチャとよばれる。愛称としてチョージェ（鼻長）といういいかたもある。ウシやヤギにみられるような個体ごとの名前はつけられておらず、どちらかというと愛情をそそいで飼育されているふうではない。また、ブタは不浄であるという理由で、ヤギとはちがってヒンドゥーの神がみや祖先神への供犠獣にはならないし、ラマとよばれる呪医はそばにちかづくことすらきらう。糞が堆肥として利用されることもない。

しかし、だからといってブタの重要性が軽んじられるわけではない。ふつうの人びとにとってブタ肉

★ *Sus scrofa*　ブタ（イノシシ科）

祖先種はイノシシで、定住農耕の開始にともない、中国、インド、西アジア、中部ヨーロッパでそれぞれの土地のイノシシが馴化《じゅんか》されて肉用家畜となった。ネパールでは野生種として、インドイノシシと、世界でヒマラヤ地域にのみ棲息するコビトイノシシの２種が分布する。

は大好物の食品であり、社会生活を円滑にすすめるにあたって、ブタはかかすことができない貴重な家畜なのである。たとえば、一年に四、五回ある祭りの饗宴にだされるごちそうはブタ肉を主としたものであり、人びとは一日に十数戸の家をまわってごちそうにあずかる。一戸の家が一〇〇人くらいの客人をもてなすこともめずらしくはない。また、ブタは焼畑用の土地を借りる代価として支払われたり、ブタ肉は共同労働をお願いしたときの礼や結婚式の引き出物、鍛冶職人への定期報酬として分配される。マガールの人びとのくらしは、ブタなしにはなりたたないのである。

胆のうと膀胱《ぼうこう》、尿道以外はすべての肉が食用とされるため、歩留《ぶど》まりはかなりよい。もっともおいしい肉と一般にかんがえられているのは皮と皮下脂肪であり、客人にはとくにこの部分がだされることになる。毛のちびたブラシ状の皮と厚さが二センチメートルほどの脂肪のかたまりは、のどをとおるたびにざらっとした感触があって、慣れないと食べるのに苦労する。

好意にこたえてどうにか食べると、多量の脂肪と酒の暴飲もあるのだろう、翌日はたいてい下痢にくるしむことになる。はじめは、わたしひとりの体質の問題かとおもっていたが、じつはほとんどの人がおなじように下痢をしていることがわかってきた。「ブタ肉の饗宴の後は下痢をするものだ」というのが人びとの通説であったのである。

だとすると、ブタが食用に利用されているという事実まではよいとして、重要な動物タンパク源になっているなどとは一概にいえなくなるであろう。ロへいれるところばかりか、ひじょうに私的な排泄物にまで注意をはらう必要がありそうである。マガールの人びとにとって、ブタは栄養学的な意味での食品というよりは、むしろ接待としての「暴飲暴食の饗宴」や他者との関係づくりにかかすことができない社会的な食品として、重要であるということができる。

（南　真木人）

ウシ

【インド】

インドでは、大都市のメインストリートでも、ひしめく車の喧騒をよそにウシやスイギュウが悠然と歩くすがたをみかけることがある。また、もち主がいるのかいないのかわからないような野良ウシ(?)まがいが、海岸の砂浜でしずかに夕涼みをしているすがたもよくみかける。インドではウシが神聖視され、また保護されているといわれるが、町なかを歩いていていて、道端でゆったりと休んでいるウシに出会うと、それもたしかなことだとおもえてくる。

一九六六年の数字であるが、インドのウシの数はおおざっぱに二億頭あまりとされている。人間の数が当時で五億人ほどであるから、人間にはおよばないものの、いたるところにウシがいる勘定になる。

ウシはすぐれて実用性の高い家畜であり、重要な財産のひとつである。まず農耕、牽引、運搬などの用に供する役牛としての働きがある。インド原産の顔がながく背中にこぶのあるゼブウシは、とくに役用として重用されている。また牛乳はもちろん重要な栄養源である。ただ、ゼブウシはホルスタインなどの乳牛にくらべると乳量がすくないので、ほかにスイギュウの乳などもよくのまれている。

牛糞は燃料や建材としてもちいられることもある。糞に藁《わら》くずなどをまぜて乾燥させると、火力は小さいが長もちするので、長い時間煮炊きするインド料理に適した燃料となる。牛糞はまた、あつめてメタンガスを発生させ、ガス燃料として利用することもできる。

さらに、牛糞をつかって土間や壁を塗ることもある。牛糞には殺菌作用があり、足にもやさしいので、子どもを育てる環境には適しているのだそうだ。そして、肉は食用になるし、皮革も加工して利用される。もちろん牛肉がヒンドゥー教徒の食卓にのぼるわけではないが……。

ヒンドゥー教の伝統のなかで、ウシが神聖視され、だいじにあつかわれてきたことはよく知られている。

日本語では、牡《お》ウシと牝《め》ウシとの区別は二次的であるが、英語では牝ウシは cow 牡ウシは bull 去勢されたオスは bullock というし、インドの諸語でもメス、オスがことばのうえで区別されている。インドでとくに神聖視されているのは、豊饒の象徴としてのメスの成牛である。たとえば、牝ウシからでる五つの産物、つまり乳、カード（ヨーグルト）、ギー（脂）、尿、糞は、浄化作用をもつ聖物とされている。ウシを神聖視する伝統は、古代から存在したとされるが、その時代にも、牡ウシが供犠獣として屠《ほふ》られたのにたいして、牝ウシは手あつく保護されていたという。また牝ウシを殺すことはカースト社会の最上層にあるブラーマン祭司を殺すにひとしい大罪とされる。

ただ、ヒンドゥー教の伝統のなかでは、ウシそのものが神格化され信仰されるよりも、最高神のひとつであるシヴァ神などへの信仰とむすびついてあらわれるようである。シヴァ神あるいはその系統の神をまつる神殿には、本殿の主神像に対面する位置にシヴァの乗り物ナンディーとしてウシの座像がおかれている。このナンディーは牡ウシである。また、牛乳は神像を浄化するときにかならずもちいられるし、正月行事などでは、神がみにたいして、牛乳を沸騰させて奉納することもある。南インドのタミル社会では、家を新築したとき、はじめに幸運を運ぶ牝ウシをまねきいれる儀礼がおこなわれる。これは牝ウシのおしりが、幸福を招く女神ラクシュミーを象徴しているからなのだという。

このように、ウシはとくにヒンドゥー教徒のあいだで神聖視されており、それが政治的な紛争に発展する例もあった。イギリス植民地支配下でおこったシパーヒー（セポイ）の反乱（一八五七〜八年）は、牛脂をめぐるインド人傭兵の不満が発端であったとされるし、有名なマハートマ・ガーンディーの指導のもとにおこなわれた神聖なウシを保護する運動が、ブタをタブー視するイスラーム教徒とのあいだの宗教・民族間の対立をあおる結果になった例もある。最近ヒンドゥー・ナショナリズムの風潮がますますなかで、ウシとくに牝ウシの神聖化は、むしろますますつよくなってきているといえよう。

（杉本良男）

★ *Bos taurus*　ウシ（ウシ科）

ウシの家畜化は、いまから約8000年前にトルコからメソポタミアにかけての丘陵地帯でおこったと推定されている。現在では世界各地で乳用、肉用、役用などの目的で飼われている。豊饒の象徴として牝ウシを神聖視する習慣は、古代オリエントやエジプトでも知られる。

アジアゾウ

【スリランカ】

先年、スリランカ稀代の名象ラージャが亡くなった。ゾウの寿命は人間とほぼおなじといわれるが、八〇歳をこえる天寿を全うしての静かな死であった。そして、その死は国葬級のあつかいでとむらわれた。たしかにゾウはその巨大さから特別な価値をあたえられてきた動物である。スリランカでもインドでも、ふるくから宗教・神話のなかで重要な役割を果たしている。ヒンドゥー教においては、シヴァ神の息子で象頭のガネーシャ（別名ガナパティ、ウィナーヤカなど、仏教では大聖歓喜天《だいしょうかんぎてん》、聖天《しょうでん》）が、智慧《ちえ》と好運の神としてとくに人気が高い。また、ヒンドゥー神話や仏教説話にもしばしばゾウが登場する。なかでも白ゾウは特別視されている。仏教では、釈尊仏陀の母マーヤーが、白いゾウが右の脇腹にはいった夢をみて懐胎を知ったという説話が有名である。さらに、ヒンドゥー寺院、仏教寺院を問わず、世界をささえる柱としてのゾウの彫像をみることもできる。

また、インド、スリランカをつうじて、ゾウは王権とふかい関係にあった。古来、ゾウを所有することは、王たちの特権だったようである。たしかにゾウは、個人のペットにするには巨大すぎるし、材木の運搬などにつかわれることもあるが、家畜として養うのもたいへんである。王権にとってのゾウは、戦争のさいには戦車としてはたらき、また国家儀礼などでも重要な役割をになっていた。スリランカのペラヘラ祭や、南インド、ケーララ州のオーナム祭などのかつての国家儀礼では、きらびやかにかざりたてられたゾウの行進がクライマックスとなる。これは、現代国家の独立記念日の軍事パレードのようなものだとかんがえればよい。

ラージャの名家たるゆえんは、スリランカ最大の祭礼キャンディ・ペラヘラ祭で、王権の象徴「仏歯」（ダラダー）を運ぶ姿の気品とうつくしさにあった。この仏歯は、釈尊仏陀の左の犬歯で、インドからス

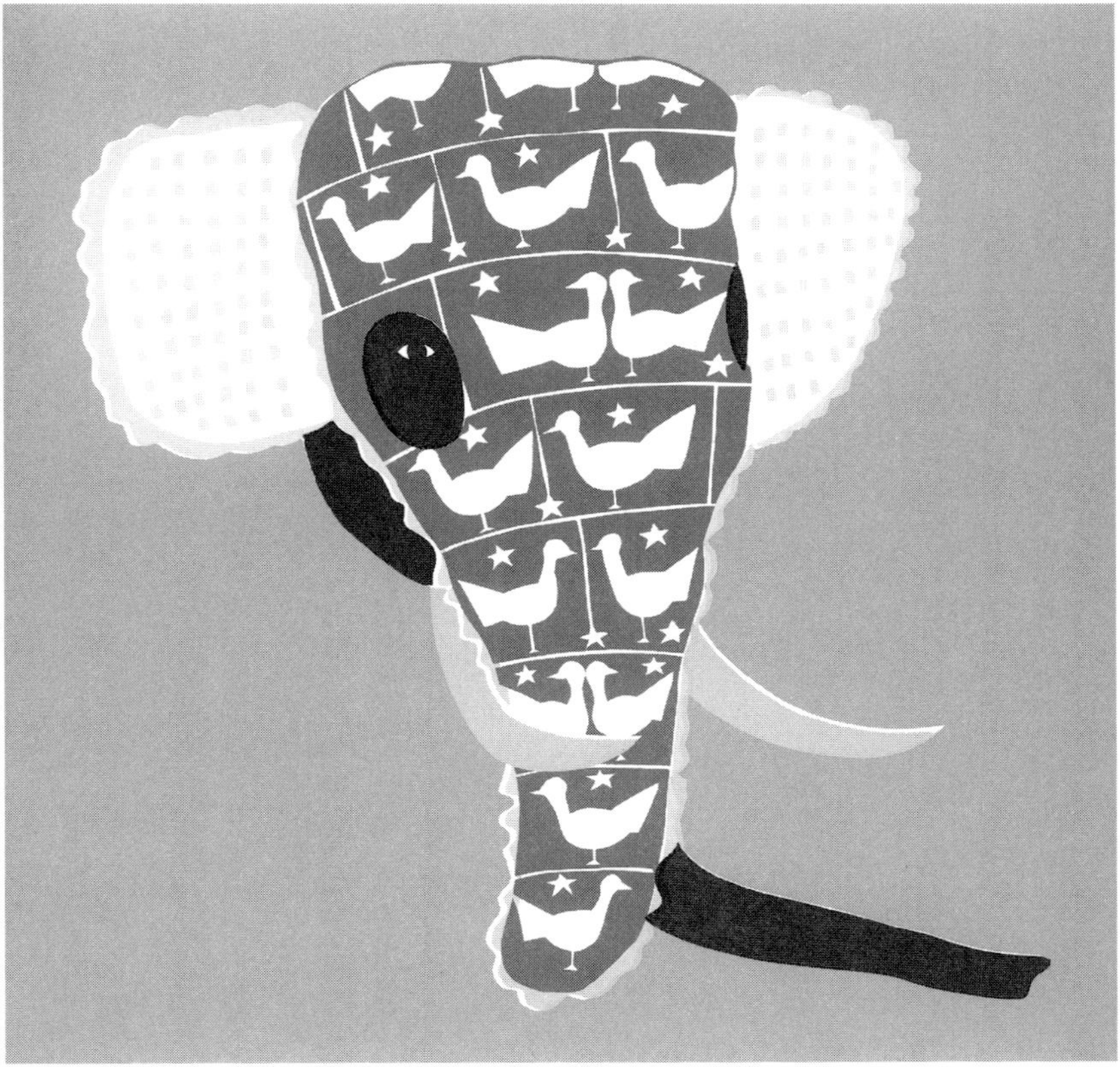

★ *Elephas maximus*　アジアゾウ（ゾウ科）

インド、アッサム、ミャンマー、タイ、マレーシア、スマトラ、スリランカの森林や草原に分布。野生の個体数は5万頭前後と推定されている。雌と子どもで8～20頭の群れをつくる。インドゾウをはじめとする4亜種があり、スリランカのセイロンゾウは、インドゾウにくらべわずかに小型で、雄でも牙のない個体がおおい。

リランカにつたえられたものとされている。もともと特定の仏教教団の象徴であったが、一二世紀ごろから王権の象徴となり、さまざまな勢力が仏歯の所有をめぐって権力闘争を演じた歴史がある。

ペラヘラ祭は、スリランカ中央高地にあるかつての王都キャンディ（マハヌワラ）におけるもっとも重要な国家儀礼であり、現在もおおくの観光客をあつめている。祭礼はシンハラ月のエサラ（七〜八月）におこなわれ、全体で一五日間つづく。後半の一〇日間は、仏歯をはじめとして守護神のご神体などを運ぶゾウと踊りの一団が市中を行進する。最終日には一〇〇頭にもおよぶゾウが登場して、観光客を魅了するのである。

しかし、一八一五年に王国が滅亡し、イギリス植民地支配を経て近代国家として独立したスリランカにおいて、ゾウの地位はいちじるしく低下した。トラックなどの普及で運搬の仕事はなくなり、開発の進行で野生のゾウも激減している。現在では、ペラヘラ祭やサファリなど、おもに観光用としてその姿をみることができるにすぎない。ペラヘラ祭のときには必要な数をそろえるために、スリランカ全土からかりあつめなければならない。

名象ラージャが亡くなったのち、一九九四年からはタイの王室から贈られた若いゾウが仏歯を運ぶ大役をつとめることになった。これは子ゾウのころにスリランカにやってきて、いわば君子の学を学んでいたわけであるが、はじめての大役に緊張したのか仏歯を落としてしまう失態を演じた。このことは逆に、ラージャの声望をいっそう高めることにもなった。

このゾウは、キャンディ近郊のわたしの調査村のすぐちかくで飼われていた。ちかくの小川で水浴びをするため、下宿していた家の前をとおる姿をよくみかけたものである。ゾウは図体が大きく動作が緩慢にみえるが、みかけよりずっと早く移動する。植え込みのかげからは、飛ぶようにみえたものである。途中のバザールの小さな店に大きな頭を突っ込んで、バナナなどを要求する姿はまことにユーモラスであった。それがりっぱに成人して堂々たる名象への道を歩みはじめたところである。

（杉本良男）

ラックカイガラムシ

【南アジア・東南アジア】

ラックカイガラムシという虫の名前をきいたことがあるだろうか。この虫がわれわれとどういうかかわりをもっているのか、すぐにピンとくる人はたぶんすくない。しかし、この虫がカイコ、ミツバチとともに世界三大益虫のひとつである、ときけばどうであろう。いったいこの虫は、どんなところでわれわれの生活とかかわっているのだろうか。

この聞き慣れない名の虫は、日本には生息していない。しかし日本とのかかわりは意外にもふるい。そのことは正倉院の『種々薬帳』がすでにしめしている。「紫鉱《しこう》」というのがそれで、「紫梗」とも書く。

紫鉱とは、木から養分を吸い上げるラックカイガラムシが木の枝に分泌したヤニ状の固まりのことである。原産はインドや東南アジアである。これは「海のシルクロード」とよばれる交易ルートがひらかれていた紀元前後には、すでにインドや東南アジアからの重要な輸出品として、中国や地中海方面へさかんに輸出されていたらしい。『種々薬帳』に記されているところからすると、奈良時代の大和朝廷には薬として舶来していたのかもしれない。

しかし、一般的には紫鉱は赤や紫の染料としてのほうが有名である。これをくだいて煮つめてできる液で、絹糸や綿布を染める。また、その染液を綿にしみこませたものを綿臙脂《めんえんじ》とよぶ。これも奈良時代から江戸時代まで日本におおく輸入され、染料や顔料として利用されていた。

今日でもタイ、カンボジア、ラオスなどで、紫鉱をもちいて布や糸を染色しているところや、それで染めた織物にでくわすことがある。山地では、赤紫色系の伝統的な染料として古くから代表的なものであった。

近年、これらの地域においても天然染料による染色がすたれつつあり、紫鉱をもちいた染色も例外ではなくなった。しかし、東南アジアにおける紫鉱の利用は染料に限定されていないので、現在でもさまざまなところで現物をみることができる。たとえば、刃物の柄に刃を固定したり、ひょうたんと細い竹筒から伝統楽器の笙《しょう》をつくる場合など、接着剤としてもちいるのである。さらに、紫鉱は塗料としてもちいられることもある。たとえば、北タイのパラウンという民族の女性は籐《とう》の箍《たが》を装飾として腰に巻いているが、これは紫鉱で表面に塗装され、ぜいたくに黒くひかっているのである。

こういう話ばかり書いていても、読者には、紫鉱なんてエキゾチックな珍品にしかおもわれないかもしれない。また、正倉院の話をもちだしたとしても、それはむかしのことであり、現代の日本における生活とは関係ないとおもわれるかもしれない。ところがどっこい、紫鉱はわれわれの身のまわりのいろいろなところで活躍している。ここからは現代の都市生活と紫鉱のかかわりについてのべてみよう。

まず紫鉱から色素などをのぞいた天然のポリエステル樹脂はシェラックとよばれ、これは幅ひろい工業用途をもっている。たとえば家具の高級塗料とされるほか、接着剤や電気絶縁剤の原料にもなる。さらに製薬会社によっては、これを止血剤として軟膏《なんこう》の製造にももちいるばかりでなく、錠剤のコーティングにももちいている。これで終わりではない。その光沢性や防湿性から、食品会社はチョコレート菓子や果物などのコーティングにも、もちいているのである。

いっぽう、シェラックではなく紫鉱からとれる色素は、ラックダイとよばれる。使い道も染織に限定されているわけではなく、口紅、キャンディー、ガム、ゼリーなどの着色にももちいられているのである。

紫鉱という、遠い山に生息する小さな虫がつくりだす分泌物が、最初に日本にきたのは一〇〇〇年以上もまえのことであった。むかしこれは珍品や名品であったであろう。しかし、いまや紫鉱はわれわれの生活とかかわりを失うどころか、むしろ目にみえないかたちで生活にふかくしみこんでいる。この紫鉱の話は、われわれがおそろしいほどの量の情報にかこまれながら、そのいっぽうで身のまわりにあるものがなにでできているのか、われわれ自身にもはっきりわからないような時代を生きていることを、実感させてくれるのではないだろうか。（樫永真佐夫）

★ *Laccifer lacca*　ラックカイガラムシ（カイガラムシ上科）

臙脂虫《えんじむし》ともいう。成虫の雌は、体長約5～8mm、雄は約1.25mm。カイガラムシという和名は、形が貝殻ににていることに由来する。ラックという名称は、サンスクリット語やヒンディー語の10万という数からきている。これは虫が微小であるため、かぞえるのが困難だからである。一般に、果樹や観葉植物の害虫として知られるカイガラムシの仲間のなかで、ラックカイガラムシは有用昆虫として染料、薬、接着剤、塗料など、世界中でさまざまな用途にもちいられてきた。

ナマコ

【東南アジア】

シンガポール、香港、台北の乾物屋をのぞいてみた。これらの都市はいずれも産地ではないものの、干しナマコの集散地でもあり、大消費地でもある。しかしわたしの期待とは裏腹に、店頭に並ぶ干しナマコの種類はすくなかった。台湾では刺参《チーシェン》、シンガポールでは禿参《トウシェン》と猪婆参の二種、香港では刺参、禿参、猪婆参《チュウポーシェン》の三種しか見あたらなかった。刺参は日本産のマナマコ、禿参と猪婆参は熱帯産のクロナマコ科のナマコである。いずれも肉厚で、弾性に富む高級品種ばかりだ。

熱帯の島じまにはナマコ獲りのプロがいる。そんな島のひとつがマンシ島だ。マンシはフィリピン南西部のパラワン島とボルネオ島のあいだに浮かぶサンゴ礁でできた島である。三平方キロメートルほどの小さな島に、六〇〇〇もの人びとが生活している。この島の経済を支えている産業のひとつに、南シナ海でおこなうナマコ漁がある。漁夫は船主が用意した潜水器具と魚群探知機をもちいて水深や海底の地形まで調べてから潜る。一回の操業は一ヵ月ほど。乗組員はむろん船上生活を余儀なくされる。

一回の潜水は一五分程度、三〇～四〇メートルの深さまで潜る。それを一日に三回くりかえす。素潜りとことなり、潜水時間を制限されないぶんだけ収量はおおい。しかし、同時に潜水夫たちは減圧症にかかる危険をはらんでいる。操業中は酒をつつしむ人がおおいのもそのためだ。

危険を犯してまで、深く潜るのはなぜか。高級種のススアンが水深一〇～四五メートルの岩礁や砂底に生息しているからである。ススアンは猪婆参の現地名。シンガポールと香港で人気のナマコだ。

潜水夫の収入は獲れ高できまる。ナマコが獲れなければ収入はない。マンシ島では生の猪婆参一匹がおよそ六〇〇円で取り引きされている。この金額は七キログラムの精米分に相当する。また首都マニラの一日の法定最低賃金にひとしい額でもある。だか

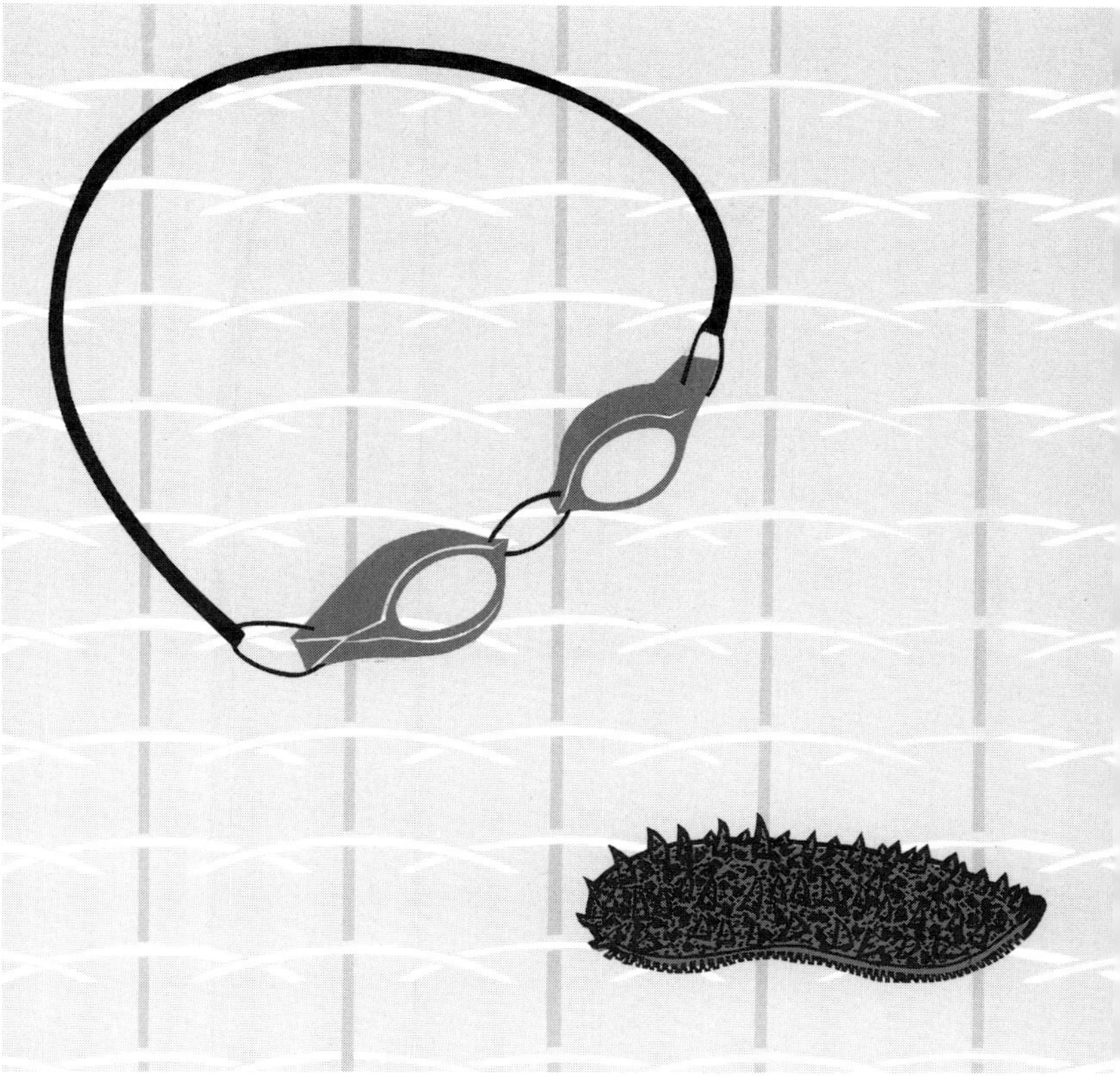

★Holothuroidea　ナマコ（ナマコ綱）

ナマコ（海鼠）はナマコ綱に属する棘皮動物の総称。熱帯から寒帯までの海岸部から深海底までひろく分布している。日本近海では約100種類が知られているが、食用種はマナマコなど少数である。古来、日本ではナマコを「こ」とよんだ。生のものがナマコ、干したものがイリコである。実際には「煎る」わけではなく、煮て薫製したあと天日で干す。コの腸を塩辛にしたものがコノワタである。

ら、マンシ島の男たちは、高値で売れる猪婆参を求めて深く潜っていく。しかし、それ以外のナマコも見逃しはしない。なかには猪婆参の一〇分の一しか値打ちのない品種もある。売れるナマコはすべて獲るのがマンシの価値観である。

肉が薄く、歯ごたえがないナマコが安物である。わたしはマンシ産の干しナマコをサンプルとして一七種もっているが、猪婆参をのぞけばひょろひょろしたものばかりだ。

ナマコを生食する文化は、日本や朝鮮をはじめ太平洋諸島にもある。しかし、干しナマコをもどして食べるのは華人社会だけである。もどしたナマコはゼラチン質だけの食材であり、それ自身に味はない。プリプリした歯ごたえこそがナマコに求められているのである。このことはナマコとともに三大珍味にかぞえられるフカヒレやツバメの巣も同様である。ゼラチン質ゆえに珍重されている。

歯ごたえがたいせつだから、ナマコの肉は厚くなければならない。だから、香港や台湾、東南アジアの裕福な華人たちは、高級ナマコしか口にしないのだろう。それでは安物のナマコを食べているのは誰なのか。

近年の中国社会の変容にともなって、海外の華人の規模にはおよばないものの、中国本土にもそれなりの「小金持ち」が誕生している。彼らにとっての最高の珍味が、熱帯産の安物ナマコなのではないか。わたしはそのようにかんがえている。

小金持ちの食欲を満たすために海に潜るのは、熱帯の零細漁民だ。しかし、ナマコそのものの資源量が減少しているという報告がある。マンシ島の場合でも漁期の長期化にその傾向がみてとれる。一〇億の胃袋すべてを満たせるまで、ナマコは存在しつづけるだろうか。

（赤嶺　淳）

タガメ

【東南アジア】

以前、ボルネオ島のサンダカンという町に住んでいたころ、とびきり上等な玉露を同居人に振舞ったことがある。デンマーク人とイギリス育ちの中国人。どちらかが「魚臭い」と遠慮がちにつぶやいて、ふたりともきっぱりと「おかわりはいらない」といった。

ずっと後になって、中国の雲南省で、生のドクダミの根を食べさせられた。中華料理が続くと、生野菜がほしくなる。何かわからなかったけどモヤシみたいでおいしそうだった。真っ先に箸をのばして、たちまち後悔した。注文した中国人の相棒によると「健康にいい」らしいけど、あんなものを食べるくらいなら、病気になったほうがましだとおもう。メニューには「魚腥（魚臭い）草」とあった。

訪れた国や地方特有の料理をいただくのは楽しみである。でも、なぜこんなものが好きなのかよくわからない食物にでくわすことがある。玉露を生臭く感じる人もいれば、生臭いドクダミを好む人もいて、おたがいさまかもしれない。

タガメもそのひとつ。タイで好まれている食材である。タイ語でメンダー。市場で行儀よくザルに並べて売られている。ちなみにやはり市場でみかけるカブトガニは、メンダー・タレー（海のタガメ）。卵を食べるが、はっきりいってうまくない。

タガメは肉食で、鎌のようになった前脚でオタマジャクシとか小魚をつかみ、体液を吸う。昆虫少年には人気の獲物だった。日本では、近年激減して、希少昆虫の一種となっている。水田で農薬をおおく使用するためだろう。でも、タイではまだまだそれこそ佃煮にするほどおおい。ただ日本のタガメとは種が異なる。正式名はタイワンタガメ（*Lethocerus indicum*）。姿形はそっくりだが、日本のよりやや大きい。

タガメのどこが好まれているかというと、なんといっても、その匂い。タガメは後脚の基部に臭腺があり、外敵に襲われたときにスカンクのように刺激臭をここからだす。このにおいが、たまらないのだそうだ。当然においのきついほうがいい。オス・メスでいえばオス。全身を擦りつぶしてペースト状にし、味付けにつかったり、魚醤《ぎょしょう》（ナム・プラー）の香りづけにつかう。タイ料理に欠かせない香草（コリアンダー）と同質のにおいで、たとえていえばカメムシのにおい。それもそのはずで、タガメはカメムシの仲間である。

タイの農村地帯ではよく屋根にアンテナ状のものを立て、網を張り、灯火にあつまってくるタガメを採集していた。バンコクの郊外でもよく目にしたけれど、最近訪れたときは気がつかなかった。季節でなかったかもしれないが、数も減っているのかもしれない。養殖している、とも聞いた。

タイだけでなくベトナムでも好まれている。植民地時代のフランス人研究者の手による『ベトナムの文化と文明』というベトナム百科のような本でも、名前の由来からつかい方まで、タガメにかなりのスペースをさいている。しかも、あの著名な魚醤（ニョック・マム）をさしおいて、動物性の食材のトップ。文献に初見するのは古く紀元前二世紀。「シナモンにつく（香りのいい）虫」として中国の皇帝にささげられた、とある。

ベトナムの人にいわせると、タイのやりかたは荒っぽく精妙さを欠く。ベトナムではタガメを半分に裂き（これもけっこう荒っぽいが）、針でていねいに体内の臭嚢だけを取りだし、小さなビンに貯えて利用するのである。においのエキス（揮発性の油らしい）がつまった臭嚢は米粒くらいの大きさ。一粒でじゅうぶん一本の魚醤の香りづけができるらしい。

カメムシのにおいのつまった小瓶、好きな人にとっては、バニラエッセンスのようにつかえて便利だろうけれど、そうでない人にとっては物騒である。ポケットに小ビンを忍ばせた人と食事をするとおもうとゾッとする。いきなり料理にぶちまけられたりして。落ち着いて食事を楽しめない気がするね。

（阿部健一）

★ *Lethocerus* spp.　タガメ（タガメ科）

タガメ科には、タガメ、タイワンタガメ、メキシコ産のレトケルス・コロッシクスの3種がある。タガメの和名を持つ種類は、本州・四国・九州のほか台湾・中国・朝鮮半島にも分布する。日本では、最大の水生昆虫。体長は雌が57～65mm、雄が47～57mmと雌の方が大きい。

ピンサッユーパ

【ミャンマー】

民博の東南アジア展示に、ビルマ（現国名ミャンマー）の伝統的なオーケストラの楽器がある。そのなかで、大太鼓をつるしている棹《さお》が動物のかたちをしているのに気づいた方はおられるだろうか。龍のようにもみえるし、馬か鹿のようにもみえるし、また獅子のようでもあり、鳥のようでもある。これはピンサッユーパという動物である。もちろん架空のものである。

「ピンサッ」は、仏教教典の書き言葉であるパーリ語で「五」の意味、「ユーパ」はおなじくパーリ語で「外見、容姿」の意味、すなわち「五つの姿」をもつ動物である。『ミャンマー語—英語辞典』にでている図は、象の鼻と牙、伝説の有角獣トーの角、馬の前足とうしろ足、鳥の羽、鯉の尾ひれをもっている。べつの組み合わせも書かれており、またあるビルマの人は、鹿の角に、象の鼻と牙、龍の胴体、馬の足、魚の尾ひれという。どうも五つの組み合わせにはさまざまなものがあるようだ。

そもそも「五」という数は、この国のおおくを占める仏教徒にとって重要な意味をもっている。この世のあらゆる事物をつくりあげているのは五つの要素であり、お釈迦さまの最初の説法をうけたのが五大弟子、人びとが日々守らねばならないものが五戒—殺さない、盗まない、嘘をつかない、淫行をしない、お酒を飲まない—である。また金・銀・銅・鉄・鉛の五つの合金は、超自然力をもつ完成された金属として錬金術にでてくる。こうしてみると「五つの姿」をそなえたピンサッユーパは、パーフェクトな動物といえるかもしれない。

ところで、ビルマにはナワユーパという空想の動物もいる。「ナワ」はパーリ語で「九」の意味で、こちらは「九つの姿」をもつ動物である。九という数も精霊の名前にでてくるなど、ビルマの人びとの世界観のなかで重要な意味をもっているが、ともかくナワユーパは、つぎのような動物からできている

★Pyinsat-yupa　ピンサッユーパ

ビルマの想像上の動物。5つの動物の各部位を組み合わせたものとして知られるが、その組み合わせには象、牛、馬、鯉、および伝説上の有角獣トー、あるいは獅子、象、水牛、鯉、あひる（霊鳥ヒンダー）など、さまざまな説がある（Department of the Myanmar Language Commission, *Myanmar-English Dictionary*, 1993より）。

とかんがえられている。すなわち、龍の首もしくは象の鼻、鹿の目、犀《さい》の角、鸚鵡《おうむ》の舌、トーの胴体もしくは鯉のうろこ、ヤクまたは孔雀《くじゃく》の尻尾、象または馬の耳、獅子の手足・たてがみ、もしくは霊鳥カラウェイの鶏冠《とさか》、そして虎の牙である。

これらの動物はそれぞれ、神話や伝説にでてきたり、その力や性質がよいものとかんがえられているものばかりである。たとえば象は、天の神さまや国王、あるいは出家のときの菩薩の乗り物であり、戦いに必要なものでもある。釈迦は前世のうち、一一回もこの動物として生まれているという。鹿は迅速にかけることから、風の神の乗り物といわれ、その目は見通す力と無垢を象徴している。馬も戦争の要素のひとつであり、やはり菩薩の出家にあたっての乗り物であり、また太陽神は五頭だての馬車に乗る。そしてその耳は知を象徴している。これらも、釈迦の前世の姿として登場する。鯉（魚）は、水やそれのもたらすゆたかさをあらわしている。

さらに伝説の動物トーは、ヒマラヤ山中に住む鹿に似た獣である。きわめて長い毛におおわれた身体は気品があり、優雅で、その毛のふれあう音は鈴の音のように甘く心地よいという。トーはトーナヤーともよばれ、空を飛ぶといわれる。ナヤーは「下り龍」として知られる寺院の装飾などにでてくる四本足をもつ龍であり、どうもトーは鹿と龍のあわさったもののようでもある。ナヤーにたいし、一般に龍として知られるのが、頭をもちあげたかたちで表現されるナガーである。それは、「上は帝釈天、下はナガー」のことわざがしめすように、大きな力をもつ大地の支配者とかんがえられている。

ピンサッユーパにしろ、ナワユーパにしろ、こうした動物たちのもつ力や特質をすべてそなえたものとして、吉兆を象徴している。それゆえ楽器だけではなく、パゴダ（仏塔）や寺院の門などの飾りにもみられ、人びとに安寧や幸運を伝えている。ぜひいま一度、展示場にいるピンサッユーパをご覧になっていただきたい。そして、それがどのような動物の組み合わせか、それぞれに想像してみてはいかがであろうか。

（田村克己）

（参考文献 *Yakhain-Byadut*, Thet Thun Oo, 1994）

マメジカ

【マレーシア】

ボルネオのジャングルにはひづめをもったウサギとでもいうべき小型のシカ、マメジカが生息している。角はない。顔つきがネズミに似ていることからネズミジカともいう。

マメジカはウサギにじつによく似ている。実際、わたしがボルネオで調査していた一九九〇年ごろ、焼畑農耕民ムルット族の子どもたちは両者をおなじ生きものだと信じていた。ボルネオ内陸部の河川交通ではボートに据えつける船外機が必需品である。そのほとんどが日本製で、スピード調節ハンドルには、たいていウサギとカメの二匹の動物が描かれていた。スピードをあげるときにはウサギ、さげるときにはカメの方向にハンドルをまわせばよいというわけである。ところが、ムルット族の子どもたちは「ウサギ」の絵を指さしてこれはマメジカだといってゆずらない。ボルネオにはほんらい生息しないウサギをみたことがないからである。

ウサギとマメジカを同一視したのはなにもムルット族の子どもだけではない。われわれ日本人ないしムルット族のご先祖さまも同様だったらしい。というのも、ボルネオと日本に、ウサギとマメジカをいれかえただけでそっくりな昔話が伝承されているからである。たとえば「マメジカとワニ」のお話。

ある日、一頭のマメジカがぶらぶら歩いていた。のどがかわいたので河のほとりにでて岸を掘り返していた。すると上流からワニがやってきていった。

「なにやってんだ」。

「一息ついて水を飲んでるんだ。ところでおまえらは、おれたちにはかなわんだろうな。おれたちはなにせいっぱいいいるからな」。

「おまえ一匹じゃないか」。

「いいや、おまえらはおれたちにはかなわんさ」。

「おれはでかいんだぞ。おれの口も腹もこんなにでかい。おまえなんかひと飲みだ」。

「いいや、おれたちのほうがすごい。みろよ。この足跡のおおさ。おれたちはとってもおおいんだ」。

「いいや、おれたちのほうがおおい」。

「それじゃあ、どっちがおおいか競争しようじゃないか。こうしよう。おまえは仲間をよんでこい。で、ここに集まれよ」。

ワニは仲間をつれてもどってきた。マメジカがいった。

「じゃあ、まずおれが数えてやろう。あとで交代しよう」。

マメジカはワニを向こう岸へと一列に並ばせ、背中を飛び越えながら数を数えていった。向こう岸にたどりついたマメジカは岸辺にしげった青草をゆうゆうと食べはじめた。「因幡《いなば》の白兎《しろうさぎ》」にそっくりではないか。ウサギとマメジカがいれかわっているだけだ(もっとも、「因幡の白兎」のワニはサメのことではあるが)。因幡の白兎はワニのしかえしをうけて皮をはがれてしまうが、ボルネオのマメジカはさらにクマやトラの子、ゾウ、ヘビなどをみつけてはいたずらをくりかえす。

しかし、さすがのマメジカにもかなわない相手がいる。タニシだ。イソップ童話のウサギとカメならぬ「タニシとマメジカの駆けくらべ」では、負けて息絶えたマメジカはタニシに食われてしまう。

ところで、ウサギをマメジカだといいはったムルット族の少年と、ジャングルのなかに忽然とあらわれた木材伐採基地の売店に後日いったことがある。そこにはたまたま白いウサギが飼われていた。彼はしげしげとそれをみつめ、やっとウサギの存在を認めてくれた。少年が木材伐採基地という「外来世界」ではじめてウサギと遭遇したちょうどそのころ、マメジカが活躍する口頭伝承の世界は急激に終わりを告げつつあった。ボルネオ内陸部の村むらにまで政府支給の自家発電機がゆきわたり、村の雑貨屋では客寄せもかねてビデオを毎晩放映しはじめたのである。人びとは「おしん」やプロレスにみいり、以前のように昔話に耳をかたむけることもなくなった。

マメジカはいまや名実ともに姿を消しつつある。遠からずして敏捷性と知恵の象徴として、マレーシアの国産車の愛称や出版社名などにその名をとどめるにすぎないということになるやもしれない。

(上杉富之)

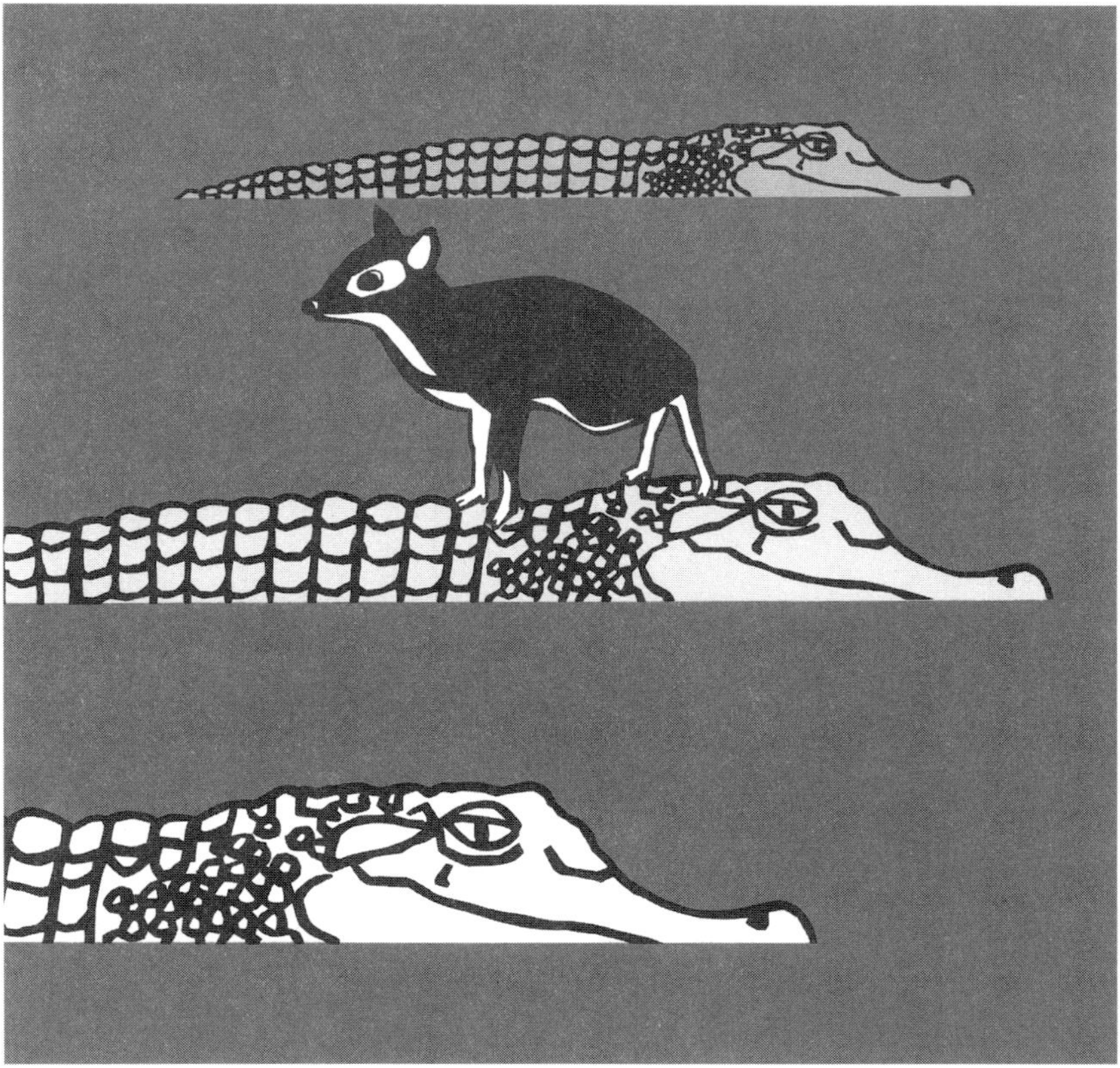

★ *Tragulus* spp.　マメジカ（マメジカ科）

マメジカ科には２属４種があり、ボルネオに生息するのは、ジャワマメジカとオオマメジカの２種である。現存するもっとも小さな反芻動物で、熱帯雨林に生息する。もっとも小さいジャワマメジカで体重２kg以下、頭胴長50cm以下。おもに木の葉、芽、草、落下した果実を食べ、繁殖期をのぞき単独で生活する。

タツノオトシゴ

【インドネシア】

当世、男性諸氏に評判の強精薬といえば、バイアグラ。もっとも、回春剤としては、オットセイのペニスやトナカイの幼角がいわば老舗格である。ご多聞にもれず、この手の薬はけっしてお安くはない。

タツノオトシゴも、「朝の元気」をとりもどす薬である。広告によると、日本では乾燥したものでなんと五〇グラム一万円。難産や鎮痛薬としても効くらしいが、男性機能の強化薬で売ったほうがアピールするにちがいない。だから、効くというひとことにひっかかる人もいる。

ところはインドネシアのジャワ。島の西南部にある港町プラブハン・ラトゥの一角。この町はインド洋に面し、漁業がさかんだ。砂浜もあり、週末には首都ジャカルタからの観光客もおおい。物売りも抜け目ない。カモの客をもとめて土産物屋のならぶ海岸どおりを徘徊する。

「だんな、いいものがありますぜ」。

タツノオトシゴをみせながら、中年男性がさりげなくちかづいてくる。

「効くんですよ、これが……。お安くしときますよ」。

「強いのなんのって。これ、このとおり」。

当の男性、やにわタツノオトシゴを地面に何度もたたきつけはじめる。

わかった、わかった。でもすこしくらいまけてよ。客は値切って買うことにする。

ホテルにもち帰ってから気づいたお客さん。このタツノオトシゴ、本物と瓜ふたつだが、ゴムでできていた。地面にたたきつけてもビクともしないはずだった。

魚の仲間であるとはいえ、なんとも奇妙なそして愛嬌たっぷりの姿・形をしているから憎めない。オスは、メスの産んだ卵をおなかにある育児嚢で育てる。包容力も抜群なのだ。

インドネシア語で、タツノオトシゴはクダ・ラウ

★ *Hippocampus* spp. タツノオトシゴ（ヨウジウオ科）

ヨウジウオ科タツノオトシゴ属の魚の総称、あるいはその1種で、体長は約6～20cm。温帯から熱帯の浅海に分布する。中国では沿岸産のイバラタツが薬とされた。現在も東南アジアからタツノオトシゴの乾燥品がはこばれる。また最近は熱帯魚飼育ブームで、生きたものが輸出される。おなじ科のヨウジウオも漢方薬として香港などでみかける。

トという。クダは「ウマ」、ラウトは「海」をあらわす。ジャワ人のあいだでは、ジャムー、すなわち民間薬にタツノオトシゴが混ぜられる。中国語で海馬、学名のヒッポカンプス属も、上半身がウマ（＝ヒッポ）で下半身が海の怪獣（＝カンプス）を意味する。日本語では「タツの落とし子」というとおり、龍がイメージされるが、むしろウマのほうに縁がある。

L・ルナールの『モルッカ諸島産彩色魚類図譜』（一七一八〜一九年、復刻版は荒俣宏編著『極楽の魚たち』リブロポート　一九九一年）には、黄色に赤茶色のストライプをもつタツノオトシゴ（学名はヒッポカンプス・クダ）が描かれ、イカン・クダ（Ican Couda）とある。一六世紀末から一七世紀はじめの作品である。種名のクダと、説明にあるイカン・クダはインドネシア語の「ウマ」「ウマの魚」という意味である。

動物地理学的にみると、インドネシア世界にはもともとウマはいない。しかし、後世にはおなじみの移入動物になった。つまり、小スンダ列島のスンバワ、スンバ、チモールなどの島じまには、ヨーロッパ人の到来以前からウマがいた。それらのウマはアラブ系で、もともとインド洋世界から導入されたものである。そこへヨーロッパ人がサンダルウッド（白檀）をもとめてスンバに来島したさいに、そのウマを「発見」した。そしてウマを繁殖させて、荷物運搬や競馬用にジャワやロンボクなどの島じまに運んだのである。一九世紀中葉には、五年で四〇〇頭のウマが船で輸送されたという。

ではなぜ、タツノオトシゴがウマの魚とみなされたのか。とくに顔の部分が似ているといえばそれまでだ。興味あることに、今世紀はじめのオランダ語文献に、ジャワでタツノオトシゴが野生のウマを調教する薬として、あるいはウマの病気治療につかわれたとする記述がじっさいにあった。とすれば、陸を疾走するウマが勢いあまって水にはいり、海中をゆったりと泳ぐタツノオトシゴになった。初夢でもいい。こんな楽しい話がどこかにあってほしいものだ。

（秋道智彌）

キバタン

【インドネシア・オセアニア】

　キバタンは全身白色、黄色の長い冠羽をもった鳥の和名で、通常オウムというとき、オオバタン、あるいはこのキバタンをさしている。オウム科の鳥は人によく慣れ、とくにキバタンは人の発音を上手にまねる、愛敬のある鳥である。学名や英語のコクトゥー（カクトゥー）は羽の白い種をさすマレー語のカカトゥア（語源は兄姉）に由来する。いっぽう、マレー語で羽が赤、緑、青の種（日本でふつうインコとよばれる）はヌリという。

　原生地でもあるニューギニア島の西半分、インドネシア領のイリアンジャヤの民話では、もともとオウムは黒く、カラスは白かった。ある日、二羽がサゴヤシの木を切り倒そうとして、カラスが「そのかたいくちばしで木に穴を開けるだけで、サゴでんぷんがひとりでに流れでてくるよ」とオウムをそそのかした。しかし、オウムは「いやいや、冠羽が邪魔になるから。ちゃんと最後まで切り倒したほうがいい」といってとりあわなかった。腹をたてたカラスはオウムを無理やり木の洞におしこんだので、それ以後、オウムは羽が白く染まり、はずみでカラスは根本のぬかるみに落ち、黒くよごれた、という。

　インドネシア人は一般に鳥を飼うのが好きなようである。鳥籠を滑車のついた長い竿につるし、昼間は籠を旗のように高く揚げている光景を町や村でよくみかける。鳥にしてみれば狭いうえに暑くてたまらないとおもうのだが、できるだけ飛ぶときの高さにしてあげようという心づかいなのだろう。ジャカルタの中心部にあるプラムカ通りは鳥を商う店がたちならび、そのなかでも人気があるのがオウムやインコで値段もほかの鳥より高い。

　オウム科の鳥はおもにマルク諸島やイリアンジャヤから運ばれてくる。マルク州では州鳥をヌリ・ラジャ（キンショウジョウインコの類）とさだめている。有名なマルク民謡「ブルン（鳥）・カカトゥア」では「オウムが窓にとまっている。おばあさんはもう年とって歯が二本しかのこっていない。タン、タン、タン」と、オウムのくちばしからイメージした歌である。

ミクロネシアのパラオ（現地での発音はベラウ）共和国には、一九二二年から終戦まで日本の南洋庁がおかれた。パラオの電話帳をくると、いまもパラオ人のなかに日本式の姓名をつけている人をみつけることができる。そのなかには「カト（加藤）サン」、「タキ（多木?）サン」のように「さん」をのこしていたり、「ケンボ（健坊）」のように愛称の語尾をつけたままの人がいたりする。パラオ語はインドネシア語派圏にあるが、日本語はパラオ語に語彙だけではなく深い言語的影響をあたえた。

パラオ語ではオウム科のことをヤッコツィアンという。ただし、確認されている種類はキバタンとオオハナインコだけである。これらの鳥はもともとパラオに生息しなかった。日本時代にペットとして内地からこれらの鳥をもちこんだ人がいて、オウムを「やっこ（奴）チャン」（やすこチャン）とよんでいたのである。オウムをよぶにはオタケサンがふつうかとおもうが、そのようなよびかたをする方言か、個人名に由来するのかもしれない。しかし、飼い主が不慮の内地帰国を強いられたか戦乱にまきこまれたか、そしてオウムはそのままおいてゆかれ、籠から放たれた。自由になったオウムははげしい戦火を生きのび、現在、その子孫が野生化して繁殖し、パラオの森を元気に飛びまわっている。

パラオ人はオウムをヤッコツィアンと命名したが、現在の若い人はこの語源を知るよしもない。ヤッコツィアンは若いココヤシの木を食い荒すという鳥害もすでに報告されているが、アメリカにペットとして輸出され、わずかだが外貨もかせぐ。一九九二年の調査では、キバタンは一一七個体の生存が推定されている。

（崎山　理）

★ *Cacatua galerita*　キバタン（オウム科）

全長約50cm。オオバタンとならび、代表的なオウム。オーストラリア、ニューギニアおよびその周辺の島に分布する。オウム・インコ類は人になれやすく、ものまねや芸当が得意で、飼鳥としての歴史はギリシア・ローマ時代にさかのぼる。オウム類の鳴き声は日本で「オタケサン」とされるが、イギリスでは「プリティー・ポリー」、フランスでは「ポーブル・ジャコー」という。

ダツ

【東南アジア・オセアニア】

ダツという魚は、細長い胴体、長く突出したツルのくちばしのようなあご、そしてするどい歯が特徴的である。

オーストロネシア語族とダツとのかかわりはふかい。するどく尖ったあごで漁師がしばしばケガをさせられるほか、その攻撃的性質が数かずの物語を生みだした。

一七世紀初頭に書かれたマレー語の古典『マレー年代記』の第一〇章には、奇想天外な逸話が載っている。

聖大王（シンガプラの四代目王）統治下のシンガポールに、ある日、ダツの大群がおしよせ、住民がからだをつきささされ、命をおとすものも多数でた。この惨状をきかされて視察におもむいた王は、ブティスという名のゴムノキ（グッタペルカノキ）を盾にして、ダツの攻撃を防ぐよう命じた。しかし、ダツはブティスの横をかすめて襲い、その数もますますふえ、犠牲者はますばかり。そこにかしこい子があらわれて、盾をバナナの幹にかえたらどうかと提案した。

子のいうとおりにしてみると、はたして跳んできたダツはバナナの幹につきささり、歯が繊維にからむので、人びとはそれをかたっぱしから叩き殺すことができた。その数は、みなが食べきれないほどになった。そのときの模様は、パントゥン（マレー語四行詩）に詠《よ》まれ、

王の服の袖が引き裂かれたよ、
ダツが跳んできて噛《か》みついて。
でも下心があってじゃないよ。
かしこい子が提案したことは。

とうたわれた。というのは、名案をおもいついたばかりに、王は、こんなかしこい子は将来わざわいをもたらすにちがいないと恐れ、殺してしまったからである。マレーで影絵芝居の人形は、上演中、横にしたバナナの幹に軸をさして固定される。この子はとっさにそれをおもいだしたのだろうか。

ダツの跳びあがる習性を利用しパンノキの葉を凧にしてあげ、その糸の先にまるめたクモの巣やサメ

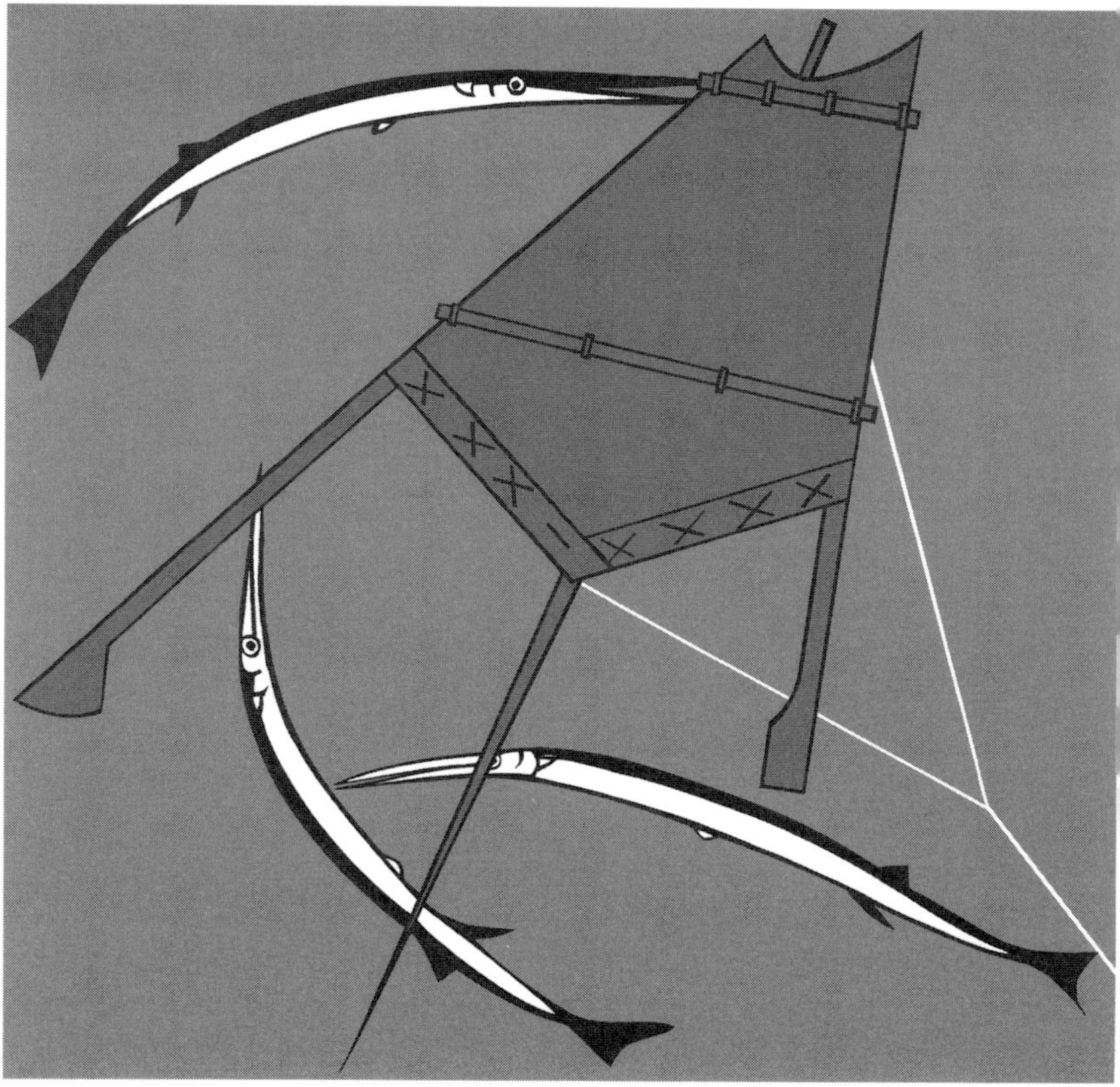

★ *Strongylura anastomella*　ダツ（ダツ科）

ダツ目ダツ科の海産魚。オキザヨリともよばれるが、サヨリとは科がことなる。海面を飛び跳ねる習性は共通する。からだは細長く、くちばしのような両あごには鋭い歯をもつ。全長は１ｍに達する。骨は胆汁色素の沈着により、きれいな青緑色をしている。

の皮裏の組織を疑似餌《ぎじえ》としてつけるという、ちょっとかわった漁法がマレーシアからインドネシアのマルク諸島、ミクロネシアのカロリン諸島、メラネシアのソロモン諸島にかけておこなわれる。とびかかったダツの歯に餌がからまったのを釣るのである。

ミクロネシアのモートロック島では、猪突猛進するダツにまつわる動物競争譚が語られる。モートロックでは、子どもはダツをあまりよろこんで食べない。肉に苦みがあるためだが、その理由とは。

ある日、ダツは、砂浜をのろのろと横に歩いている小ガニをみて「おまえさん、なんとクズで不器用なの」とからかった。そして、ダツは、水面すれすれに猛スピードで飛翔してみせるのだった。小ガニはそれをみて、「なんとはやいこと、それにくらべわたしのグズといったら。でも、いっぺん勝負しませんか。明日、ここからあそこの水際にたっているマラス(ニガキ科)の木のところまで、どちらが先に駆けつくか」と提案した。ダツはあきれてとりあわなかったが小ガニのさそいに根負けして、「じゃあ、明日」といって別れた。

小ガニは夜どおしかけて海岸をはいまわり、仲間に助けをもとめた。さて、当日、ダツが光のように泳ぎあらわれて「またわたしの笑う番がきた」というのだった。競技がはじまり、ダツは海のなかをちょっと進んでは「カニよ、カニよ、おまえはどこだ」と問うと、「ほらここだよ、おまえのまえだ」という答えがかえってくる。ダツはおどろいて水中からとびあがり、「カニよ、カニよ、おまえはどこだ」と何度問うても答えはおなじ。ゴールのマラスの木につくと、なんと小ガニがもう座ってまっている。ダツはくやしさのあまり、はげしく跳ねたので、かたわらのマラスにくちばしがつきささり、そのとき、樹液が体内に流れこんで、それ以来、ダツの肉には苦みがあるのである。

利口な小ガニはつぎつぎと替え玉をたててダツの目をあざむいたのであるが、ミクロネシアのヤップ島の民話では、小ガニがヤドカリにおきかえられる。この民話は「ウサギとカメ」の類話であることはいうまでもない。しかし、油断大敵という教訓ではなく、弱者も、知恵をはたらかせば強者を倒すことができるという、オーストロネシア語族の民話におおい内容となっている。

(崎山　理)

ゴクラクチョウ

【オセアニア】

ゴクラクチョウは、ニューギニア島とその周辺の島じま、そしてオーストラリアの北東部に生息している。一六世紀初頭、はじめてヨーロッパへもたらしたのは、世界一周を達成したマゼラン一行だった。マゼラン船長は、すでにフィリピンで殺されていたが、一行はさらに航海をつづけ、現在のインドネシアのバチャン島で、ラジャ（王）から数羽の鳥を贈られたのだった。

しかし、一行に贈られた鳥の足は切りとられており、すでに死んでいた。そのためヨーロッパでは、これらの鳥は「木にとまったり、地上に降り立つことはけっしてなく」、「天からの滴以外はなにも口にしない」で、「つねに顔を太陽にむけ天空を漂うようにゆっくりと飛びながら一生をおえる」とかんがえられた。また、「雄の背中には孵化《うか》用の穴があり、雌はそこに卵を産みおとし雛《ひな》をかえす」といった伝説も生まれた。色あざやかではなやかな羽毛をもったその優雅な姿が、ヨーロッパの人びとに、それまで彼らが知っていた鳥とはまったく異なった生態を想像させたのであろう。このようにして、これらの鳥は「楽園（極楽）の鳥」と名づけられたのである。

ゴクラクチョウの美しい姿とその伝説は、当時の人びとが南の島へ抱いた憧憬をさらにかきたてたとおもわれる。その後、香辛料をもとめてモルッカ諸島へやってきたヨーロッパ人貿易商人たちがもちかえった剥《はく》製《せい》は、収集家たちに珍重され、そのうつくしい羽根はヨーロッパの貴婦人たちの装飾品として好まれるようになった。やがて、ゴクラクチョウは高価な交易品のひとつとなっていったのだ。しかし、こうして輸出されたゴクラクチョウは、すべて内臓をとりのぞき乾燥してあったため、けっきょく数世紀ものあいだヨーロッパ人はその生態をほとんど知らずにいたのであった。

一九世紀なかごろに、イギリスの博物学者ウォーレスはマレー諸島で八年間調査し、一八六九年にその成果を本にまとめている。そのなかでウォーレスは、はじめて野生のゴクラクチョウをみたときのようすや、地元の住民によるゴクラクチョウの捕獲方法について記述している。そして帰国の途中で寄港したシンガポールで、二羽のゴクラクチョウを購入し、生きたままイギリスにもちかえることに成功したのだ。当時、すでにロンドン郊外の王立植物園（キュー・ガーデン）には、パーム・ハウスという大温室があり、めずらしい熱帯植物を観賞することができた。ウォーレスはそこでゴクラクチョウを飼育できるのではないかと、期待したのだった。

その後、一八八〇年から一九一〇年までのあいだに毎年二万羽から八万羽のゴクラクチョウの羽毛がヨーロッパへ送られたといわれている。けっきょく、このような乱獲のため、ゴクラクチョウは絶滅の危機に瀕《ひん》してしまった。そのため一九二四年以降は、研究目的以外の輸出は禁じられることとなった。

いっぽう、ゴクラクチョウはパプアニューギニアの人びとにとって、それがヨーロッパ人の目にとまる以前から、重要な鳥であったし、それはいまもかわらない。一九七五年にオーストラリアから独立したパプアニューギニアは、国家の紋章や、国営の航空会社のロゴにゴクラクチョウのデザインをもちいた。また、国代表のラグビー・チームの愛称にも、ゴクラクチョウ（ピジン語で「クム」）の名がつけられている。

長いかざり羽根をもつゴクラクチョウの雄は木の上で、雌をひきつけるための求愛のダンスをおどる。わたしもニューギニア島の熱帯雨林で、鳴き声をあげながら求愛のダンスを舞う姿を何度か目にしたことがある。住民たちはこのうつくしいゴクラクチョウの羽根を、伝統的に儀礼用の装身具にもちいてきた。彼らは現在でも、儀礼にもちいる羽根をとる目的でのみ、伝統的な弓矢での捕獲を認められている。地元の住民たちは、森のどの木にゴクラクチョウが食べものをもとめてやってくるか、どの木で求愛のダンスを舞うのかを熟知している。ゴクラクチョウはけっして「天からの滴」だけで生きているのではなく、森の木の実や昆虫を食べているのだ。

しかしいま、ニューギニア島では木材や地下資源をもとめての森林伐採という、自然環境の人為的破壊が大きな問題となっている。ゴクラクチョウにとっては、また試練のときがやってきたといえるだろう。

（林　勲男）

★Paradisaeidae　ゴクラクチョウ（フウチョウ科）

ゴクラクチョウ（フウチョウ）は、スズメ目フウチョウ科（約20属40種）の鳥の総称。雌雄の羽毛の相違がほとんどない種と、雄だけが色あざやかな羽毛とさまざまな形のかざり羽根をもつ種がある。マゼラン一行が贈られたゴクラクチョウは、黄金色の長い尾羽根をもつオオフウチョウ、頭から背にかけてが朱色で、緑色の円盤状の羽毛を先端につけた尾が特徴的なヒヨクドリの2種であった。

ヒクイドリ

【ニューギニア】

わたしは、ニューギニアのある村の空き地で、子どもたちがヒクイドリを囲んで遊んでいるところに出会った。そのヒクイドリはまだ若かったが、あつまっていた子どもたちよりも背丈が高かった。一〇人ほどの子どもらのうち、勇気のあるひとりが、ヒクイドリを背後からポンと叩いては逃げていく。するとほかの子どもたちは歓声をあげる。鳥も子どもを遠くまで追っていくことはない。わたしはそんなことをくりかえす子どもたちに近づき、質問をしてみた。「このウィーダ(ヒクイドリ)は雄それとも雌?」。すると、子どもたちは一瞬みなで顔をみあわせたのち、最年長とおもわれる少年が、「雄」と答えた。しかし、わたしの調査に協力してくれていた中年の男性が、すかさず「ヒクイドリは雌なんだ」とわたしの横で答えたのだった。

ニューギニアのおおくの地域で、ヒクイドリは利用価値の高い重要な鳥である。その肉や卵は、人びとにとって重要なタンパク源である。また、黒い羽毛は儀礼のときの装身具となり、脚の骨は加工されて道具として重宝される。雛鳥を飼育し、成鳥となってから贈り物や儀礼の際の食べ物としたりする。

村で飼育する場合、つねに檻や柵の中にいれておくわけではなく、ときには村や近くの森に放しておくこともある。ふだんは臆病な野生のものと違い、飼育されているものは近づく人間を、その太い脚で蹴って、大けがを負わせることすらある。そうしたヒクイドリを囲んで囃《はや》したて、子どもたちはスリルを楽しんでいたのである。

ニューギニアに関する民族誌をみると、人びとがヒクイドリを「鳥」の範疇《はんちゅう》にふくめるかどうかは、おなじ民族・言語集団内でもかならずしも一致した見解をもっているとはかぎらない。鳥だとすることに否定的な見解のもちぬしたちは、ヒクイドリは飛べないからという。肯定的な意見を述べる人びとは、ほかの鳥と同様に、雌雄に外見上の差異があることと、雌は卵を生むことなどをあげる。わたしが調査しているベダムニ族の年長者のおおくは、さらにつぎの説話によって、

★ *Casuarius* spp.　ヒクイドリ（ヒクイドリ科）

1属3種あるヒクイドリ科の鳥の総称。身体は黒色で、裸出した頭頸部は青、赤、黄、橙などにいろどられている。全長2m、体重は80kgにも達する。オーストラリア北部、ニューギニアとその付近の島に分布する。飛ぶことはできないが、脚と脚指はきわめて強大で歩行は速い。人に慣れやすく、動物園などでも飼われている。

ヒクイドリが鳥であるとの見解をもっている。

「むかし、さまざまな鳥たちがグルガボロの木に集まって話をしていた。しかし、あまりにおおくの鳥が止まっていたので、枝の一本は折れてしまった。その枝に止まっていたほとんどの鳥たちは、ほかの枝に飛びうつったが、ヒクイドリとカンムリバトとツカツクリは、あわてて地面に飛びおりた。地面におりた鳥たちは、『よし、われわれはこれからは地面の上を歩くことにしよう』といい、樹上の鳥たちは『われわれは、空を飛ぶことにしよう』といった」。

ニューギニアのおおくの人びとは、ヒクイドリに雌雄の別があることを知ってはいるが、生物学的には正確に判別していない。なぜならヒクイドリは大きさ、色、生殖器の形態などで雌雄を区別することはひじょうにむずかしく、実際には雌のほうが雄よりも大きく、頭上にある角質の兜《かぶと》状突起も高い。行動様式をみると、雌のほうがより攻撃的で、縄張りを守るために戦う。繁殖期にのみ雌雄がつがいで行動をともにするが、それ以外では一羽で行動する習性をもっている。しかも卵を抱くのは雄のほうである。人びとは、ほかの鳥とおなじ判別基準をもちいて、ヒクイドリの雌雄を逆に判定していることがおおい。「雄」と答えた少年も、すぐれた観察者なのかもしれない。では、「ヒクイドリは雌だ」との男性の発言はどうだろう。

じつは、彼はわれわれの目の前にいるヒクイドリが雌であるといったのではなく、ヒクイドリのすべてが雌（女）であるといったのだ。ベダムニ族の人びとは、人間は物質的側面（身体）と霊的側面（霊魂）から構成されており、死後その霊魂は自然界の人間以外の動物に姿をかえてあらわれるとかんがえている。霊魂がどのような姿に変身するかは、その人の社会的範疇によって影響される。老女の場合、その霊魂はヒクイドリの姿となってあらわれることもあり、伝説や夢の語りのなかでは、ヒクイドリは女性の邪術師が変身したものとして解釈される。

かの中年男性には、このできごとの以前から、そうした神話や伝説、交霊会や夢の解釈についての調査を手伝ってもらっていた。そのことから、文化事象としてヒクイドリが雌（女）であると、彼はいいたかったのである。

（林　勲男）

オウムガイ

【ニューギニア】

『海底二万マイル』という映画があった（原題では『二万哩』）。中年以上のかたなら、ご記憶のむきもおおいだろう。ジュール・ベルヌ原作の小説をリチャード・フライシャーが一九五四年に映画化した。

物語の主題は、ネモ艦長の指揮する潜水艦ノーチラス号による海底探検である。小説・映画ともに、海好きのファンにはこたえられない痛快ＳＦ物であった。

このノーチラスはもともとオウムガイの学名であり、ラテン語のノウティルスに由来する。その意味は「水夫」である。しかし、潜水艦には水夫がのっているからノーチラス号の名前がついた、というわけではない。その秘密はオウムガイそのものにある。

オウムガイはタコやイカとおなじ軟体動物である。きれいな模様の殻を背負ったイカ・タコの類とおもえばよい。現在、世界では数種がしられ、いずれもその分布は西南太平洋にかぎられている。

オウムガイは深さ数百メートルの海にすむ。オウムガイの殻の内部はいくつもの小さな部屋にわかれており、なかに空気がはいっている。しかもこの部屋は細い管で連結している。オウムガイはこの管を通じて気圧の調節をおこない、沈んだり浮上したりする。つまり、潜水艦はオウムガイにヒントをえた人工物にほかならないのである。

自然の潜水艦オウムガイは、死ぬと海面にうかぶ。その死骸は海流にのってずいぶんと遠くまではこばれることがある。じっさい、黒潮にのって日本に漂着するオウムガイもある。そして、貝は浜にうちあげられてはじめて人間とのかかわりをもつのである。

しかし、オウムガイを利用するとしても用途はかぎられる。殻を容器や水飲み用コップにしたり、うつくしい真珠層をもつ貝を装飾用につかうか土産物として売るくらいが関の山だ。

ところがわたしがかつて訪れたパプアニューギニアのマヌス島の人びとは、ちょっとユニークな見方をオウムガイにたいしていだいていた。

マヌスは赤道直下の南緯二度付近にある常夏の島じまである。マヌスでは、第二次世界大戦終結時に反伝統主義・反白人主義をスローガンに、救世主と至福の到来を信仰するキリスト教的な土着主義運動がおこった。創始者の名をとってパリアウ運動とよばれ、一九五五年ごろを境に下火となったが、八〇年代からふたたびマカスールという名の運動として再燃した。その運動のなかでオウムガイがシンボルとされている。

オウムガイがマヌスにおける宗教運動のシンボルとされたのは、この貝が海の上を浮かんでいるところを発見されるからである。

わたしもマヌスにいるとき、カヌーで海上を移動中に偶然、波間をただようオウムガイをみたことがある。ふだんは海底にある貝が水面に浮かんでついには岸にうちあげられる。この自然現象は、救世主のキリストが海の上を歩いて再臨するという予言とピッタリあう。オウムガイの浮遊と漂着が、宗教の奇蹟と結びつけられたのである。

オウムガイをあらわすノウティルスには、もうひとつの意味がある。それが原子力潜水艦である。世界初の原潜ノーチラス号の完成は一九五五年。南海の島でキリスト再臨を願う宗教運動がいったん終息したころである。アメリカの原潜の名前が、海中を浮き沈みするオウムガイの特徴にちなんでつけられたことはいうまでもない。

このように二〇世紀の人類は、オウムガイという自然物のなかに海の上を歩くキリストと海にもぐる潜水鑑のイメージをかさねた。

オウムガイの祖先となるアンモナイトは人類の出現するずっと昔からいた。その化石は約三五〇〇種。しかし、その生きのこりのオウムガイはわずか数種類。さて二一世紀に、人類はオウムガイにたいしてどのようなイメージを抱くのだろうか。

（秋道智彌）

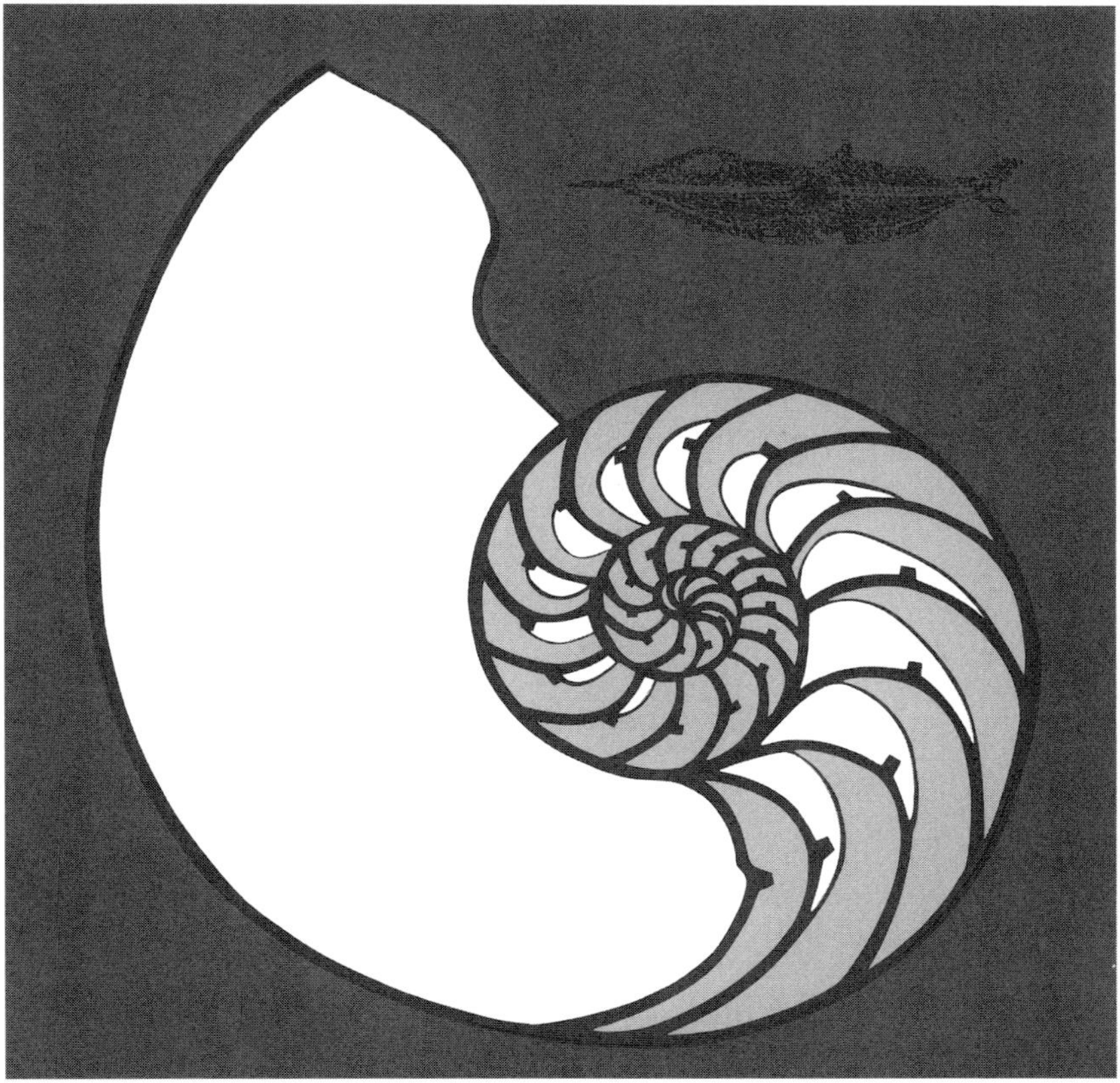

★*Nautilus* spp. オウムガイ（オウムガイ科）

軟体動物頭足綱に属し、現在、オウムガイ、ヒロベソオウムガイ、オオベソオウムガイなどが生息する。殻は長径が約20cm。和名は貝殻を側面からみた形がオウムの頭に似ていることによる。太平洋には、肉を食用にする地域もある。オウムガイの祖先は古生代にも存在した。貝殻のうつくしい螺旋には、数億年の生命の歴史がきざまれている。

ハマダラカ

【ソロモン諸島】

人の血を吸い、かゆみをのこして飛び去る憎い害虫として嫌われているカ（蚊）は、全世界に約三〇〇〇余種、わが国には約一〇〇種が生息している。マラリア、フィラリア病、デング熱、日本脳炎、黄熱などおおくの感染症の伝播にカは関与しており、とりわけマラリアは、熱帯感染症のなかでも最悪の疫病として、毎年三億人もの発病者と、二〇〇万人ともいわれる死者をだしている。

そんなマラリアに、島民のふたりにひとりは感染している超蔓延地が、ソロモン諸島である。わたしはこの国に二年間滞在し、マラリア防圧対策事業に従事したことがある。

なかでも中心地ホニアラがあるガダルカナル島は、第二次世界大戦の激戦地で、このときの戦いは、同大戦のターニングポイントとなったことで知られている。日本の兵士二万一一三八名全員がマラリアに感染し、飢餓におちいり死んでいった悲惨な記録がのこされ、現在も風化した高射砲やゼロ戦の残骸がそのままになっている。

島には八種類のハマダラカ属のカが知られ、そのなかの二種、ファローティ・ハマダラカ（以下、ファローティと略す）とプンクトラータス・ハマダラカがマラリア媒介種とされている。

前者は、おもに海岸地帯に生息し、後者は、内陸部の山間地帯にみられる。人びとの居住地の大部分は海岸地帯に散在している。現地の村落を訪ねると、村のなかか周辺に小さな川や、クリークがある。人の生活に欠かせないのが水であり、人びとは古くから水を求めてその近くに住居を構えたことがよくわかる。そんな水場に、カは先住者として生活していた。

ファローティは、半塩水の水域をふくめ、ほとんどあらゆる水環境に幼虫が発生する。人嗜好性のつよい種としても知られる、駆除のむずかしいカである。成虫は、日没と同時にいっせいに吸血活動を開

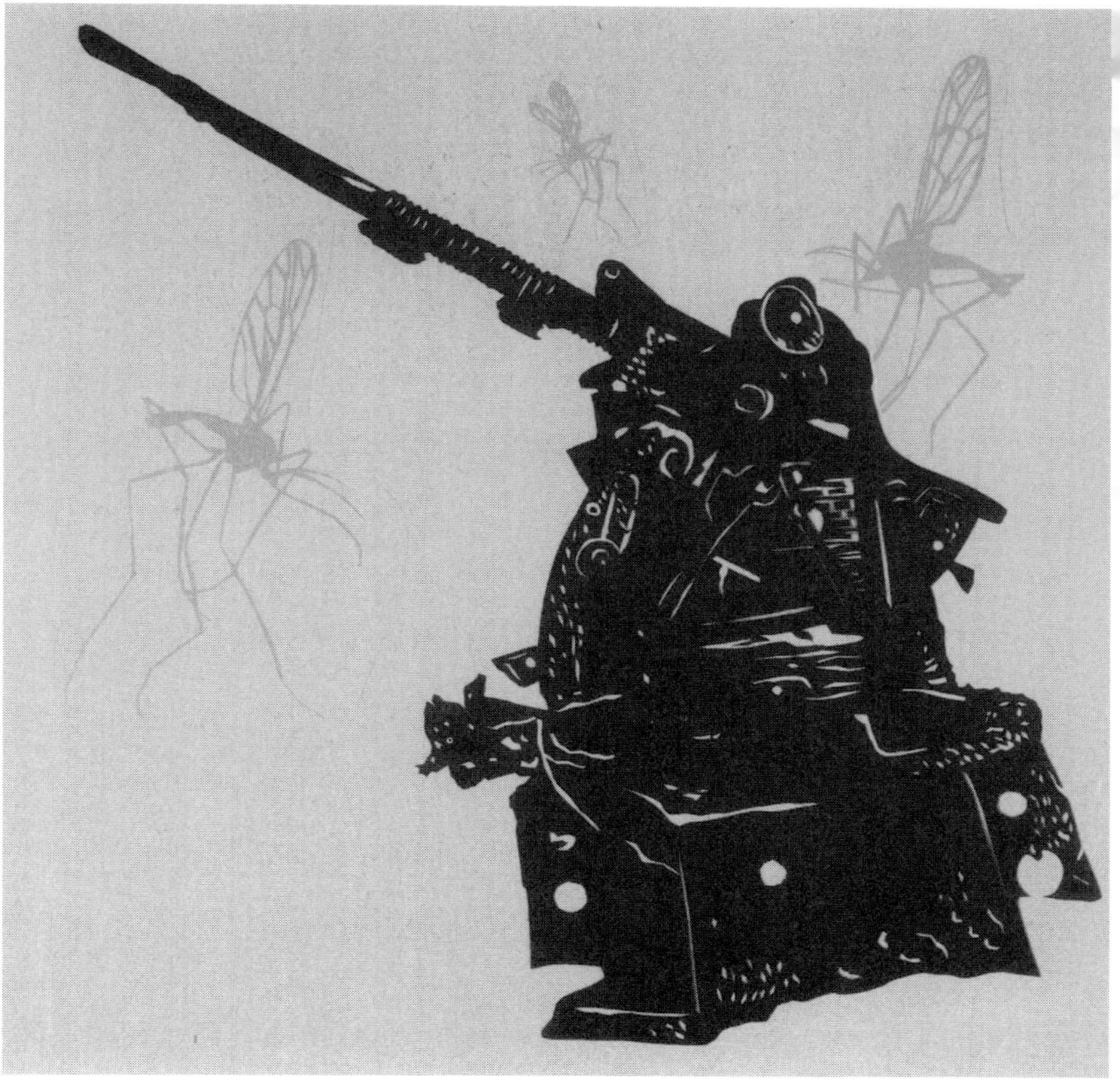

★ *Anopheles* spp.　ハマダラカ（カ科）

ハマダラカ属約380種の総称。その名のおおくは翅に斑紋をもつことに由来する。このうち約50種が人吸血を好み飛来数もおおく、マラリア病原体を媒介する重要種とされている。幼虫の発生源は、種によりことなる。日本にも10種ほど生息する。

始する。島の人びともまた、日没とともに昼間の猛暑から開放され、三々五々と村の広場にあつまり、ラジオから流れる音楽やおしゃべりを楽しむ。媒介カの吸血活動と人びとの生活習慣が一致することが、病気の防圧を困難にする一要因となっている。

マラリア防圧には、これまで、各家の壁に殺虫剤の残留噴霧を実施することで、かなりの効果をあげてきた。しかしその後、殺虫剤抵抗性のカの出現と、それまで、屋内吸血性だったカが、屋外で吸血する習性へと変化してきたことで、感染の機会を増大させることとなり、防除をむずかしいものにしている。

ソロモン諸島では、七つのおもな島のほかに一〇〇あまりの小島に人びとが散在して生活している。これらの島じまの交流には、丸木船のカヌーがつかわれ、日常的に人びとの移動が繰り返されている。しかし、クリスマスとイースターには、一年分の休暇をまとめてとった人たちが、自分の出身の島じまへ大移動をはじめるため、それにともなってマラリアも移動することになる。

四国の一・六倍ほどのひろさに約三〇万人あまりが生活するこんな島じまでさえ、マラリアの防圧対策は困難をきわめるのだ。

ファローティは、その吸血部位の九〇パーセント以上が、人のくるぶしから下の、地面すれすれの部分であるという奇妙な習性をもつカであることをわたしはみいだした。この習性をうまく利用した駆除の方法はないものかとかんがえているのだが、いまのところ妙案はない。

殺虫剤による媒介種の撲滅、予防薬によるマラリア原虫の防除といった、人間の知恵を結集したマラリア防圧対策は、いずれもカと原虫側に抵抗性のあるものの出現という強力なバリアーによって阻止されている。

人類の誕生よりはるか昔に地球上にあらわれた生き物たちは、さまざまな生存競争を生きぬいて今日にいたっている。これらと対峙し、一方的に排除しようとする人間本位の思考は限界に近づいたのではないだろうか。たがいに共生しながら生存できる地球環境をめざし、模索するのも今後進む道のひとつかもしれない。

（鈴木　博）

アオウミガメ

【ミクロネシア】


ウミガメが六頭とれた。島の北一〇〇キロメートルほどの無人島にカメとりにいっていたカヌー三艘《そう》がもちかえったものだ。

島はひさびさににぎわいをとりもどし、浜辺に人びとがあつまってくる。男たちはココヤシの葉っぱや枯れ枝をあつめ、ナイフをとぎはじめた。

まだカメは生きている。これを火のうえにのせて焼く。腹甲《ふっこう》の部分をはずしやすくするためだ。若者が木ぎれでおもいきり、カメの頭を殴打する。とてもみてはいられない。カメの眼からは涙がでる。ほんとうにかなしそうにみえるからふしぎだ。

ここは、サラワル島。人口約五〇〇人のちいさな隆起サンゴ礁の島である。人びとは漁撈《ぎょろう》とタロイモやパンノキの栽培をおこない、自給的なくらしをいとなんでいる。

サタワル島をふくめ、ミクロネシアのカロリン諸島に住む人びとは、ウミガメを貴重な海の資源として利用してきた。サタワル島ではウミガメは、アオウミガメとタイマイの二種類に区別されており、それぞれウォン、マーウとよばれる。カメの総称はウォンである。ウォンにはふたつの意味があることになる。

ウミガメは、産卵にきたところをとるか、海中で寝ているところを長いロープのついた鉤《かぎ》でひっかけてとる。

島の人びとにとり、ウミガメはいちばんの好物だ。浜辺でウミガメの解体がおこなわれると、腰の立たない老人や、父親の手伝をしたことのない悪ガキ連中がきて熱心に作業にくわわる。イヌはいうにおよばず、ハエときたら島中から全員集合してきたのではないかとおもうくらい、うるさく飛びまわる。

いっぽう、肉の分配はきわめて合理的に、ルールにしたがっておこなわれる。首長にはカメの首が、客人には肩の肉が、老人や妊婦にはやわらかい肉が分配される。肉、脂肪、卵、血など、カメの部位に応じて、そして男女別、居住集団ごとにカメがこまかく分配されてゆく。カメという自然物は、分配をつうじてみごとに社会構造の反映物と化す。

分配は祭りだ。若者が肉や脂肪の部分を浜辺でバーベキューにする。ジューという音とともに香ばしいにおいが夕闇せまる浜にひろがる。日本にいたらひえた生ビールがほしいところだ。

カメのうち、アオウミガメは食卓をにぎわす海のごちそうであるが、タイマイを食べることはかたく禁止されている。まずいからというのではない。島の人びとの説明によると、マーウを食べると、畑のタロイモや森のパンノキの実がなくなるという。

島の畑や森の資源を支配するのは、森に住む女のおばけである。このおばけがおこって島の食べものをなくすと人びとはいう。

アオウミガメであっても、もし食べたなら、その翌日にタロイモ畑へゆくとき、プン・ニムという儀礼をおこなった。プンは「踏む」、ニムは「よい」「あきらかな」という意味である。

具体的には、ココヤシの葉製バスケットにタロイモ畑の土、パンダヌス（タコノキ）の果実と幹、タロイモの花をいれたものを畑につうじる道におき、これをふんではじめて畑にいけた。

このバスケットは、植物と土でできたウミガメをあらわす。つまり、バスケットは甲羅、土は内蔵、パンダヌスの果実と幹は頭と手足、タロイモの花は生殖器をしめすのである。

森に住むおばけは、海のにおいが大きらいである。ウミガメを食べた人間ならにおいですぐわかる。ところが人間もしたたかで、ウミガメのつくりものに触れることで、そのにおいをうちけすことができるとかんがえたのである。

ウミガメをめぐる習慣は、海と陸とにまたがって生きる人びとのくらしをよくつたえている。そして、においというものがサタワル島の文化を理解するうえで、たいへん重要な鍵になっているわけだ。

（秋道智彌）

★ *Chelonia mydas*　アオウミガメ（ウミガメ科）

カメ目ウミガメ科。緑がかった脂肪が和名の由来。世界の熱帯から亜熱帯の海域に分布。甲長は最大1.4m、体重は180kgに達する。肉はウミガメのなかではもっとも美味とされ、オセアニア各地で重要なタンパク源となっている。

イリエワニ

【オーストラリア】

オーストラリア、ノーザンテリトリーの北部、アーネムランド半島一帯の河川には、クロコダイルとよばれるワニ（イリエワニ）が生息する。潮の干満によって海水と淡水がまじる水域を好むこのワニは、一九七〇年ごろまで、アーネムランド半島に暮らすアボリジニの人びとの狩りの対象だった。その後ワニ猟は、種を保存するために禁止される。その直前のころのワニ猟の主要な目的は、むろんその肉も食用にしたが、ワニ皮をとることにあった。当時はかなりの需要があったらしく、「クロコダイル捕獲組合」がアボリジニの人びとによって組織されたこともあった。このころのことを知るある年長者は、「おおくのワニ皮は、世界中の女性のハンドバッグになった」という。

そのワニは、特定のグループや個人にとっては、「ドリーミング」（神話上の祖先であり、人と生命を共有する存在）のひとつでもある。そうした人がなくなると、その葬送の儀礼では、死者の魂ないし生命をおくるために、ワニのおどりがおこなわれる。

遺体が安置された小屋のまえで、ふたりの男性は手足をワニのように曲げひろげ、腹ばいになる。それは二匹のワニが縦にならんだようにみえる。突然、うしろのワニはまえのワニの背を這《は》ってのりこえると、小屋のまえですばやく向きをかえ、もとの位置にもどる。そのワニをおって、ヤリをかざした男性が右に左に走る。三人の息づかいとワニそのものをおもわせるすばやい動きは、まわりをとりまく人びとに一瞬の緊張をもたらす。死者の魂はこうして祖先の精霊の世界へ送られる。

樹皮画にワニを描き、彫刻するのもこのグループの人たちである。その絵や彫刻は作者の創作ではなく、描かれ彫りだされたワニの姿や配色をふくめて、すべて父つまり祖先から継承したものである。このことによって、その絵や彫刻がたしかに彼らのグループのものであるという、正統性が保証される。こ

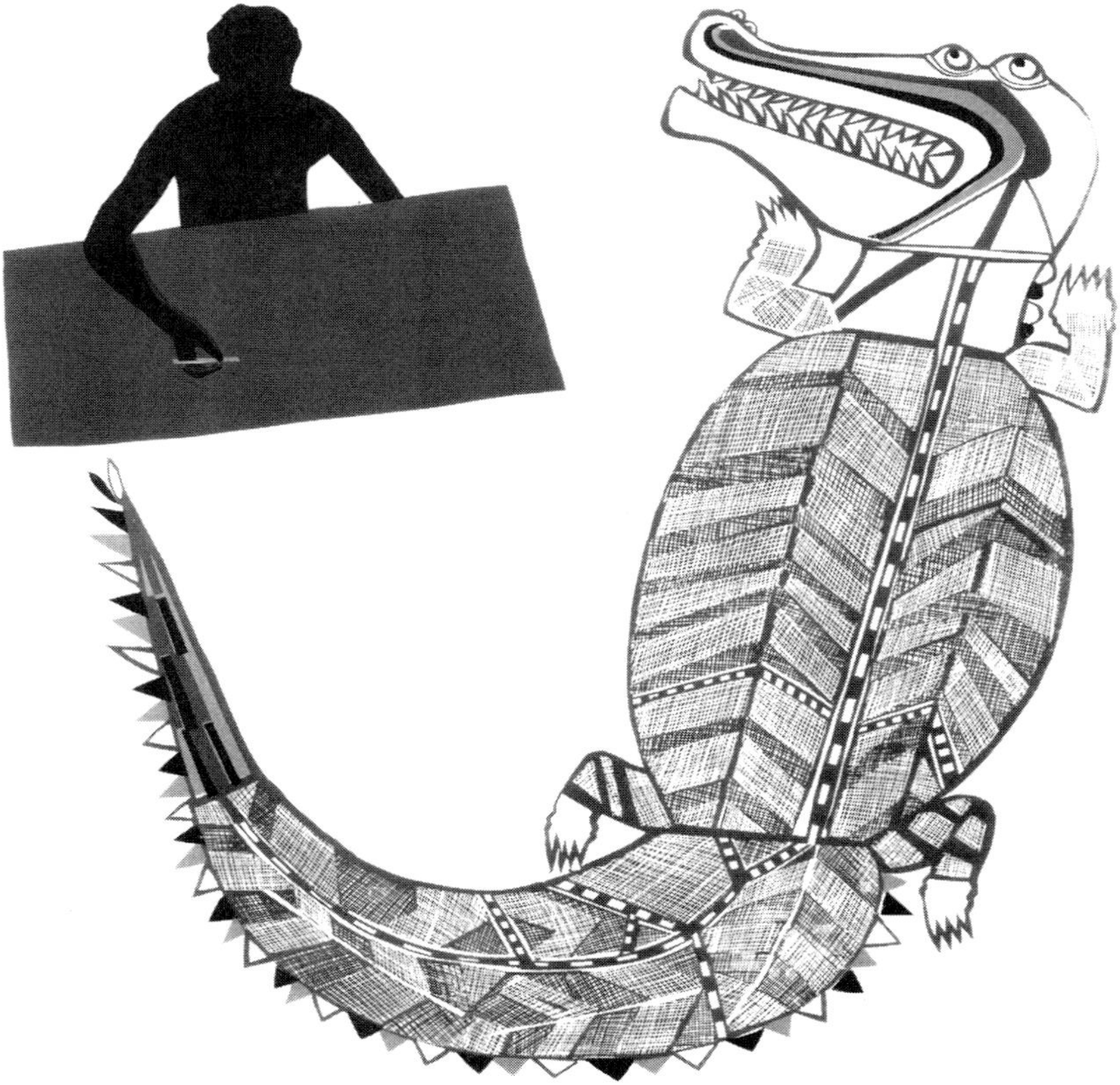

★ *Crocodylus porosus*　イリエワニ（クロコダイル科）

ワニ目クロコダイル科。オーストラリアには、海水、または海水と淡水がまじる水域にすむイリエワニと、この大陸特産の淡水生のワニ、ジョンストンワニの２種がある。イリエワニは体長７ｍまで成長するが、大型の個体は好んで狩りの対象にされたため、実際には５ｍをこえるものはすくない。灰色ないし暗褐色の背をもつこのワニは、ときに人を襲うことがある。

れが彼らの樹皮画に独特の様式をもたらした。

そうした文化を継承し、狩猟採集をつづけているアーネムランド半島の人びとは、季節がくると、ワニの卵を狩りにでかける。ワニ猟は禁止されたままだが、その卵を狩るのは容認されている。ワニはたくさんの卵を生むことがその理由らしい。

ワニが産卵するのは一二月の中・下旬ごろから一月にかけてで、その数は若いメスで二〇から三五個、成熟したメスだと六〇から七〇個だという。アボリジニの狩人の説明である。

川辺には木々がおいしげる雨季のこの時期、そのなかにはほんのすこし枯れたところがある。ワニが産卵するために、木の枝や根、草などを折りとって巣をつくったためである。その巣は直径が約一メートル、高さ五〇センチメートルほどで、満潮になっても水につからない川辺の藪のなかにある。卵は巣のちょうどなかほどに産みおとされている。狩りは川辺のほんのすこし枯れたところを目印にしておこなわれる。ある狩りでは、三つの巣から一二九個をあつめた。それは白い卵で、ニワトリのものよりふたまわりほど大きい。

この大量の卵は村びとに配分される。一家族あたりでは三〇個をこえた。人びとはさっそくブリキ製の湯わかしを焚き火にかけて、ゆで卵をつくる。ニワトリの卵にくらべると、黄身は色がうすくて大きく、白身はわずかに黄身をおおっているにすぎない。彼らは「ワニの卵はいくつでも食べられるが、いくつ食べても腹がふくれない」という。あまった卵は地面に掘った四〇センチメートルほどの穴にいれ、土と木の葉でおおって一週間ばかり保存する。

アーネムランド半島に暮らすアボリジニの人びとは、こうしてワニとかかわる。その彼らはワニの大きさを、手のひらをむきあわせたときの間隔で表現する。体長ではなく、ワニの胴の幅で大きさを説明しているのである。ワニの長い体長をおもうと、これはうまい表現だと感心させられる。

（松山利夫）

ボゴンガ

【オーストラリア】

オーストラリアの先住民アボリジニは、もともと狩猟採集民であった。彼らは食料をふくむ日常の必要品すべてを、狩猟と採集によって調達してきた。その食料のなかには、カンガルーやエミューのような大型動物をはじめ、各種の植物や昆虫があった。いまでも比較的伝統的な生活を維持している人びとは、ウイチェティ・グラブとよぶイモムシや、腹に蜜を貯蔵するミツアリなどを好んで食べている。かつてはそうした昆虫のひとつに、ボゴングというガがあった。

ボゴングガが分布するのは、オーストラリア大陸の東部を南北に走るグレート・ディバイディング山脈（大分水嶺山脈）の東南部斜面にほぼかぎられている。キャンベラから南西に直線距離で約一〇〇キロメートル、いまのコジオスコ国立公園一帯がこのガの分布の中心である。この国立公園のなかにはこのガの名をつけたボゴング山脈があるくらいだ。

食用にするといっても、このガの大きさ（体長）は二・五センチメートルほどにすぎない。日本の与那国島に産するヨナクニサンのような大型のガではないのである。食用にするには、このガが密集している場所をさがしだし、おどろくほど大量に採集しなければならなかった。食べたのは、ガの胴の部分である。

ジョゼフィン・フラッドというオーストラリアの民族考古学者の研究によると、このガを食用にしていたのは、ワルガル、ジラマタン、ンガリゴなど九つのグループの人びとであった。そのため彼らは周囲の人からモス・ハンター、つまりガの狩猟者とよばれていたそうである。この地を訪れた民族学者たちによると、彼らの狩猟は一八九五年までは確実につづいていたという。一八九五年といえば、オーストラリアがイギリスの植民地を脱し、連邦として発足する六年前にあたる。

モス・ハンターたちは冬から春にかけて谷間に暮

らし、ワラビーなどを狩猟し、シダ類やランの根茎、ユリの鱗茎といった植物を採集し、川漁もおこなっていた。夏から秋（一一月ごろから二月の終わりごろまで）にかけては食べ物の豊かな季節である。ボゴングガがとれるからだ。彼らはこの季節になると標高四〇〇〜八〇〇メートル、ときには一四〇〇メートルの高地にでかけ、ボゴングガを狩っていた。

ただし、このガ狩りに参加できるのは男性にかぎられ、女性と子どもはほかの季節と同様、谷間の村に住み、川漁をし、ヤムイモなどを採集していたという。したがって、栄養価の高いこのガを食べられたのは男性だけであった。その理由ははっきりしない。ワルガル・グループをふくめてアボリジニ社会には複雑な食物規制があり、ボゴングガもそのひとつだったこととしかわかっていない。

高地にキャンプを設営すると、男たちは花崗岩質の岩の隙間にびっしり張りついたガを、火をつけてくすぶらせた枝をつかってかき落とす。落としたガは下にひいたカンガルーの皮か、クラジョングという植物の繊維を編んだ網にうける。それを灰にいれて焼き、棒でかきまぜて羽と脚をとり、風選してガの胴体だけを取りだしたのである。二〜三ヵ月ほどのキャンプのあいだじゅうボゴングガを食べた男たちは、谷間のむらに帰るころにはつやつやと肥っていたそうである。

わたしがこの地を訪れたのは一九九〇年の一一月の末、一〇〇〇年前ならボゴング・モス・ハンティングがさかりのはずの季節であった。コジオスコ山にはまだ残雪があったが、ボゴングガはみつけられなかった。帰途、「ボゴング通り」という標識のある麓の町で、このガが夏にはいまもみられることを聞いた。おもわず、つややかに肥ったアボリジニの男性を想像して、ちょっと愉快な気分になったものだ。

（松山利夫）

（参考文献 *The Moth Hunters*. J.Flood, 1980）

★ *Agrotis infusa*　ボゴングガ（ヤガ科）

冬のあいだ、大分水嶺山脈を中心とするニューサウスウエールズ州東部の山地で幼虫からサナギですごし、春になると羽化して南部の山地に移動する。その中心がコジオスコ国立公園一帯の山地である。成虫の体には50%をこえる脂肪がふくまれ、栄養価の高い食品となる。日本にもおなじ属のものが4種棲息し、幼虫は夜盗虫、根切り虫などとよばれ古くからしられている。

ニジヘビ

【オーストラリア】

二〇世紀最後のオリンピックとなったシドニー大会の開会式では、オーストラリアの先住民であるアボリジニの人びとが、おおくの日本人に強い印象をあたえたようである。とくに、陸上競技で金メダルをとったアボリジニのキャシー・フリーマン選手が、聖火の最終ランナーであったことも大きかっただろう。このときのアボリジニの扱いについては、オーストラリア国内でも大きな反響があったと聞いている。

この開会式でのパフォーマンスにみられたように、アボリジニは大地との強いつながりを有する人びとである。そして自然や大地とアボリジニたちとを媒介するのは神話である。神話は、彼らの世界の創世の物語であり、そこにはさまざまな動植物が登場する。彼らは部族ごとに伝承されている神話の主人公をシンボルとし、儀礼で神話の出来事を再現する。彼らにとって神話は単なるお話ではなく、自然、大地と彼らを結ぶ、アイデンティティのよりどころである。

このような神話の重要な主人公のひとつにヘビがある。とくにレインボー・サーペント、ニジヘビとよばれるヘビは、オーストラリア全土で広く神話にあらわれる。地域によって話の内容に違いがあるが、おおくが「水」と「再生」というテーマにふかいかかわりをもっている。たとえば、ある地域の神話ではニジヘビは雨期のはじまりに水の匂いをかぎつけ、海からたちあがり、空に稲妻を吐きだし、季節のはじまりを知らせる存在として語られる。またべつの地域では、すべての生き物をいったん飲み込んで吐きだし、現在のような姿にした創世者のイメージで語られる。

わたしが調査をしているアーネムランドの北部地域には、人類学者によって記録され、幾度も分析された有名な「ワギラック神話」があり、ここにもニジヘビが登場する。そこでは、ニジヘビは創世の時代にアーネムランドを旅した姉妹とその息子たちを、

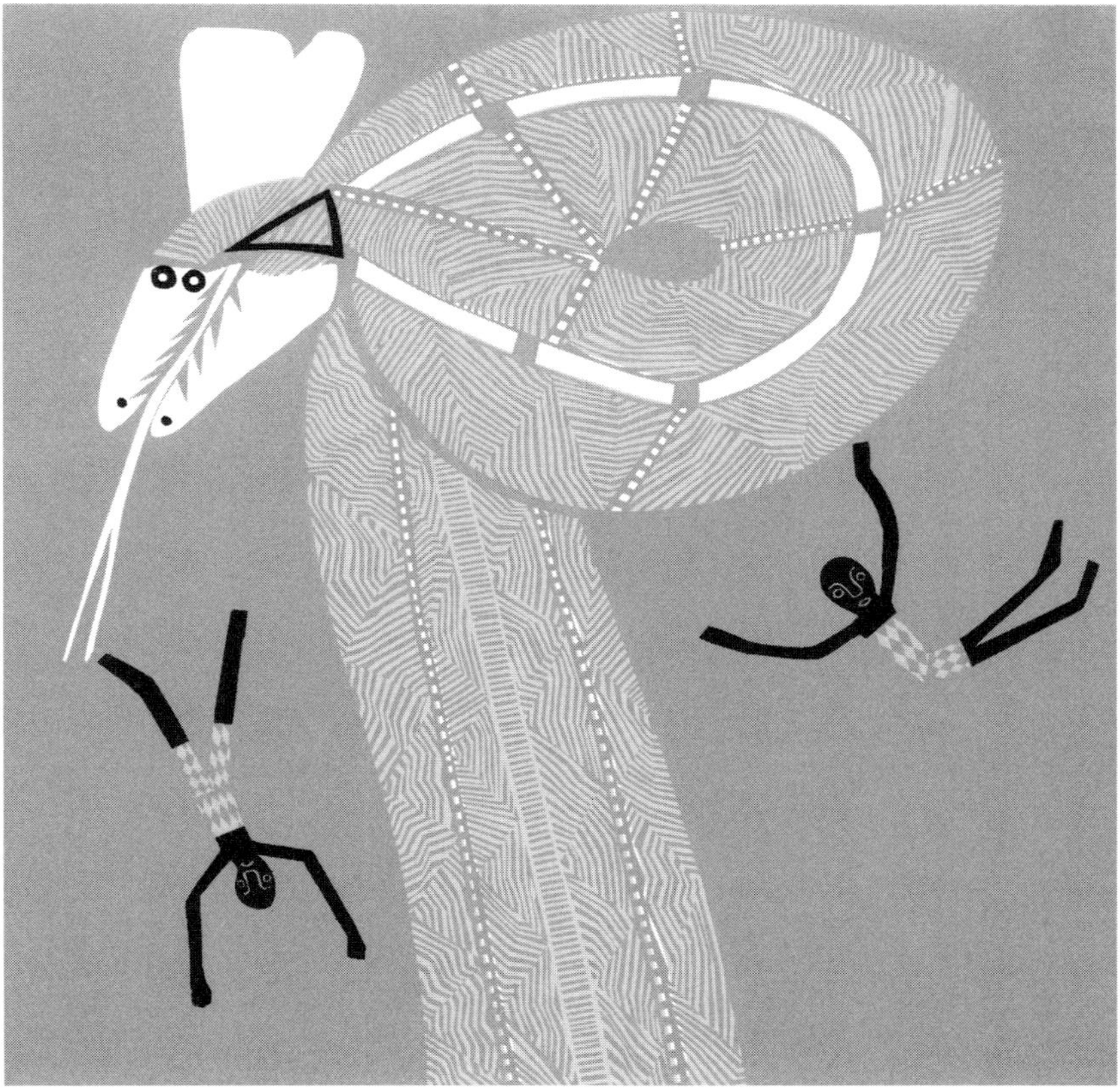

★ニジヘビ

泉や沼に棲む大ヘビの神話は、オーストラリア全土に分布している。大ヘビは虹と関係するものとして語られるものがおおく、雨を降らせ、稲妻を吐きだすだけでなく、雨がやんだあと空に虹として姿をあらわすとする地域もあり、これがニジヘビとよばれる理由であろう。こうしたニジヘビをトーテム（祖先）とする部族もおおく、彼らはこうして岩壁画にその姿を描くのである。

泉の底からたちあらわれ、飲み込んでしまう恐ろしい存在として語られる。そして、泉からたちあがるときに水を空に噴きあげ、雨期を起こし、稲妻を吐きだす。その後、ヘビは姉妹のみを吐きだす、というストーリーだ。

わたしの調査地域では、この神話は、男性の加入儀礼のなかで再現される。これは秘密の儀礼で、そこには資格をもつ成人男性のみがかかわることができ、女性は参入が禁止されている。男子は一〇歳前後でうける割礼儀礼のあと、数年を経て、いくつかの儀礼を経験した後に、この秘密の儀礼集団のメンバーに加入することができるようになる。

この加入儀礼のさいに、先のワギラック神話のニジヘビによる「飲み込み」と「吐き出し」が再現される。あらたに加入する男の子たちは、まず日常の母親たちと暮らす生活空間から儀礼のキャンプへと男たちの手によって連れ去られる。母親たちには、彼らはニジヘビに飲み込まれるのだと伝えられる。数日後、ブルロアラー(うなり板)が回され、その響きはニジヘビが近づいてくる音だと説明される。男の子たちは儀礼場の木の枝と樹皮でおおわれた溝のなかにいれられ、動いてはいけないと指示される。そして、一連の儀礼の後、彼らはからだ全体に赤い粘土を塗りつけられ、ニジヘビに吐きだされた姿として、村の母親たちの前にお目みえする。こうしていったん「飲み込まれ」て「吐きだされた」男の子たちはすでにおとなであり、それ以降はけっして女性の空間に近づくことはなくなるのである。

ニジヘビはもちろん、想像上の生き物であるが、こうした一連の儀礼をとおして、アボリジニの人びとにとってはリアリティをもった存在となる。彼らは儀礼を介して神話と、そこにあらわれる自然現象を身近な現実のものとすることができる。アーネムランドの雨期、遠く地平線にあらわれる雷雲、空から海に向かって走る雨の柱、真っ黒な空に轟《とどろ》き走る稲妻をみていると、想像上の動物のはずであるニジヘビが空にのぼり、天を走る姿がみえるような気がしてくる。ここでは自然は、神話を媒介とすることにより、深い意味をそなえた密接な存在として、人びとの前にたちあらわれるのだ。

(窪田幸子)

モア

【ニュージーランド】

かつて「モア」という鳥がニュージーランドにいた。そう、過去形である。ニュージーランドの先住民マオリの人びとの口承伝説では、モアは人間の背丈よりも大きく、空を飛べない鳥だったと語られている。

もちろんモアは空想上の鳥ではなく、実在した巨鳥である。しかも、ヨーロッパ人がニュージーランドにやってくる、ほんのすこし前まで生き残っていた。ダチョウによく似ており、現在では二科一一種類が知られている。

わたしが留学したニュージーランドのオタゴ大学には、当時（一九八四年ごろ）、モアの研究をする大学院生がいたので、研究室には発掘されたモアの腿骨《たいこつ》がごろごろしていた。それは、まるで大型哺乳類のような頑丈な骨質で、長さも七〇センチメートルをこえるほど長く、ずっしりと重い。とても鳥の骨とはおもえなかった。このような発掘された骨をもとに復原した全身骨格が、ニュージーランドの博物館には展示されている。大きなものは体高が二～三メートル、体重は二〇〇キログラムをこす。その卵も、長径が二〇センチメートルをこえる巨大なものである。

この大きな鳥が、天敵のいない環境でのんびり過ごしていたところへ、ポリネシア人（マオリ）がやってきた。西暦一二五〇年ごろのことだった。他に大きな動物もいなかったので、モアがすぐに食用動物としてポリネシア人の目をひいたのは当然である。ポリネシアの島じまで漁撈農耕を主としておこなっていた人びとが、狩猟民へと変身するのに、時間はかからなかった。実際のところ、おなじ走鳥類に分類されるダチョウの肉は、臭みがなくおいしいので、モアもさぞかしおいしかっただろうとおもう。

これまでに、およそ三〇〇ヵ所のモアの狩猟遺跡がみつかっている。そこには、おおくの骨が散乱しており、石英や砂岩などでつくった解体に使う特殊な石器もみつかる。しとめたモアの全身を運ぶのは重かったとみえ、肉がもっともおおくついた腿《もも》の部分を切り離して解体場へ運びこみ、さらに肉だけを家族の待つ居住地へともち帰ったようである。

かつて、大量のモア骨の発見は、ポリネシア人よりも前に、べつの狩猟民族が住んでいたのではないかという推測を生んだ。いわゆるモア・ハンター説である。しかし現在では、モア・ハンターはポリネシア人自身であり、大きな獲物を前にしてハンティングに精をだしたため、後のマオリ文化とはことなってみえるのだと説明されている。

ポリネシア人にとって、モアは大量の肉を供給してくれるだけでなく、その硬い骨は釣り針や装身具、錐《きり》、ナイフなどの工具類をつくる素材として利用され、その羽毛はケープや首長の頭飾りに使われた。これほど魅力的な獲物はそういない。そのため、後先もかんがえずにモアを乱獲したのであろう。とくに一三〇〇年代には大量のモアが捕獲されたことが、考古遺跡の調査からあきらかになっている。

モアは、年に一、二個の卵しか産み育てない。人間による乱獲がその自然増加率を上回れば、個体数が激減し、絶滅へとむかう。しかも、モアを絶滅に追いやったものがあとふたつもあった。ひとつは、ポリネシア人が連れてきたイヌとネズミで、モアの雛や卵を襲ったとかんがえられている。いまひとつは人間による環境改変で、モアの生息地である海岸沿いの森林が、畑をつくるために伐採され、火が放たれた。これによってモアは餌場とともに繁殖場所をもうしなったのである。

こうした変化がすべて、モアを絶滅へと追いやる要因となった。考古学者は、一五〇〇年までには絶滅したとかんがえている。ニュージーランドへポリネシア人がやってきてから、わずか二五〇年後のことである。

オセアニアには、他にも人間が絶滅させた鳥はおおい。モアは、その大きさゆえにもっとも目立つ殺戮劇の犠牲者となってしまった。

（印東道子）

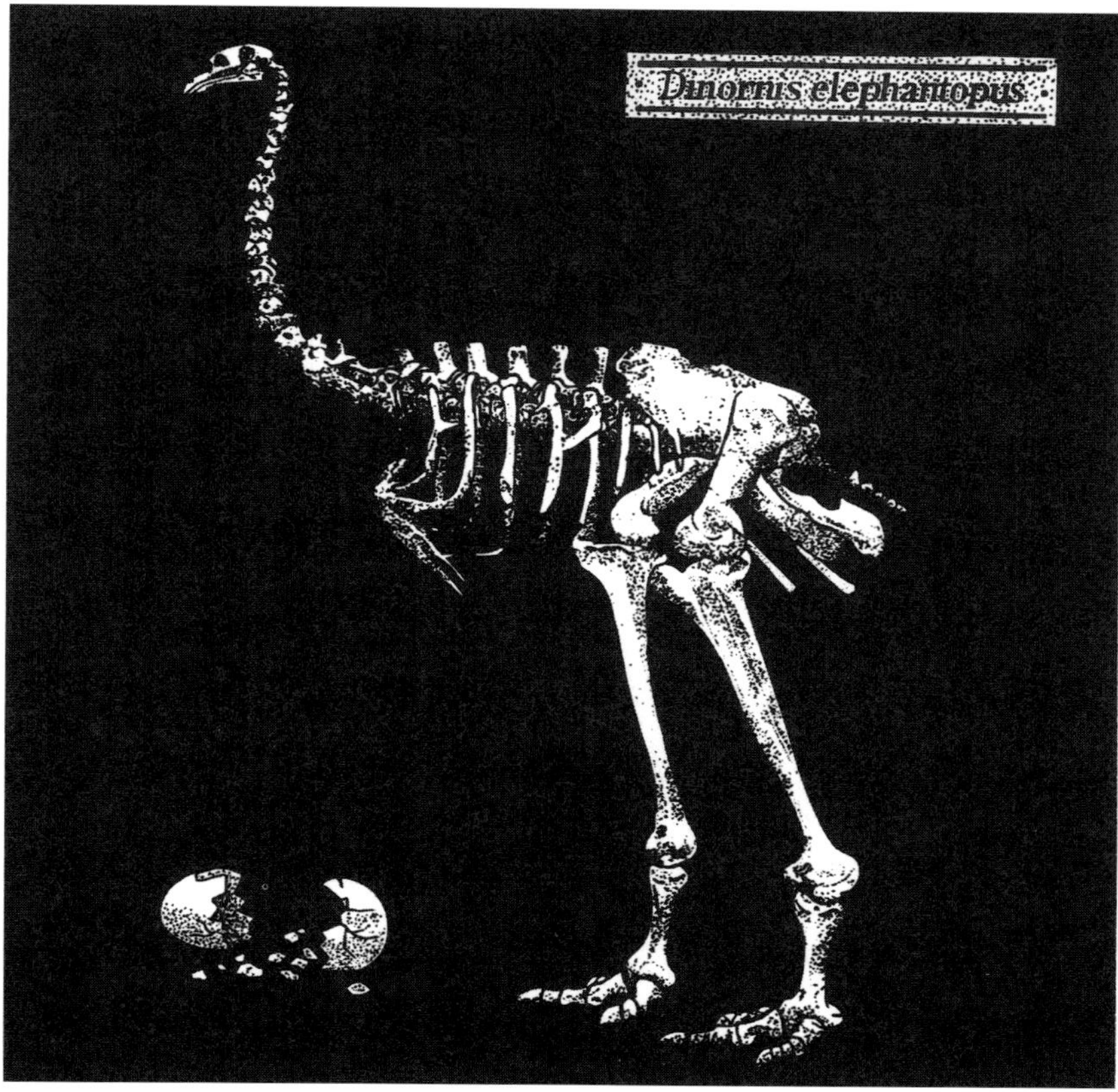

★ *Dinornithiformes* spp.　モア（走鳥類）

ニュージーランドから半化石が多数発見される走鳥類の絶滅種。七面鳥大のコモアから巨大種オオモアまで、2科11種が知られる。海岸沿いから亜高山帯までを生息地とし、低木の若葉を食用とする。一回の産卵で1～2個の卵を産む。

ヒル

【トルコ】

子どものころ、掻《か》い掘りで魚を追うのに夢中になっていると、足から一筋の血がたらたら流れているのに気づくことがよくあった。そのたびに、またヒルにやられたかとくやしがったものである。奈良の奥山の山歩きで、登山靴や、首に巻いた手ぬぐいの隙間からもぐってきた別種のヒルに、血を吸われたこともある。しかし最近おとずれたボルネオの熱帯雨林では、靴の上部にスパッツを着用していたので、服に付着しているのが多くいても、内部にまで侵入してくるのはいなかった。

いずれにしろ、ヒルの多くは淡水にすみ、一部はジャングルなどの陸上の湿ったところにもすんでいる。河川や水田を泳いできたり、樹上から落ちてきたり、下草からはいあがったりしてきたヒルに、首や手足が被害をうけやすい。海にも少数いるが、これはわれわれとあまり関係がないだろう。

体の表面に多くの鰓《えら》があるかわった形態のヒルもいるが、たいていのヒルは、扁平または円筒形で、多くの体節があり、頭部にいくつかの眼点、前後両端に吸盤がある。前吸盤のなかに開く口から吻をだし、宿主の組織にそれを挿入して吸血するか、口のすぐ内側にある三つの半レンズ状のあごでY字状の傷をつけて血を吸うが、ミミズなどを捕食する肉食性のものもいる。

われわれは、たいてい流血をみてヒルの吸血を知るが、ときには、吸血中のひじょうに大きくふくれたものを発見することもある。ヒルの消化管は、大部分が胃によって占められており、その側方に側盲嚢《そくもうのう》がならんでいて、それが吸血すると大きくふくれて体重の一〇倍もの血液をたくわえる。吸血のさい、唾液腺《だえき》から抗凝固物質のヒルジンが分泌されるので、血液は凝固しない。また、消化酵素はわずかしかふくまれていないので、一度吸血すると、血液は徐々に消化されていくにすぎず、数ヵ月は再吸血しなくてよい。

吸血昆虫のカやブユとおなじように、ヒルも害虫にちがいないが、われわれはその吸血の性質を逆用

★ *Hirudo* sp.　（ヒルド科）

ヒル綱に属する環形動物であるヒルは、世界に300種ほど、日本だけでも60種ほどいるらしい。毛ヒル目・吻《ふん》ヒル目・顎《あご》ヒル目・咽《いん》ヒル目の四目がある。顎ヒル目のヒルド科に属するものが、従来よく医療にもちいられた。

して、ヒルを医療にもつかってきた。日本では、日本医蛭《ひる》ともいわれたチスイビル、ヨーロッパではそれとは同属別種のヒルをもちいて、膿《う》んで腫《は》れた患部を吸わせる「毒血抜き」をおこなった。また、頭部抽出物のヒルジンは、生理実験や病理研究にもつかわれることがあったから、吸血用よりもっぱらこの薬品をつくるために、欧米ではヒルの人工的な飼育繁殖をおこなったりもした。

だが、今日の日本の薬局や薬店には、「医用蛭あります」のポスターはもうみかけない。日本以外の地域でも、吸血用のヒルが売られていることはなくなったかとおもっていた。けれども、一九九六年の八月、トルコのイスタンブール滞在中、俗にエジプト・バザールという市場の外で、大瓶にはいった数十匹のヒルが売られていた。三ヵ所でそれをみた。種名はつまびらかでないが、トルコ語でヒルはシューリックという。

一匹三万リラ（約四〇円）のを二万五〇〇〇リラに値切り、ビニール袋に水をいれてもちかえった。体長は伸縮するので正確にはわからないが、最長一〇センチメートルほどになる。あとでゆっくり写真をとろうと、子どものつかうプラスチックの虫かごにいれておいたが、すぐ行方不明になった。蓋の空気穴のスリットから逃げたようだ。さがすと、カーペットの上を逃げていくのがみつかった。

後吸盤を着地させ、からだを前方にのばして前吸盤を着地させる。そして後吸盤の吸着をやめ、体を収縮させ、後吸盤を前吸盤のすぐうしろに移動させて吸着する。つぎつぎとこの過程をくりかえして前進するのだが、はやいこと、はやいこと、どんどん逃げていく。やっとのことでつかまえ、同型の容器をかさねて隙間をなくしておく。しかし、翌朝みると、どのように逃げたのかはわからないが、また脱出しており、今度はついにみつからなかった。ゆっくり近接写真をとる試みは失敗したが、隙間ともいえない「隙間」からも脱出ができることを知りえたのは、収穫であったといえよう。

それはともかく、中国では、中国の池や水田に多い「金線蛭」や、日本医蛭などのヒルの乾燥体なら、漢方薬店で売られている。すりつぶして悪血や月経閉止などの治療にもちいるそうである。（周　達生）

ジン

【アラブ世界】

ディズニー映画『アラジン』をみた人は、主人公そこのけの大活躍をみせてくれるジニーのエンターテイナーぶりを楽しんだだろう。このジニーは、アラブ世界の妖怪、ジンの一種だ。アラブの俗信によれば、ジン（＝集合名詞、ジニー〔正確にはジンニー〕は単数形）は超自然の存在であって、神が〔煙のでない〕火からつくったという。

ジンには本来、姿かたちがない。したがって、ふつうはみえないのだが、人前に姿を現すときは、煙や雲のような状態から瞬時に出現する。アラビアン・ナイトのような民間説話のなかでは、人間の姿で現れることがおおいが、さまざまな動物のからだを組み合わせた奇怪な外形をとったり、自在に変身したりする。

ジンにも雌雄の別があって、連れあいもいれば家族もある。ジンの社会には人間社会と似た社会階層があり、またイスラム教徒のジンもいれば、シャイターン（＝サタン・悪魔）とよばれる邪悪な異教徒のジンもいた。『コーラン』のなかに、「ジンのなかには、主のお許しを得て彼の前で働く者もいたが、われらの命令に顔をそむける者もいた。このような輩《やから》には業火《ごうか》の懲罰を味わわせた」（三四章一二節）とあるとおりだ。

『コーラン』の「それなのに彼らは、神と並べてジンを置いた。あれはもともと神によってつくられたものである。また彼らはなにもわからずに、神に息子たちや娘たちがあるなどと捏造する」（六章一〇〇節）という一節は、イスラム以前のアラビア半島にいた多神教徒がジンを神霊として信仰していたことを非難しており、イスラム以後の世界でジンの一種とみなされたもののなかには、かつての土着神が零落したものもあったようだ。

『コーラン』がジンの存在を肯定している以上、とくに中世アラブ世界では、ジンの存在はうたがうべくもないものだったから、イスラム法学者は、人間とジンの関係をめぐって、法律をひねりだした。たとえば、人間の男性とセックスした女性は、斎戒《さいかい》沐浴《もくよく》をすませてからでないと礼拝できないが、ある法律集によれば、ジンとセックスしたあとでは清拭《せいしき》の必要はないという。

ジンはその力によって、マーリド、イフリート、シャイターンなどというようにランクづけされていた。また、凶暴なジンであるグール（人喰い鬼）にまつわる多彩な説話が残っており、この言葉は英語にもなっている。ジンの超能力は、神にはおよばないものの、人間の知力・体力をはるかに超えていたから、ジンから身をまもるだけでなく、ジンの力を利用するさまざまな術が考案された。『アラジン』にも登場する魔術師は、本や剣、護符、ランプなどを駆使して無数のみえないジンを意のままにあやつると信じられた。中東世界の伝説では、ソロモン王だけがジンを支配できたとされており、ソロモンの名を唱えたり、そのゆかりの品（たいていはソロモンの指輪）を使用すると、ジンの災厄からのがれられると信じられていた。

砂漠を調査地とするわたしが、もっとも会いたくないジンに、ウダールというのがいる。砂漠で男を犯して、犠牲者の肛門に蛆《うじ》をわかせるという同性愛のグールだ。また、虫を自由にあやつるとされるカビーカジュというジンもおり、これなどは、オオクワガタ採集に夢中になっている息子に、できるものなら紹介してやりたい。カビーカジュの語源も正体もよくはわからないのだが、この名前に虫害よけのまじないとしての効力があるとされ、写本がシミに喰われるのを恐れた中世の人びとは、このジンの名前を本のページに書きこんでいた。ちなみにカビーカジュという言葉は現代アラビア語では、西南アジア原産のラナンキュラス（*Ranunculus asiaticus*）というキンポウゲ科の植物を指す。

（西尾哲夫）

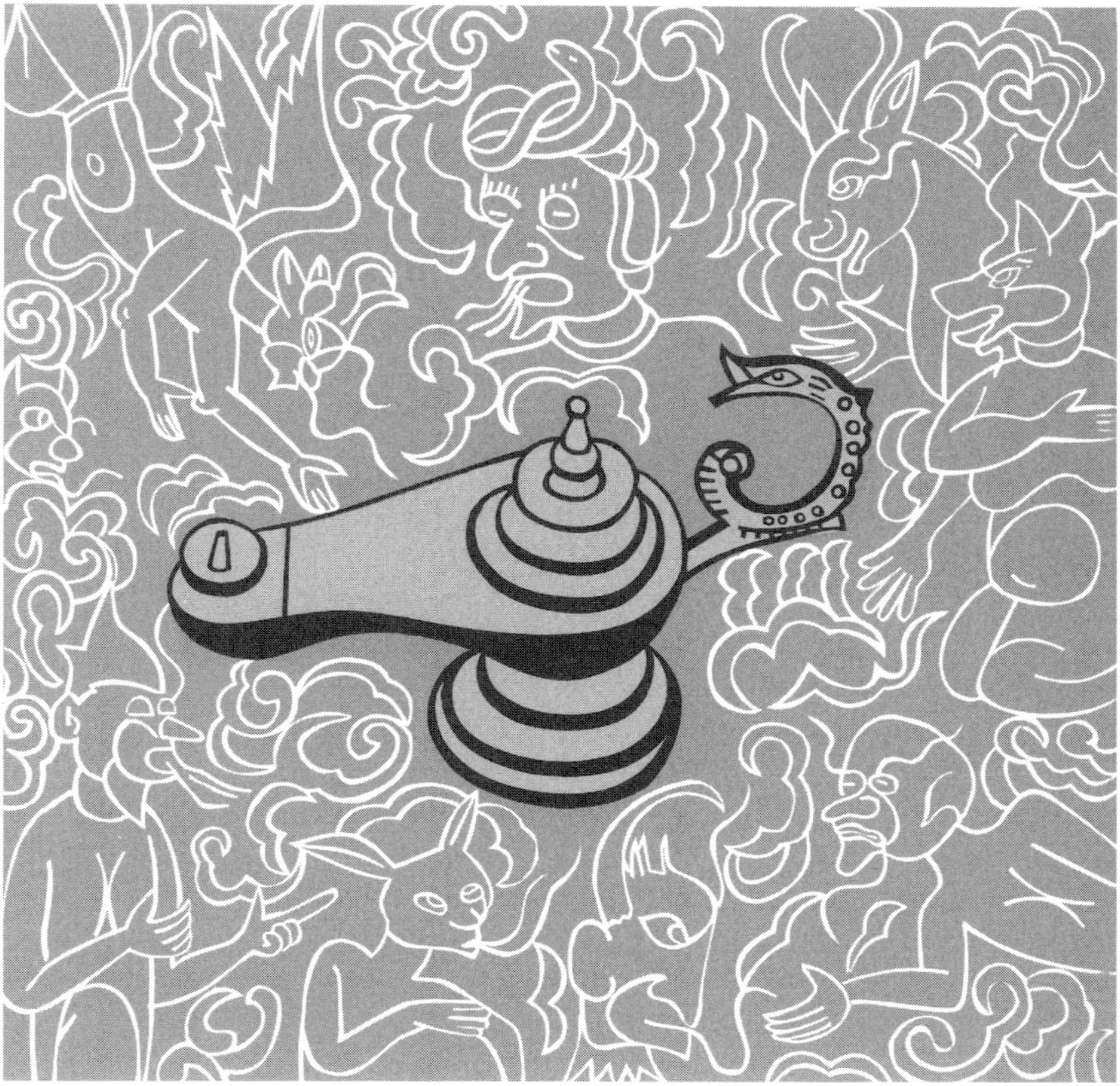

★Jinn　ジン

アラブ世界の妖怪ジンには、狂暴なものから善良なものまで、それぞれに特徴をもったさまざまなものがいる。最強のジンとされるマーリド、イフリート（悪魔）、人食い鬼グール（鬼女はグーラ）、礼拝中の人の耳にはいって眠らせるアトラ、狼人間とされるクトルブなどがその一例である。

フンコロガシ

【アフリカ】

フンコロガシは日本にもいることはいる。ただし、そのフンコロガシは体長が二〜三ミリメートルで、よほどの愛好家でないかぎり目にすることはない。にもかかわらず、フンコロガシという名が日本でひろく知れわたっているのは、やはり『ファーブル昆虫記』の功績であろう。フンコロガシが前肢をこてのように使って糞球を作り、逆立ちして前肢と頭楯《とうじゅん》で地面を蹴りながら、中肢と後肢で糞球を押してころがし、最後には地下に埋める、その描写は読み手に強烈な印象をあたえずにおかない。

糞球はフンコロガシ自身の餌になる場合と幼虫の餌になる場合とがある。後者の場合、成虫が糞球内に卵を産み、孵化《ふか》した幼虫はその内部を食べて育ち、そのなかで蛹《さなぎ》になる。

古代エジプトでは、フンコロガシは太陽神ケプリの象徴であった。ケプリは太陽の運行のうち、朝をになう神である。エジプトのフンコロガシは早朝に糞塊にあつまり、糞球を作って、ころがしていく。糞球を太陽と同視すれば、フンコロガシは朝に太陽を創造しそれを運ぶ、まさに神であった。

太陽神ケプリは、頭部がフンコロガシの人間として描かれる。その有名な壁画が王妃ネフェルタリ（前一二〇〇年ごろ）の墓にある。そこではケプリが、死者を守る女神イシスに手を引かれた王妃に向かって、「そなたにラー（太陽神、国家神）のような永遠を、天にラーが現れることを、そして聖なる地での居場所をあたえよう」と答えている。

フンコロガシそのものの役割りを如実に表現しているのが、ラムセス六世（前一一〇〇年ごろ）の墓の壁画「昼の書と夜の書」である。そこには、太陽が、天空をおおう女神ヌウトの股間から翅をひろげたフンコロガシの姿で産みだされるようすが描かれている。

フンコロガシは王位の象徴でもあったらしい。ツタンカーメン王（前一三五〇年ごろ）の墓から発見

★Ball-rolling beetle　フンコロガシ（コガネムシ科）

動物の糞を食べる甲虫を総称して糞虫、またはスカラベという。このうち糞の塊から糞球を作り、地面をころがして、地下に埋める糞虫の一群をタマオシコガネ、すなわちフンコロガシとよぶ。世界から約1000種が記録されており、日本本土には体長数mmのものが1種生息している。なお、スカラベという語をフンコロガシもしくはタマオシコガネと同義に使用している場合があるが、これは誤用である。

された財宝のひとつに、王位を象徴するものとして、宝石をあしらった象眼造りの胸かざりがある。その中央部には有翼のフンコロガシが大きく彫刻されている。さらに、ツタンカーメン王の即位名は太陽とフンコロガシをふくむ四文字の聖刻文字であらわされている。

古代エジプトでは石をおもに材料にして、フンコロガシにかぎらずいろいろな糞虫をかたどった護符が造られていた。これらは「スカラベ」（糞虫を意味する「スカラベ」と同じ）とよばれ、支配層だけでなく庶民も所持していた。スカラベは、棺の中の死者の胸元に置かれることもあった。その理由は、死後の冥界での裁判が心臓の重さによって死者の義を判定するものであり、スカラベはその心臓の潔白を保証する護符であったからである。

さて、ケプリという語には「自ら現れ、存在し、成っていく」という意味がある。これはフンコロガシの形象と一致する。フンコロガシはナイル川の氾濫後、最初に現れる虫であり、地上に存在した後、地下で卵から幼虫、蛹と変成し、再度、成虫として地上に現れる。これは「復活」への願望と容易に結合する。

そこで、フランスの糞虫研究者であるキャンベフォールはフンコロガシの神聖性について独自の見解を表明している。彼によると、スフィンクスはフンコロガシを、ピラミッドは巨大な牛糞を神格化したものであり、棺のなかのミイラは糞球のなかの白い蛹にあやかったものである。これはフンコロガシがもたらす「復活」の再現にほかならないのだという。

哲人プルタルコスはその著書『エジプト神イシスとオシリスの伝説について』（岩波文庫）のなかで「（フンコロガシは）わずかながら何がしか、神々の力を連想させるものが見られるから大事にされる」と書いている（傍点筆者）。彼にはフンコロガシの神聖性の認識があきらかに不足していた。キャンベフォールの主張の真偽はともかく（同じ糞虫研究者のわたしは与《くみ》したいが）、古代エジプト人の、そしてわたしの心象において、フンコロガシはうたがいなく偉大な太陽神である。

（佐藤宏明）

カンムリヅル

【西アフリカ】

カンムリヅルは、西アフリカのどこでもみられるなんの変哲もない鳥だ。とおくからみると、くろいけれども、よくみると羽の一部がしろい。ちかよってみると、頭のうえに、黄金色の冠をもっているのがわかる。嘴《くちばし》は、するどい。目は、なにやらかんがえごとをしているようだ。頬から、こめかみのところくらいまで、まっしろだ。顔ののこりの半分は、ピンク色だ。だから、だれもこの鳥をみまちがうことがない。

この鳥が数百羽いっしょになってとんでいく姿は、壮観だ。この鳥は、とびながらなく。

フルベ族によると、カンムリヅルは乾期と雨期、すごす場所がちがう。それは、とうぜんだ。カンムリヅルは、水なしにすごせないからだ。かれらが、カンムリヅルのことをよくしっているのは、ウシに水をのませにいく場所に、カンムリヅルがいるからだろう。

カンムリヅルは、フルフルデ語の東部方言でクマーレワルというが、それは、クマーという鳴き声からきている。クマーレワルは、フルベ族のふたつの昔話にでてくる。ひとつの昔話は、カンムリヅルが姿をかえてやってきて、人間の男と結婚し、子どもをつくる。でも、乾期がやってきて、仲間たちがむかえにくると、子どものことをうたいながら、仲間ととんでいってしまう。あとにのこされた男は、その歌をうたう。まるで、「鶴の恩返し」とおなじように、最後には鳥と人とは、わかれてしまうのだ。

もうひとつは、「バター娘」という昔話にでてくる。子どものない女が、バターを木鉢にいれておくと、そのバターが女の子になる。女の子は、成長し、王さまのおよめさんになる。王さまのほかのおよめさんたちのいじわるのため、死んでしまう。ドゥゴセーレとよばれるこの娘の死をしらせに、カンムリヅルがとんでいく。ドゥゴセーレの母親のところへいくと、カンムリヅルは、なく。

ドゥゴセーレのお母さんよ、クマー。
王さまのおつかいです、クマー。
王さまがおみやげをくださいました、クマー。
ドゥゴセーレに子どもがうまれました。
きてください、きてください。

ドゥゴセーレの母親は、親戚のものみんなとお祝いをもって、カンムリヅルのあとをおいながら、王さまのところにいく。カンムリヅルは、みんなのまえをすこしとび、どこかにとまって、この歌をうたう。人びとは、そのあとをおっていく。もうすこしで、王さまのところというときに、カンムリヅルは、なく。

ドゥゴセーレのお母さんよ、クマー。
王さまのおつかいです、クマー。
ドゥゴセーレが死んでしまいました。

それをきくと、ドゥゴセーレの母親たちは、もってきたお祝いの品じなをほったらかし、よたよたと王さまの屋敷にはいっていく。いくと、ドゥゴセーレの死んだあとに、バターがとびちっていたとさ。

この昔話で、カンムリヅルは、メッセージの伝達者の役目をはたす。歌も上手にうたうことになっている。この昔話のいいところは、子どものない女が子どものないさびしさをのべる部分といえる。この話をきいている子どもは、それをきいて、自分の存在の大切さをしり、よろこぶからだ。でも、しょせんバターからできた娘は、意地悪のためバターにかえってしまう。

この話のもうひとつの山は、カンムリヅルがゆっくりとんでは、とまり、歌をうたうところだ。フルフルデ語で、「ダーダー・ドゥゴセーレ、クマー。ラーミード、ノ、ラームノ、クマー。ラミード、ノ、ネルノ、クマー……」と何度もくりかえしてうたうと、気分がよくなってしまうのだ。それはこの歌のリズムがよいからだ。カンムリヅルが、ゆっくりととんでいく姿を想像するのもたのしい。（江口一久）

★ *Balearica pavonina*　カンムリヅル（ツル科）

翼長約55cm、体長1m以上に達する。背は黒色で、下面は灰色。額の上方は黒いビロード状で、後頭部の黄色い扇状の羽冠があるのが特徴。中央アフリカ以西の沼地や川原などに群生する。一腹3個の卵を産むことがおおい。うつくしく、なれやすいため、動物園でよく飼育される。

イヌ

【スーダン】

イヌは人間にとって、もっとも親しみぶかい動物のひとつである。わたしがかつて調査で住みこんでいた、南部スーダンのパリ人の村にもたくさんのイヌがいた。しかし、イヌの飼われかたはわたしたちがかんがえるようなペットとはそうとうことなっている。

パリの人たちは、イヌをペットとして愛玩しているのではない。撫でさすったり、抱きあげたり、話しかけたりする光景をみかけることはほとんどない。むしろ、人間の食べ物に手をだすとか、飼い主の知りあいにほえかかるといった失態を演じると、こっぴどく蹴飛ばされたり、棒でたたかれたりする。

また、イヌは四六時中空腹である。家長が食事中に投げあたえる、わずかなモロコシの練《ね》り粥《がゆ》や骨が、イヌの主要な栄養源である。季節や年によっては人間も飢えにみまわれるこの地域では、イヌにあたえるような残飯はそもそもないのである。

あるとき、友人たちと雑談中に、日本ではイヌのエサを店で買うんだよというと、みなあぜんとして言葉がでなかったことがある。かれらにとっては、想像もできないことだったのである。

パリのイヌは、中型の柴犬くらいの大きさであるが、体毛はすくなく、やせていて、腹から腰にかけては大きく肉がそげている。貧相な印象である。木の棚で囲われた屋敷の庭で食事をしていると、小さくて、つりあがった目でみつめるイヌの視線を感じたものだ。

空腹のおかげで、イヌは掃除屋の役割りをになっている。屋敷や村に、食べられるものが落ちていたらなんであれ、かたづけるからである。乳児が排便したときも、母親はイヌをよび寄せて食べさせてから掃除する。これは、イヌを飼う効用のひとつだろう。また、イヌはよくほえるので、外敵や野獣の侵入を知らせるうえでも役立っていることはたしかである。

★ *Canis familiaris*　イヌ（イヌ科）

人間の住むところにはどこにでもいる、もっとも古い家畜。すくなくとも約1万2000年まえには、猟人によって飼い慣らされていたオオカミの末裔とされる。品種は400をこえ、その形態の変化もきわめておおきい。嗅覚は人間の数千倍から数万倍も鋭い。

パリの男たちはさかんに狩猟をおこなう。イヌもついていくのだが、猟犬の役割りをはたしているわけではない。また、パリ人は、ウシ、ヤギ、ヒツジを飼養しているが、家畜の群れを誘導するのにイヌがつかわれることもない。つまりパリ人にとって、イヌはあまり存在価値のない、あわれな動物のようにおもえるのである。

けれども、興味ぶかいことに、神話のなかでイヌはきわめて重要な登場人物として語られている。ここでは、ふたつの神話のあらすじを紹介しよう。

「もともと人間は火というものを知らず、太陽の熱で料理していた。あるとき、乳飲み子をかかえた女のもとに、イヌが火をもたらし、そのつかいかたを教えた。女は最初、火を隠していたが、やがて人びとにひろまり、それ以来人間は火をもちいて料理できるようになった」。

「カミ（パリ語でジュオクとよばれる超人間的存在）は、バッファローに槍をあたえるつもりで、明朝いちばんにやってきなさいと告げた。それを知ったイヌは、バッファローのふりをして先まわりするよう人間に入れ知恵した。そのおかげで人間は槍を手にすることができ、バッファローはかわりに角を授けられたのである」。

火と槍は、パリを人間たらしめている不可欠の要素であるといえる。つまり、人間はイヌに大きな恩義をおっているのである。わたしの知るかぎり、神話のなかでこのような役割りをになっている動物はイヌだけである。

こうした物語が共有されているというのに、どうしてイヌは冷たくあしらわれているのだろうか。人間は、大昔にイヌからうけた恩義は忘れたわけではない。しかし、それは記憶のそこにしまいこまれている。そして現実には、イヌと人間はおたがいに甘やかすことも、甘えることもなく、ぎりぎりの線で共生している。そこには、生活感覚に根ざした、冷徹ともいえる社会関係の哲学があるのではないだろうか。わたしはそうかんがえてみたい誘惑にかられるのである。

（栗本英世）

ブチハイエナ

【東アフリカ】

タンザニアのサバンナでキャンプしたときは、毎晩ハイエナ（ブチハイエナ）の鳴き声がしていた。とおい暗闇から聞こえる「ウォーウッ」という物悲しい声はいつものことなので、誰の気にとまることもない。ただ、わたしなんかが一瞬「ゾッ」とするのは意外に身近で、「クックッ、クックッ」という人間の嗤《わら》い声に似た鳴き声がしたときである。村の少年は「ハイエナが獲物のとりあいをしてさわいでいるんだ」という。「嗤い声」をたてているのは劣位の個体のほうだ。

ハイエナはじつにさまざまな声をだす。動物学者によると、一七の発声バリエーションがあるという。何度もつづけて鋭く遠吠えするのは、仲間をあつめているときだ。つまり、単独で行動することもあるが、また社会行動もひじょうに発達しており、彼らは大きなテリトリー（なわばり）をつくり、グループでハンティング（捕食）をするのである。よく動物記などにスカベンジャー（腐肉食者）と記載され、「腐肉あさりの憶病もの」という悪評が定式化されているが、この習性は事実であるにしても、最近は、有能なハンターであることもあきらかにされてきている。

動物行動学者H・クルークなどの観察によると、サバンナのハイエナはむしろカゼル、アンテロープ、シマウマなどの大型有蹄類をねらう勇敢なハンターであり、攻撃的な動物であるらしい。がんじょうで強力な歯とあごを武器にして集団で獲物に襲いかかる。ひとたび蹴爪《けづめ》の突起に噛《か》みつくと、たおれるまで離さない。

ハイエナはほんらい夜行性なので、昼間よりも夜間にいよいよ本領を発揮する。陽がしずむと巣穴をでて、いたるところに出没する。牧畜民の居住地では、ボーマ（牛囲い）に接近し、なかのヤギやヒツジなどを襲うこともある。そればかりか、残飯をあさって家のなかまで侵入するので油断ができない。

寝ている人間が噛まれた例なども報告されている。

そんなとき、村の長老たちは「妖術師がわしの家をねらっている」といって、夜になると、家のまわりの警戒をいっそうつよめる。その恐怖のようすといったら、ただごとではない。さっそく占い師を訪ね、毎晩ハイエナがかれの屋敷をねらって徘徊するわけをたずねるのである。

古来、ハイエナは魔性の動物といわれてきた。アフリカでは、妖術師の使いになり、あるいは祖先の霊の化身になって人間のまえにあらわれる。ハイエナにとりつかれた人間は、占いによって反妖術の呪いや祖先の慰霊をおこなわなくてはならない。それでも、ハイエナがやってくるようなら、妖術師の難を避けるため、屋敷をひきはらって村からでていくこともめずらしいことではない。ハイエナはライオンとはちがう恐ろしさをもった動物なのである。

ただ、ふだんみるハイエナは、頭そして前半身が大きくて、前脚より後脚がみじかいので後半身が傾斜したぶかっこうな姿で、いかにも愚鈍にみえる。じっさい、民話では、りこうなウサギにだまされてだいじな食べものをとられたり、自分の貪欲さがわざわいして、ついには殺されたりするみじめな役割りを演ずる動物である。あるとき、わたしは村びとたちといっしょに一匹のハイエナを追跡した。逃げる姿は尻尾を腹の下にまげいれて、まるで許しを乞うようにふりかえる。そんなハイエナをみると、ウサギに哀訴するかわいそうなハイエナという民話のモチーフが納得できるのである。

しかし、弱肉強食の世界において、ひとたび獲物を奪いとろうとクラン（いつもの群れ）があつまったときは、ライオンにまで襲いかかり、機敏に攻撃する恐ろしい猛獣である。こうしてみると、ハイエナぐらい行動生態と民話に登場したときの役柄とがかけはなれた二重性格の動物はいないようにおもわれる。

（和田正平）

★ *Crocuta crocuta*　ブチハイエナ（ハイエナ科）

サハラ以南の熱帯雨林をのぞくサバンナ全域に生息。雌は体重70kg、頭胴長160cmほど、雄はやや小さい。黄灰色の地に暗褐色の班点がある。ただ、成長とともに斑点の数は減少する。屍肉を食べることで知られているが、なわばりをつくり、集団でハンティングをおこなう肉食獣である。アフリカにはほかにシマハイエナ、カッショクハイエナの２種がいる。

テングハギ

【マダガスカル】

「おーい、テングハギをとってきたんだって？　写真を撮ってもいいかい？」

わたしは、浜辺に着くなり家へ向かおうとする漁師に遠くから声をかけた。

「いや、何もとれなかったよ」と漁師が答える。

おかしいな。大きなテングハギが上がったとわたしの隣人はいっていたのに。いぶかりつつも家にはいってしばらく書きものをしていると、開け放した戸口を先ほどの漁師がノックした。用件をくわしく話さず、ただ家にこいという。彼の家までいってみると、すでに二枚にひらかれた大きなテングハギが一四、タライのなかに無造作に置かれていた。六〇センチ近くあるだろう。漁師も得意そうである。こんな見事な獲物がありながら、なぜ彼は何もとれなかったと答えたのか。あきらかに、獲物のことをむやみに知られたくなかったのである。しかし、なぜ？

わたしが長く住みこんだマダガスカル島南西海岸部のサンゴ礁地帯には、ヴェズとよばれる人びとがおおく居住し、漁撈で暮らしを立てている。この海でとれる魚は、数センチしかない小魚から二メートルを超える大型のサメまで、きわめて多様だ。テングハギもまた、サンゴ礁周辺に生息する魚類のひとつである。ニザダイの仲間に属するが、口吻が突きでている点ではカワハギの仲間にも似ている。そして、両目のあいだから長い角が一本、天狗の鼻のようにのびている。天狗のようなカワハギだから、テングハギ。ヴェズの言葉ではフィアンツィファ、「角の魚」という名でよばれる。

テングハギは、ヴェズがもっとも好む魚のひとつである。その理由は、脂肪分に富む大きな肝臓にある。テングハギ以外ではサメ類やモンガラカワハギなどをヴェズは好むが、これらはいずれも、魚肉が淡白なぶん肝臓に脂肪が集中しておりコクがある。日本人になじみのある魚では、アンコウなどもヴェズに人気が高いだろう。これらの魚はたんに煮るだ

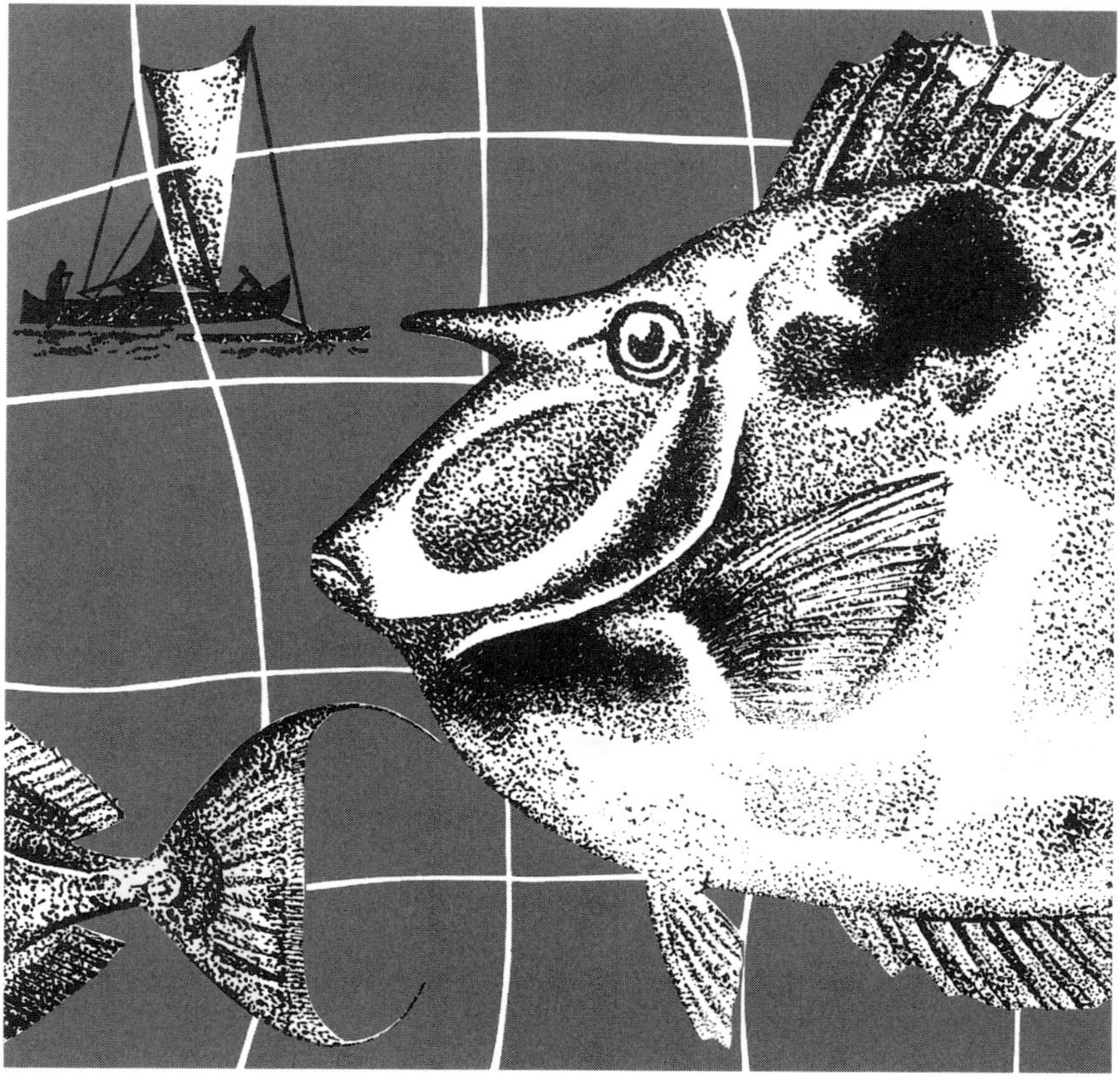

★*Naso unicornis*　テングハギ（ニザダイ科）

駿河湾から朝鮮半島、紅海、アフリカ、オセアニアなどの珊瑚礁域に分布。前頭部の角状の突起は成長にともない顕著になる。尾ひれの上下両端が糸状にのびるのも特徴のひとつ。全長55～70cmほどで、美味。

けでもひと味違うが、フシとよばれる以下のような料理にも適している。まず、ハラワタをとり除いて魚肉の部分だけをゆで、細かくほぐしておく。その一方でフライパンを火にかけておき、肝臓の部分を熱して大量の肝油をにじみださせる。肝油がほどよく出たところで、ほぐしておいた魚肉をあえてフライパンを火から下ろす。このようにしてできあがったフシは鮭フレークのような外見である。このまま食べてもよいし、米やキャッサバイモのおかずにしてもうまい。

わたしの住みこんだ村では、テングハギをみる機会があまりなかった。海岸近くのサンゴ礁を漁場とする追い込み刺網漁では二〇センチほどの幼魚がかかることもあるが、美味な成魚はほとんどみられない。なぜか。魚類図鑑によれば、テングハギ幼魚はサンゴ礁内で単独に生活し、成魚になると礁周縁にでて群をなすようになるという。いっぽう、ヴェズの人びとが頻繁におこなう刺網漁の漁場は礁周縁ではなく、大量の魚が効率よく漁獲される礁内部である。つまり、テングハギ成魚の水揚げがすくないのは、人間が日常的に活用する漁場の外におおく生息するためなのである。

テングハギの成魚をとるには、特殊な戦略のもとに漁をおこなう必要がある。テングハギをとった例の漁師によれば、テングハギは日中を深みで過ごし、夜明けと日暮れにのみ比較的浅いところまで上がってくるという。そこで、この時間帯に網を張ってテングハギを待ち受けるのがもっともよい。通常の網漁では、この時間帯は網がみえにくいので避けられるのがふつうであり、魚がすくない礁周縁もあまり漁場に選ばれない。つまり、テングハギ漁は、他の魚類を一顧だにせずテングハギだけにねらいを定めた漁法なのである。

例の漁師は、遠くからきた親戚に土産をもたせようとしてテングハギをとりにいったのだという。ふだんはお目にかからない美味な魚、たしかに土産としてはうってつけである。しかしとれた獲物は一匹だけであり、他の魚もまったくとれなかったため、他人にわけ与えられるだけの漁獲はほかになかった。漁師は、めずらしい獲物を多数の村人にねだられることをおそれ、わたしの問いにたいして「何もとれなかった」と答えたのである。

（飯田　卓）

トゲマユカレハ

【マダガスカル】

いくつもの巨大な花崗岩が露出した丘陵に、硬葉樹のタピアがびっしりと茂っている。葉の裏側をのぞき込むと、表面に鋭い刺《とげ》の生えた大型の繭《まゆ》があらわれた。「これがランディベです」と繭を採っていたベツィレウ人のジャン・フランソワさん。サムイナとよばれるカレハガ科のガの一種、トゲマユカレハの繭である。マダガスカルには銀色の繭をつくるものなど一〇種をこえる野蚕《やさん》があるが、サムイナはおもにタピアの森に寄生し、毎年五月ごろになるとこうした繭をつくるという。

中央高地の町アンブシチャから北西へ約六〇キロメートル。わたしは、サハニヴーツィ村にほど近いタピアの森を訪ねていた。「ランディベは、アンブシチャやアリーヴニマム、イフシでも採れますよ。これを紡いで、ランバメーナを織るのです」。ランバメーナとは「赤い布」の意味で、中央高地に住むメリナ人やベツィレウ人が、祖先の遺骨を墓からだして弔い直す改葬儀礼「ファマディハナ」をおこなう際、死者を包む布として使われる。熱心な祖先崇拝で知られる彼らにとって、何よりも大切な布だ。一説では、かつて死者を包む布はしばしば深紅に染められたことから、その名がついたという。今日、ランバメーナは無地がおおいが、地方によっては赤や黒などを織りまぜた縞柄のものや刺繍をほどこしたものもある。

彼女の案内で、ランバメーナを織っているマルタさんの家を訪ねた。土壁の二階建てで、屋根が茅葺きの典型的なベツィレウ人の家である。台所の大鍋には、繭があふれんばかりにはいっていた。「繭は、まずなかのサナギを取って、裏返しにするんです。それをこの大鍋で煮ます。サナギは子どもたちのおやつにします。けっこうおいしいですよ」。煮終わった繭は、土壁に貼りつけ、天日でじゅうぶんに乾燥させる。そして糸を紡ぎ、織る。作業は乾季の五～一〇月ごろにかけて、農作業や家事の合い間をぬっておこなわれる。一枚（六〇×二一〇センチメートルの三枚継ぎ）の値段は、公務員の月給に匹敵する二〇万マダガスカルフラン（約四〇〇〇円）。現金収入の乏しい農民にとっては、貴重な収入源だ。

ところが最近、このランバメーナが売れなくなってきているという。「以前は、ファマディハナというとかならずランバメーナを使ったものですが、最近はインドや中国からの化学繊維の布を使う人が増えているんです。そのほうが安いし、長持ちしますからね」。わずかな農産物とランバメーナを売ってくらすマルタさんのような人びとにとっては、まさに死活問題だ。そのため、ランバメーナの生産をやめ、綿織物に切り換える人もでてきているという。また、サムイナが寄生するタピアの森の減少も深刻だ。原因は、耕作地やウシの放牧地を確保するための大規模な野焼きである。政府が禁止しているにもかかわらず、取り締りがむずかしく、いっこうにやむ気配はない。

いっぽうで、ランバメーナを再評価する動きもでてきている。デザイナーのなかには、麻をおもわせるその独特の素材感に着目し、洋服のデザインを試みるものがあらわれてきた。裕福な都市生活者や外国人の一部は、カラフルに染色されたランバメーナを壁に掛けて部屋を演出したり、テーブルクロスに使うなど、ランバメーナ＝死者を包む布というかんがえにとらわれない斬新な使い方をしはじめている。また、近ごろでは観光客にも人気で、土産物店にも置かれるようになってきた。野趣に富みながらも、不思議な暖かさをもつランディベの布には、家蚕《かさん》ではだせない深い味わいがある。タピアの森を大切に守り、これからも織り継いでいってほしいものだ。

（堀内　孝）

★ *Borocera madagasucariensis*
マダガスカルトゲマユカレハ（カレハガ科）

トゲマユカレハはアフリカやマダガスカルに分布するカレハガの仲間で、マダガスカルにはこのほかにも数種が分布し、いずれもよく似た繭をつくる。幼虫は日本のマツカレハなどに似た毛虫で、頭部近くの背面に長くて鋭い刺毛の束が生えている。この刺毛を繭の表面に垂直に突きださせるので、棘だらけの繭ができる。

ミツバチ

【アフリカ熱帯雨林】

人間と蜂蜜とのつきあいは、石器時代からこの方、えんえんと続いているようだ。その天然無垢の甘さは、甘みに飢えた人間にはこたえられない。巣穴からとりだされたばかりの、こはく色の液体をたっぷりとふくんだ巣を、そのまま口にほうばり、しっかり噛みしめると、えもいわれぬ甘美な恍惚《こうこつ》が舌の先から頭のてっぺんに電気のように走ってゆく。この世の極楽である。たとえそれを手にいれるために、怒り狂うハチたちにあちこち手ひどい攻撃をうけようとも、その一瞬ですべての苦労が報われるのである。「乳と蜜の流れる地」とは、旧約聖書にでてくる約束の地、カナンの形容であるが、アフリカの森の象徴は「肉と蜜」である。アフリカの熱帯雨林のなかで、狩猟採集の民として生きるピグミーたち。かれらは、一年のうち数ヵ月（七〜九月）をただひたすら蜂蜜をもとめて暮らす。いわゆるハニーシーズンである。毎日、ミツバチの巣を探しては斧をふるい、たまっている蜜をいただく。信じられないかもしれないが、かれらにとっては蜂蜜は主食なのである。ギリシア神話では、最高神であるゼウスはクレタ島の洞窟のなかで、ヤギの乳と蜂蜜で育てられたことになっているが、アフリカの森のなかではたしかに今日もなお、ピグミーの子どもたちが蜂蜜で育っている。

この季節、森のなかは蜜をもとめるハチたちで充満している。そして、ピグミーたちが採集してくる蜜の匂いに引き寄せられてピグミーたちのキャンプにもわんさとやってくる。キャンプを訪れた者はまず、このミツバチたちの奇妙な歓迎をうけなければならない。あっという間に、からだじゅう、とくに顔や腕に数十匹というミツバチがまとわりつき、糸のような舌をもちいて入念にあらゆるところをなめまわす。どうも、われわれのからだが蜜源として「有益」か否か、調べているらしい。くすぐったくてあまり気持ちのよいものではないが、されるがま

★*Apis mellifera*　ミツバチ（ミツバチ科）

日本には、セイヨウミツバチとニホンミツバチの２種類がいるが、アフリカにいるのは、セイヨウミツバチである。アフリカの熱帯雨林のミツバチたちは、樹木の太い幹や枝にあいた天然の空洞に巣をつくる。巣の位置は地上30mに達することもある。蜜を採集するには、木に穴をあけて、巣穴のなかに手をさしこみ、蜂蜜のつまった巣をとりだす。採集者は、たいまつの煙で、怒り狂うミツバチの攻撃を防御するが、完全に防ぐことはできない。

まになっているしかない。へんに抵抗してぎゅっと押さえでもしたらたいへん。瞬時に捨て身の一撃を見舞われ、激痛が走る。

数日のあいだはこのなめまわし攻撃にあって辟易《へきえき》するが、その後はあまり寄ってこなくなる。どうも、「無駄」な物件と判断されるらしい。頻繁にくるとうるさいが、まったくこなくなるとちょっとさみしい。毛の生えた丸い頭とからだ、短い足をちょこちょこさせてユーモラスに動きまわる姿。ミツバチは、よくみるとなかなかかわいい。

芸達者なピグミーたちのお得意の演じものに「蜂蜜採集」がある。パントマイムで蜂蜜採集の一部始終を演じるのである。巣をこわされて怒り狂うミツバチにあちこち刺され、顔をゆがめておおげさに苦痛に耐えるところなど、まったくイッセー尾形ばりの演技賞ものであり、その熱演ぶりに観衆は大笑いをして喝采《かっさい》をおくる。

英語圏では、恋人や妻あるいは夫を「ハニー」とよぶ。「蜜よりも甘い」ふたりである。しかし、その甘い恋心の陰には、いつなんどき天誅《てんちゅう》として使用されるかもしれない研ぎすまされた針と強力な毒がしっかりと隠されているのである。恋人たちよ、つねづね用心がたいせつだ。

ピグミーたちには、蜂蜜はたんなる食べものであり、特別な思いいれはないようである。しかし、ハニーキャンプでは、夜ごと、蜂蜜の歌がくらい森にこだまする。「黒い蜂蜜、アファエイェ〜、黒い蜂蜜、エイェ〜、アファエイェ〜、エイェ〜、白い蜂蜜、わたしは食べる、わたしは食べる、黒い蜂蜜の花粉、わたしは食べる」。

（寺嶋秀明）

ダチョウ

【南部アフリカ】

最近、わが国の美食家のあいだで、ウシやブタの肉にくらべてカロリーの低いダチョウの肉が好まれているときく。それを供給しているのが、沖縄で飼育されているダチョウだ。そこでは、肉以外の皮や卵や羽も、おみやげ用に販売されている。ダチョウは、動物園のなかの世界最大の鳥として親しまれているだけではなく、付加価値の高い商品になりつつある。

さて、このダチョウの飼育は、一九世紀のおわりに南アフリカではじまっている。それ以前には、イギリスからの商人が、野生ダチョウの羽をもとめて、南部アフリカの内陸部のカラハリ砂漠にはいっていた。ダチョウの羽が、イギリス婦人が頭にかざるファッションとして商品価値の高いものであったからだ。彼らは、その地域に住むサン人やコイ人から、ベネチア産のガラスビーズなどとの交換で、ダチョウの羽を入手していた。

しかし、この交易がさかんになるにつれて、乱獲により、野生ダチョウは激減してしまったという。それを補充するため、一八六九年に南アフリカの農民が、ダチョウの卵のふ化を成功させたのを契機に、飼育がひろがっていく。当時、南アフリカの輸出品では、金とダイヤモンドのつぎにダチョウの羽が占めていたことからも、羽の価値の高さがうかがわれるであろう。

いまでこそ、政府が野生動物の保護政策をとり、ダチョウを捕獲できないが、サン人自身の生活においても、ダチョウは食用のためにかかせない鳥であった。

彼らは、原野のなかを時速六〇キロメートルで走るダチョウを弓矢ではとれなかった。むしろ、卵の場所をつきとめたり、足跡をみつけては、罠《わな》をしかけた。それは数センチメートルの細木を円形に並べて、そのまわりに一メートルの長さのロープをかけたものである。ダチョウが、円の中央におかれたえさをつくと、ロープがはねて首をしめる。身動きすればするほど、ロープがふかくくいこんでいく仕組みだ。

その卵をも利用するサンの人びとは、ダチョウをあまりおおくとらないような配慮もしていた。ダチョウは、砂の上に八〜一五個の卵を産む。サンは、狩猟や採集行の途中に卵をみつけて採集する。その一個で、ニワトリの卵二ダース分に匹敵する量があるので、貴重な食料になる。彼らは、長さ一五センチメートル、幅一三センチメートルの楕円形の卵のはしに、直径二センチメートルの穴をあけ、そこに木の棒をさし、両手の平をこすりあわせてかきまわす。それから、中身を鍋にいれて煮込んでから食用にした。

ダチョウの卵殻は、水筒がわりにもつかわれていた。彼らは、一月から三月の雨季には降水のたまるところに居住地を移動するが、各家で数個の卵殻をそなえていたといわれる。さらに、卵が割れたとしても、それを細かく砕いてビーズに加工した。卵殻は厚さ四ミリメートルもあり、ニワトリのそれに比べて厚くて固い。彼らは、スプリングボック(小型レイヨウの一種)の角をつかって、石の上においた卵殻の破片が円形になるよう削り、その中央に穴をあける。そしてゲムスボック(大型レイヨウの一種)の腱からなる糸を通して、首かざりができあがる。それは、近隣集団の友人への贈り物としてもつかわれた。彼らは、毎年の降雨があてにならないものであることを知っているので、その贈与交換をとおして飲水のお世話になるかもしれない人びととのつながりをだいじにしているのだ。

私は、人とダチョウとの関係には三つの段階があると思う。サンの人びとのように、卵を利用するためにダチョウの捕獲をひかえ共存していこうとする第一期。羽の価値が高まり、ダチョウの飼育をはじめた第二期。そして現在は、卵や羽に加えてバッグに加工される皮や肉の需要も高まり、ダチョウ飼育が世界的に拡大している時期にあたる。そして、冒頭で示したように、アフリカから遠く離れたわが国の食通の口にもかんたんに運ばれるようになってきたのだ。

(池谷和信)

★ *Struthio camelus*　ダチョウ（ダチョウ科）

全長約1.8m、現生の鳥類では最大種で、大きな雄では頭高2.5m、体重150kgにもなる。寿命は40～60年といわれる。サハラ以南のアフリカとシリア、アラビアに分布したが、絶滅した地方がおおく、現在は主として東アフリカと南部アフリカのサバンナや半砂漠に生息している。飛ぶことはまったくできず完全に地上で生活している。視力と聴力がきわめて優れていて、危険を感ずるとすばやく逃げ出すので、野生の群れに近づくのはむずかしい。

オオカミ

【フィンランド】

最後のニホンオオカミが絶滅してほぼ一〇〇年になるという。まだどこかに生息していると信じる人もいるが、日本で生存できる環境をみつけるのはもう容易ではない。しかし、これは日本だけにかぎったことではない。かつてヒトとネズミについでひろく生息していたオオカミはいまや世界中で減少しつつある。スペインなどではスウェーデンから移入し復活させることが検討されている。しかしオオカミを保護しようとする人びとがいる一方で、そのもたらす害を恐れ反対する人がおおいのも事実である。

オオカミを恐れ、嫌う気もちはヨーロッパの人びとにはひじょうに根深い。日本でも、その名（大神）が語るように、本来、名を口にすることさえはばかられる存在であった。フィンランドでは本来オオカミをさすスシということばは「貪欲《どんよく》」という意味でもちいられたし、オオカミ自身も逆に「破壊」を意味するフッカという語でよばれることもある。またスウェーデン語のヴァルグは罪人という語と同源であった。かつてオオカミは北半球においてクマとならんで人間の生活をおびやかす、もっとも身近な猛獣であった。双方とも家畜に大きい被害をもたらし、場合によっては人さえ襲うこともあった。とはいっても、これらはおたがいにことなる点もおおくある。クマは大きく一撃でウシを殺してしまう力があるが、習性の点からみればオオカミのほうが、はるかにこわい存在であった。

どちらかというとクマは森の住人で、かまったり、家畜をちかづけたりしないかぎり人里から離れてすむのを好んだが、オオカミのほうは人里ちかくを群れをなして徘徊し、牧地はおろか、スキあらば庭先にまで入り込んで家畜をさらっていった。旅人にとっても夜道で突如、光る目の群れに取り囲まれるほど恐ろしいことはなかった。冬眠するクマとことなり、人がいちばん窮する厳冬にこそオオカミは危険な存在であった。

その恐怖は人びとの文化にも様々なかたちで痕跡をのこしている。クマが登場するのは動物だけが登場す

★ *Canis lupus*　タイリクオオカミ（イヌ科）

オオカミには、タイリクオオカミ、ニホンオオカミ、アメリカアカオオカミの３種がある。タイリクオオカミはかつてはヨーロッパ、アジア、北アメリカ、メキシコにひろく分布したが、いまでは西ヨーロッパとアメリカ合衆国でほぼ姿を消した。ふつう５～８頭の群れで生活し、密林以外のどのような環境にもすむことができる。遠吠えは主として仲間をよびあつめる目的がある。

る寓話におおいが、寓話のなかで人をおびやかす動物としてオオカミがあつかわれる例は数えきれない。サーミやフィンランド人のあいだではオオカミが悪魔や呪術師の使いで、自分たちを追う猟師に災いをふりかけると信じられていた。オオカミよけの唱えごとや祈《き》禱《とう》は北の人びとのあいだには数知れずのこっている。熊祭りにみられるように、恐れられながらも歓迎され、手厚く葬送されたクマとはおおきな違いである。

とはいっても、人はオオカミにいつもおびやかされていたわけではない。家畜も人もオオカミのいるところにはちかづかず、冬夜の外出は極力避けていたし、時々オオカミ狩り団を編成しては、人里からオオカミを遠ざけていた。しかし時折そのバランスの崩れることがあった。フィンランドでは一九世紀後半オオカミが子どもをさらう事件が頻発し、オオカミとはほとんど縁のなかった開けた南部で一年で三〇人もの犠牲者がでた。親の目の前から、あるいは戸口からさらわれることもあったという。オオカミの群れは、迅速なうえ神出鬼没で、人びとを恐怖のどん底におとしいれた。

しかし、やがてオオカミ掃討作戦が国の威信をかけてはじまった。それは徹底的なものであった。各地で一斉に追走猟が開始され、鉄砲、わな、毒などあらゆる手段が動員された。オオカミの首には賞金がかけられ、ロシアからはおおくの殺し屋が雇われた。こうして一年のうちに南部のオオカミはほぼ全滅してしまった。のちに、このオオカミの人里への出現には、当時の狩猟制限と犬税の導入による飼いイヌの減少に、その原因のあったことがあきらかになった。

このように人間の無力化や戦争など社会の混乱に乗じオオカミが猛威をふるった例は、一八、一九世紀フランス、ドイツ、スウェーデンやバルト地方でも知られている。しかしそのたびに人間が大反撃で応じてきた。当時フランスでは七〇〇〇頭以上のオオカミが殺されたという。

オオカミが減少してきたのは単に生活域がせばまったとか、えさの小動物が減少しただけではない。憎まれ、嫌われ、それだけ徹底的に追われ殺されてきたからにちがいない。いまオオカミの復活を望む声が高まっているが、オオカミをいちばん必要としているのは、野性の象徴でもあった宿敵をうしなった人間自身かもしれない。

（庄司博史）

ラッコ

【北太平洋沿岸地域】

海のカワウソ、それがラッコである。英語でもsea otter（海のカワウソ）といい、学名もカワウソからきている。とはいっても、いまはラッコのほうが有名で、カワウソの説明を川のラッコといったほうがわかりやすいのかもしれない。

　ラッコという和名はアイヌ語で、別名アトゥイエサマン（海のカワウソ）ともいう。漢字では「海獺」とも書くが、日本の地名にはアシカと読む例がおおい。わたしの愛読書に『カワウソと暮らす』（G・マクスウェル著　一九八二年訳）があるが、そこに描かれたカワウソの行動には、ラッコと同類であることが納得させられる。五〇〇万年前、海辺近くに棲《す》んだカワウソが海に適応してラッコ亜科を形成したらしい。

　現在ラッコは、北太平洋の千島列島（チシマ・ラッコ）、アリューシャン列島からアラスカ（アラスカ・ラッコ）、カリフォルニア沿岸（カリフォルニア・ラッコ）に生息している。ラッコにはアザラシのようなぶ厚い皮下脂肪はなく、だぶだぶの「毛皮」を着ているので、ひだでポケットをつくることができる。水族館でよくみるように、くるくると回転してもお腹にのせた貝が落ちないのはそのためだ。背中の皮をたぐって前でグルーミング（毛づくろい）できるそうである。その毛皮を脱がせると、身体の大きさにくらべてびっくりするほど大きなものになる。

　わたしも一度だけラッコの毛皮に触れたことがあるが、グルーミングしたての毛皮を着た生きているラッコは、みるだけでじゅうぶんあたたかくなる。そのうつくしさとあたたかさが人間の欲望の的となった。

　一八世紀、ロシアの毛皮獲得熱は、カムチャツカ半島からコマンドルスキー諸島、さらにアリューシャン列島におよんだ。いっぽうイギリス、アメリカ、スペインも、アメリカ北西海岸のラッコの毛皮を中国に運んだ。一九世紀後半、パリの貴婦人のドレスの裾はラッコの毛皮で縁どられていたが、これらはどちらを経由してきたものなのだろうか。

すさまじい乱獲の果て、一九一一年にラッコ・オットセイに関する国際保護条約が結ばれた。しかし、かつて「ラッコの海」と命名されたカムチャツカ東の海域のラッコはとりつくされて絶滅し、オットセイも追われていた。現在では、ワシントン条約以外にも生息地の各国で捕獲や商取引を法律で規制して保護しているが、カリフォルニア・ラッコも絶滅のおそれが高い。いっぽう、アラスカでは先住民族の権利としてラッコの狩猟、商取引が認められている。そのため日本の水族館にいるのはアラスカ・ラッコである。

日本では、一九八二年、静岡県三津シーパラダイスで飼育がはじまり、翌年鳥羽水族館で飼われるようになってラッコ・ブームがおこり、いまやラッコを知らない人はほとんどいない。

ではそれまで日本人がラッコに縁がなかったかといえば、とんでもない。おそくとも一五世紀には、チシマ・ラッコの毛皮が、アイヌ民族の交易に端を発して、東北地方の豪族安藤氏から京都の室町幕府将軍にもたらされた可能性がある。その後もラッコの毛皮は希少な高級品として流通した。明治時代には男性用の縁なし帽子がラッコ皮でつくられ、ラッコ帽といった。当時の錦絵にそれらしき男性像がある。インバネスという男性用のケープ型の外套も流行した。襟巻きもあったらしい。おじいさんがラッコのインバネスをもっていたという人を何人か知っているが、現物は残っていない(どなたかおもちじゃありませんか?)。大正から昭和にかけてもラッコ皮は成り金の象徴のような感じであったらしい。

このように、かつてのラッコと人間との関わりは、一部にはその肉を食べる人びともいたものの、もっぱら毛皮の利用であった。チシマ・ラッコは最近になってようやく増えてきて、北海道沿岸に姿をあらわすようになった。一日に体重の四分の一にもおよぶ量のウニやアワビ、カニを食べ、昆布を身体に巻きつけて眠るラッコたちと、われわれは将来、その食料をめぐって折り合いをつけねばならなくなるのだろうか。

(児島恭子)

★ *Enhydra Lutris*　ラッコ（イタチ科）

頭胴長１m、尾長30cmほど。ひとつの毛穴に、１本の上毛と70本の細い下毛が束になって生えていて、10億本にもおよぶ密生した下毛に空気を蓄えている。寒い海で暮らすうえで、毛を乾かすグルーミングは欠かせない。肉球がある前脚と毛のすくない後脚は冷えるので、水の上に出して眠る。

シャチ

【北アメリカ北西海岸】

緑の水中から、ふいに白と黒のコントラストが現れた。シャチだ。みるみるうちに船に近づいた七、八頭の群れは、へさき近くで、きれいに左右にわかれた。人の背丈ほどの高さの背びれが、鏡のような水面をもち上げるようにわき上がり、幾重にも流れ下る水が、厚い、しかし艶やかな黒い地肌を輝かせる。シャチは悠然と目の前を通り過ぎた。カナダのブリティッシュ・コロンビア州、北アメリカ大陸とバンクーバー島のあいだ、南北五〇〇キロに横たわる海峡でのことであった。

初めて野生のシャチに出会ったのは、この海峡だった。そのときのことは、いまでも鮮やかに思い出される。わたしはシャチと、クワクワカワク（クワキウトル）民族のシャチの仮面との出会いを求めていったのだ。

緑色の水をたたえた静かな海峡は、両岸の岩がほぼ垂直に海のなかへ落ちこみ、真際まで針葉樹が生い茂る。ここには多くの魚類と海棲ほ乳類が生息している。初夏から秋にかけて五種類のサケが遡上のために押しよせる。そしてシャチがそれを追ってやってくるのだ。

シャチは英語名キラーホエール。海棲ほ乳類を捕食することで知られ、捕鯨で人間が獲ったクジラを襲うことにその名は由来するという。食性は幅広く、生息域でもっともよく捕食できるものを食料とする。夏のあいだ海峡で頻繁にみられるレジデントとよばれるシャチの食料は、サケである。三〇年以上前には、サケを食い荒らす害獣とされたが、捕獲されて水族館で展示され、あるいはホエールウォッチングによって、人びとの目に触れるようになってから、シャチは賢くてやさしい動物という評価が広まった。人間の都合で、シャチの評価はかわってきた。

それでは、シャチの仮面をつくった先住民の人びとにとっては、どのような存在だったのであろうか。

アラスカからカナダ、アメリカのワシントン州までの北アメリカ大陸沿岸に居住している北西海岸先住民は、狩猟と漁撈を生業とする一方で、動物の魂は超自然的な存在と考えていた。神話や伝説のなかで、動物は人間の言葉を話し、人間に姿をかえ、ときには人間を自分の国へ連れていくこともあった。

★ *Orcinus orca*　シャチ（マイルカ科）

黒と白の対比がきわめて明瞭な体色。雄は体長約9m、背びれの高さは1.8mに達する。全世界の海洋にひろく分布する。北アメリカ北西沿岸では、母親を中心とした群れで行動し、レジデント（定住性）、トランシェント（回遊性）などの異なるタイプ個体群がいることが確認されている。前者は6月から9月のあいだ一定範囲の海域を回遊し、魚類を捕食。後者は、通年ひろい海域を回遊、おもに海棲ほ乳類を捕食する。

クワクワカワク民族の言葉で、シャチはマッヒヌーという。熟練した泳ぎ手という意味である。クワクワカワクは階級社会を営んでいたが、動物の世界にも階級があると考えられていた。イルカたちはシャチの兵隊、アシカは伝令であり下僕であった。シャチは海の食物連鎖の頂点にたつ動物であり、彼らはそれを知っていたかのように思われる。

シャチは長寿の神でもあった。人びとは病気を連れ去ってくれるようシャチに願った。実際に長命な動物であることが、一九七〇年代前半からこの海峡で続けられている生態調査で明らかになっている。

北西海岸の人びとは、間近にシャチをみていたと考えられる。なぜなら、サケは海峡を通る時に岸や点在する島にそって進むので、それをシャチが岸に追い詰めて捕食するのをみることができるからである。その姿を、サケ漁をするカヌー船団にたとえることもある。シャチは群れ単位で、音声でコミュニケーションをとりながら行動し、サケを集団で捕食することを知っていたと想像できるたとえでもある。

北西海岸の人びとは幻想的な美術で知られるが、その図柄は動物である。写実ではなく、特徴的な部分が強調して表される。シャチの場合は背びれと噴気孔である。昨年、クワクワカワクの歓迎の会に招かれた時、人びとが自分の家系を示す動物を縫い取った衣装で舞うなかに、シャチをみることができた。その時のシャチの仮面は、象徴である背びれが直立する、大きなものであった。それを頭にのせるようにかぶる。潮を吹く様子は、今は紐を使うが、昔は海草で表されたという。

もっと北に住むハイダ民族には、五枚の背びれをもつシャチの紋章がある。また、チムシアン民族には八枚背びれのシャチの帽子があり、いずれも海を支配するチーフである特別なシャチとされる。しかし、毎年シャチをみているうちに、わたしには、これが一頭のシャチというより、集団で整然と行動し、効率的に漁をする、ひとつの群れのようにおもえるようになってきたのである。

一方、初めてシャチに会いにいった時、もうひとつの調査目的であったシャチの仮面に背びれはなかった。ゆがんだ人の顔のようにもみえる、小さくて黒い仮面で、わたしには到底シャチには思えなかった。

あの背びれのないシャチの仮面は、今のわたしには、どのようにみえるのだろうか。もう一度、会いに戻りたいと思っている。

（高橋景子）

ホッキョクグマ

【カナダ】

一月のある日、カナダ極北のアクリヴィク村にある小学校の校長先生から電子メールをうけとった。ホッキョクグマが村のなかに出現し、イヌイットのハンターがしとめたというのである。村びとはあらたな出現をおそれて、夜間の外出をひかえているという。本来、ホッキョクグマが人里にでてくることはめったにない。写真集やテレビ番組でよく目にするように、氷雪の上をのんびりと歩くホッキョクグマの親子の姿は大自然のシンボルなのである。

北極圏では、ホッキョクグマは人間以外には天敵をもたず、まさに百獣の王である。イヌイット語では「ナヌック」とよばれる。イヌイットは人間のように家族をつくるホッキョクグマに親近感とともに、畏敬の念をいだいている。彼らにとって、ひとりでホッキョクグマをしとめることができれば、ハンターとして一流である証となる。その肉は食料となり、毛皮は高値で売ることができる。

ホッキョクグマの毛皮は防寒性が高いので、かつては冬用防寒ズボンや上着の素材として利用されることがあった。現在では捕獲の制限もあって、良質の毛皮であれば一枚あたり三〇〇〇ドルから五〇〇〇ドルで生協や毛皮商に売られることがおおい。カナダ南部では加工された後、壁掛けやカーペットとして販売されている。

一九九九年の秋、村の若者が家族連れでピクニックにいったケープ・スミス島で、一頭のホッキョクグマを偶然にみつけ、ライフルでしとめた。彼にとっては初体験であった。近くにいた老人が若者に解体のしかたを教え、その場に居合わせた人びとに肉を分配したという。また、村にもち帰った肉は、自分や妻の親戚に少量ずつわけあたえられた。

クマ肉はめったに食べることができないが、そうした機会の分配や、食事への招待をとおして、おおくの村びとの口にはいっていった。わたしもそのハンターの義父の家で、下宿先のご主人とともにごちそうになったことがある。脂ののった堅めの肉は生臭く、とくにおいしいと感じるものではなかったが、イヌイットにとっては珍味中の珍味だ。彼らは、生のままで食べることもあるが、煮て食べることがおおい。なかでも、肝臓はけっして生で食べてはならないとされている。これは医学的には、人体に有毒なほど多量のビタミンAをふくんでいたり、ジストマ虫が寄生しているからだといわれている。

イヌイット社会には、はじめてしとめた獲物は、そのハンターの「サナジ」とよばれる人物にプレゼントするという風習がある。サナジとは出産に立ち会い、生まれた子どもに最初に産着を着せた人物であり、その子どもと生涯、特別な関係をとりむすぶ。いわゆる後見役の役目を果たすのである。これは男でも女でもなることができる。

現在は、出産が病院でおこなわれるため、母親が赤ん坊をつれて村に帰ってきてから産着を着せるようになってはいるが、子どもが成長し、動物を獲ったり、ものをつくることができるようになると、はじめて獲ったすべての種類の獲物や、はじめてつくった道具を、サナジにプレゼントすることにかわりはない。先に紹介した若者も、しとめたホッキョクグマの毛皮と肉の一部をサナジにプレゼントした。サナジはそれを村びとにみせ、若者が一人前のハンターに成長したことを祝ったのであった。

このようにホッキョクグマは、イヌイットの人びとの経済資源、食料資源としてのみならず、文化的にも重要な意味をもっている。彼らはホッキョクグマとの共存、その資源の持続的な利用をめざしている。いまやイヌイットは、カナダ政府や生物学者たちとともにホッキョクグマの生態調査をおこない、みずからの知識を活用しながらその管理をはじめている。

（岸上伸啓）

★*Ursus maritimus*　ホッキョクグマ（クマ科）

食肉目クマ科のほ乳類。北極圏に分布する、なかば水生の大型のクマ。オスの成獣は全長が2m半〜3m半、体重が450〜600kgに、メスの成獣は全長2m、体重300kgに達することがある。アザラシやホッキョクイワナなどを餌としている。寒さにはきわめて強いが、暑さには弱く、夏期には体温が上がるのを避けるためにあまり活発に活動しない。

ワモンアザラシ

【カナダ】

北半球のいたるところに生息するアザラシには、ワモンアザラシをはじめ十数種類がいる。アザラシ猟をおこなう北方民族は多い。なかでもカナダの極北地帯に住んでいるネツリック・イヌイトにとって、アザラシはとりわけ重要である。じつは、ネツリック・イヌイト（ナッチャックの民）の民族呼称は、ワモンアザラシを意味するナッチャックというイヌイト語に由来するのである。

ネツリック・イヌイトが住む地域では、陸上にはカリブー（北米産のトナカイ）やジャコウウシなど、海にはアザラシのほかにシロイルカやイッカクなどが生息している。しかし、一一月ころからおとずれる厳冬期は、気温がマイナス五〇度まで下がり、陸上の動物があらかたいなくなる。そこで氷に厚くおおわれている海に生息するアザラシが、欠かせない食料源であった。海氷がまだ薄い一〇月ころに、アザラシは爪で海氷上に呼吸穴をあけるため、冬のあいだも結氷した海で生活ができるのである。

ネツリック・イヌイトのハンターは、アザラシの呼吸穴で銛《もり》をもってアザラシがくるのを待つ。息を吸うために上がってくるアザラシに銛をうちこみ、海氷の上にひきだす。息の根を止めて、アザラシの口に氷をふくませたあと、狩猟仲間といっしょに肝臓を食べる。それは、捕らせてくれたアザラシに感謝の意を表現する行動である。

これは、狩猟対象である動物と人間との関係が、単なる殺す・殺されるという関係ではなく、両者が共生関係にあることをネツリック・イヌイトが理解してきたからである。この考え方は、精神生活においても人間と動物が相互補助し、たがいに依存している点では、生態学における食物連鎖の共生関係にとどまらない。このことは、現在のわたしたちが考える人間／動物ヒエラルキー設定とは一味違っている。

まず、人間が動物を一方的に捕らえて殺すのではなく、動物が心正しいハンターのところにきてとらせてくれると考えられている。心正しいハンターと

★ *Phoca hispida*　ワモンアザラシ（アザラシ科）

体長140cm、90kgの体重の40%は脂肪。一年中、北極海全域に生息する。180mまでもぐれる。春に海氷上で出産し、一生、陸に上がらない。その肉と脂肪が食用に、毛のみじかい皮が防水服につかわれる。

は、動物の霊的存在である魂《イヌア》をつねに敬い、とらせてもらった動物の肉などを気前よくほかの人にふるまい、タブーをよく守る人のことである。すなわち、ハンターはすぐれた技術と卓越した智恵をもって動物を打ち倒すのではなく、ハンターと動物のあいだに相互尊敬の念がある場合にのみ狩猟が成功するとされている。よいハンターはけっしてその成功を自慢したり、あるいは心のなかで誇りにおもってはならない。首尾よく食料を手にしたことは、動物側の協力があったからこそなのである。

　ハンターと動物の関係は、動物への一方的な依存ではない。動物の魂は不滅であり、ふだん、人間の世界とは別にある動物の世界に住んでいる。それが、人間の世界と動物の世界のあいだを往来し、再生サイクルが完結するとされている。動物の世界では、人間の格好をして人間と同じような生活をしている動物の魂が、肉や毛皮をまとって人間の世界へやってくるのである。しかし、人間の力を借りずに自分の世界に戻ることができない。魂がふたたび自分の世界に戻る、すなわち再生をとげるためには、人間の手によってその肉体が「殺され」、解放された魂は儀礼をもって送ってもらわなければならない。人間が動物を捕ってその肉などを分配し、タブーを守って送ることは、人間の世界にあらわれた動物を「この世」の仮の姿から「あの世」に帰すことを可能にし、動物の再生サイクルをまっとうさせる行為である。

　動物の不滅なる魂が肉をまとって人間の世界にあらわれて人間の生活を支えてくれるかわりに、人間は動物を捕り、儀礼をもってその魂を肉体から解放させて動物の世界に送りかえすという、再生サイクルの反復をおこなっていたのである。

　ようするに、動物の魂が無事に自分の世界へ戻るためには、人間がしきたりにしたがうことが大切である。そうすれば、動物の魂が満足して、また人間の世界におとずれ、その生活をうるおそうとする気もちになり、人間と動物の相互補完関係が維持されることになるのである。なお、定住村に住み、狩猟しなくとも生活することが可能になった現在のイヌイト社会では、動物との関係がかわりつつあることをことわっておく。

（スチュアート　ヘンリ）

ジャガー

【中央アメリカ】

ジャガーは、アメリカ合衆国とメキシコの国境あたりから、ブラジルのアマゾンを越えマトグロッソ台地にいたるひろい地域に棲息している、新大陸最大の猛獣である。

野生のジャガーをみる機会はいまだないが、その写真をみると、つい魅せられてしまう。どのジャガーにも、人間界を超越したなんともいわれぬ気高さが感じられるのだ。その崇高さに魅せられたのであろうか。あるいは危険な動物であったためだろうか。それとも動物の王であったためであろうか。ジャガーは、古代より、人びとを惹きつけてきた。

紀元前一二世紀ごろより、メソアメリカとアンデスを中心に、石碑や土器などに、動物としてのジャガーはもちろん、擬人化したジャガーが描かれてきた。スイレンを頭にのせたり、よだれかけをしたり、マフラーを巻いた犠牲儀式の場面などさまざまな姿でジャガーは描かれている。さらに、そのからだの一部である毛皮や、鋭い爪をもつ足、毛皮でできたクッションなども描かれた。

ジャガーは、森や岩山に住み、木登りをしたり、水と戯れる。動物のなかでもっとも勇敢であり、どう猛である。注意ぶかく、賢く、気高く、威厳がある。石碑や土器に描かれたジャガーは、そうした習性をたくみに表現している。

動物の王であるジャガーは、その強さゆえ、権力の象徴となり、王を守護する動物となった。ジャガーの毛皮を身につけ、ジャガーの毛皮のクッションに座る王の姿などは、「トラの威を借りる」王といった感じである。

トラといえば、ジャガーは、スペイン語圏では、トラ（ティグレ）といわれることがおおい。一六世紀にスペイン人が新大陸にやってきて出会ったジャガーは、これまでみたこともないものであったが、トラに似ていたところから、ティグレとよばれることになったわけである。そして現在も、メキシコの中央部から南部にかけての村の祭りの踊りで、トラが活躍するところがある。村の人やシカをおそったり、悪さをするこのトラは、もちろんジャガーのことである。ちなみに、ジャガーということばは、手元の辞書によると、南米のトゥピ語が起源という。

野生の象徴ともいえるジャガーは、人間の力では統御できない魔力をもっているとみられた。そのためか、不思議な力をもつ呪術師と結びつけられた。力をもつ呪術師や首長が死ぬと、ジャガーに変身するという。首長が死ぬと、食べ物を二年間、毎月捧げる風習をもつところがあるが、これはジャガーが二年で成獣になることから生まれた風習にちがいない。

ジャガーの胴体には、梅の花のような形をした黒い文様がある。しかし手足や顔は黒い斑点となっている。伝説によると、その斑紋は、太陽になるために火に身を投げたことによってできたという。夜空の星のようにみえたからか、あるいは夜をこのむ動物であるからか、ジャガーは夜の太陽ともみられた。そして夜や地下界をあらわす洞窟や地中の王となった。

ジャガーは大地の怪獣であり、大地の象徴でもあった。ラッパのようにうなり、ほえる。そして水をこのむ。そのため、雷の響きや雨と結びつけられた。マヤ人が古代に壺に描いた頭にスイレンの花をのせたジャガーなどは、水との関係をあらわしているにちがいない。

中米の人びとのなかには、いまでも自分の分身となる守護霊を信じている人がおおい。ジャガーが守護霊の人は、勇敢で、ずけずけものをいい、肉体的には強く、機敏で、すこしばかり野卑なところがあるという。

中米は暦の発達した地域であるが、暦のなかにもジャガーがでてくる。ジャガーの日は、「どう猛なジャガー。口は血、爪は血。肉も食らう。人を殺す」といい、ジャガーは怖い動物であった。しかしその強さゆえ、守り神ともなったし、また夜行性でどう猛ながら賢いところから、夜の太陽や冥界、呪術師などと関係づけられる動物となったのである。

（八杉佳穂）

★*Panthera onca*　ジャガー（ネコ科）

ヒョウに似た大型肉食獣で、アメリカ合衆国南西部から中央アメリカをへて、アルゼンチン北部まで分布する。体長112～185cm。ヒョウより大型で、四肢と尾が短く、頭部が大きい。体色は淡い黄色から赤褐色まで変化に富み、ときに黒色や白色のものもみられる。全体に黒い斑紋がある。ふかい森林の水辺をこのむが、草原や荒れ地、砂漠でも生息する。野生での生態、行動などはよく知られていない。

コンドル

【アンデス地方】

わたしはもうひとりの仲間といっしょに深い谷をのぞきこむようにして用たしをしていた。そのとき、なんとも形容しがたい音がきこえ、頭上に影が横切った。みあげた左手の山側に黒いものが飛び去り、姿を消した。一瞬の出来事の正体がコンドルだと気づいたのは、そのあとだった。飛んでいるコンドルをこれほど間近にみたのは、あとにもさきにもこのときだけで、ペルー南部の小都市アバンカイへむかう長い自動車旅行の途中のことであった。いまになってかんがえると、あのコンドルは翼の音で獲物をおどかし、崖下に追い落とそうとたくらんでいたにちがいない。

コンドルの成鳥は、両翼をひろげた長さが三メートル以上、体重は一〇キログラムを超える。タカやワシとちがって、この猛禽《もうきん》の爪は大きいが鋭くはない。だがくちばしは頑丈で、ウシの皮をひき裂くほどの威力がある。コンドルが生きた動物を襲うことはめったにないが、母親から離れた幼獣やからだの弱った動物が犠牲になることはあるらしい。

アンデス高地の農民は、コンドルは山霊アプの使者とか化身だといい、これにたいしては特別の配慮とあつかいをする。山中を旅しているときに姿をみかけると、たずさえたコカの葉入りの小袋を振ってみせ、まにあわせの捧げものとする。家畜の繁殖儀礼をしている最中にコンドルが飛んでくると、よいしるしとされる。いっぽうで、人里ちかくに姿をみせると、村びとの誰かが死ぬ前兆だという。矛盾したような話だが、コンドルが特別視されるときはきまって、生や死と関係づけられている。

そのようにアンデス農民がかんがえる根拠のひとつは、この鳥の食物習性にある。コンドルはハゲワシとおなじように、いき倒れになった動物をみつけると、何羽かがいっしょになって舞いおり、死体をついばみ、きれいに骨だけにしてしまう。その光景をとおくからみていると、いかにも仲間同士があつ

★ *Vultur gryphus*　コンドル（コンドル科）

タカ目コンドル科の鳥。大型の腐肉食性の猛禽で、アンデス山系やパタゴニア沿岸の絶壁などに生息。全長130cm、翼をひろげた長さは３ｍに達する。全身黒色で、襟と翼の一部が白い。頭部は肉色、雄にはとさかがある。近年はタカ目よりコウノトリ目に近縁、または編入すべきという説が有力。

まり、静かにえさを食べているかにみえる。なにかの機会に人びとがあつまり、おちついて食事するようすを、「まるでコンドルみたいだ」といい、この死肉食の鳥は食卓作法のよい手本となる。そうした「コンドルの食事」は儀礼の一部にも組みこまれる。

ペルー領クスコ地方の農民は、雨期の最中にリャマとアルパカの繁殖儀礼をする、家畜囲いにあつまった人たちは山霊アプや地霊パチャママに祈り、供物を捧げ、家畜の無事の成育を願う。囲いにあつめた家畜の群れにむかって、酒、水、たくさんの花びらを何度もふりまいて浄め（チュヤイ）をほどこし、選びだした幼獣のオスとメスを「結婚」させ、花でかざり、そのあと耳じるしをいれる。

おなじ日の夜おそく、儀礼の主催者の家にあつまった人びとに肉料理が提供される。分配役がシリュカという骨つき肉をひとりひとりにくばり、「インカのお仲間、いっしょに供物を食べましょう」という。どうして「インカ」とよびかけるのか不明だが、誘われた人たちがコンドルであることは、そのときかわされる問答のようすからうかがえる。たとえば、

「お仲間のインカ・チュチ、あんたはどこからきた。なにを食べる」。

「おれはアウサンガテ山から。好きなのはうしろ足のところ。カフ、カフ」。

「ところで、お仲間のインカ・ルサ、あんたは世界を何回まわる。水はどこにある」。

「日に一度さ。水は……」。

「小さいハゲタカ、おれののこりを食え」。

「内臓をひっかきまわすハゲタカはフンだらけ。おまえの好物は内臓ときまってる。ハ、ハ、ハ、ハ……」。

こうしたやりとりをくりかえしながら、参加者は時間をかけて肉をきれいに食べてしまう。のこした骨は一ヵ所にあつめ、各人がその上に献酒をおこない、そのあとかまどの火にくべて処理する。殺した動物の肉をあまさず食べ、きちんと後仕末すること、それが家畜の繁殖の前提だというかんがえは、このあと夜明けまでつづく儀礼の内容からもたしかめられる。

（友枝啓泰）

リャマとアルパカ

【アンデス地方】

いつのまにかアンデスに通いだして三〇年あまりになり、現地での調査も二〇回をこすようになった。それなのに、帰国して二、三ヵ月もたつと、またアンデスにいきたくなる。そんなとき、まっさきにおもいうかぶ光景がある。「まっ青な大空、その下で陽光に輝く白銀のアンデスの峰々、そして山麓にひろがる草原でのんびり草をはむリャマやアルパカの群」、こんな光景である。そんな光景とともに、風がはこんでくる草のにおいや家畜を追う牧童の叫び声がよみがえってくることもある。

そう、わたしにとってアンデスといえば標高四〇〇〇メートル前後の高原にひろがる草原地帯の風景こそが原風景なのである。そして、この原風景にはリャマとアルパカが欠かせない。そこではウシやヒツジなども放牧されているが、アンデスらしさを感じさせてくれるのはリャマとアルパカである。どちらもアンデスにしかいない家畜だからである。とくに、アルパカはアンデスのなかでも、ペルーからボリビアにかけての中央アンデスの高地部でしかみられない。

わたしが民族学の調査のために滞在していたペルー・アンデス山中にあるマルカパタ村でも、ほとんどの村びとがアルパカとリャマをともに飼っていた。といっても彼らは牧畜だけで生計をたてているのではなく、農業もおこなっている。そのため、一軒の家で飼える家畜の頭数はおおくなく、平均するとリャマが一〇頭前後、アルパカも三〇~四〇頭である。それでも家族ごとに家畜の放牧も農業もともにおこなうのはたいへんである。とくに作物の植えつけや収穫などの農繁期には子どもまで家畜番に駆りださされ、学校にいっているひまもなくなる。

それにもかかわらず、彼らが農業だけでなく、リャマやアルパカの飼育までおこなうのはなぜなのだろうか。その理由が彼らとくらしをともにしてわかってきた。リャマは主として荷物の運搬用、アルパカは毛をとるための家畜として知られているが、それ以外にもアンデス高地でのくらしに欠かせない大きな役割を果たしているのである。

まず、その糞は、主食として重要なジャガイモの栽培に欠かせない肥料になる。また、乾燥した糞は、調理などに必要な燃料になる。樹木のほとんど生えていないアンデスの高原では薪を手にいれるのがむずかしく、家畜の糞がほとんど唯一の燃料なのである。さらに、これらの家畜の肉は動物性の貴重なたんぱく源にもなっているのである。

こんな重要な役割を果たしてきたリャマやアルパカであるが、近年大きな変化がおこっている。それはリャマの減少である。中央アンデスの高原では、リャマの姿がほとんどみられなくなっているところさえある。たとえばティティカカ湖畔といえば、かつてはラクダ科家畜のおおいところとして知られていたが、そこでもリャマはめっきり減っている。先述したようにリャマは荷物を輸送するための駄獣として重要であったが、アンデスでの道路網の発達とともに、その役目が自動車にとってかわられているのである。

このような変化をみていると、アンデスからリャマが姿を消す日もちかいのかもしれないとおもえるほどである。もしそうなると、わたしのアンデスの原風景とちがって、高原でのんびり草をはむのはアルパカだけとなり、アンデスの光景を長年みてきたわたしにとっては、すこしさびしいものになりそうである。

（山本紀夫）

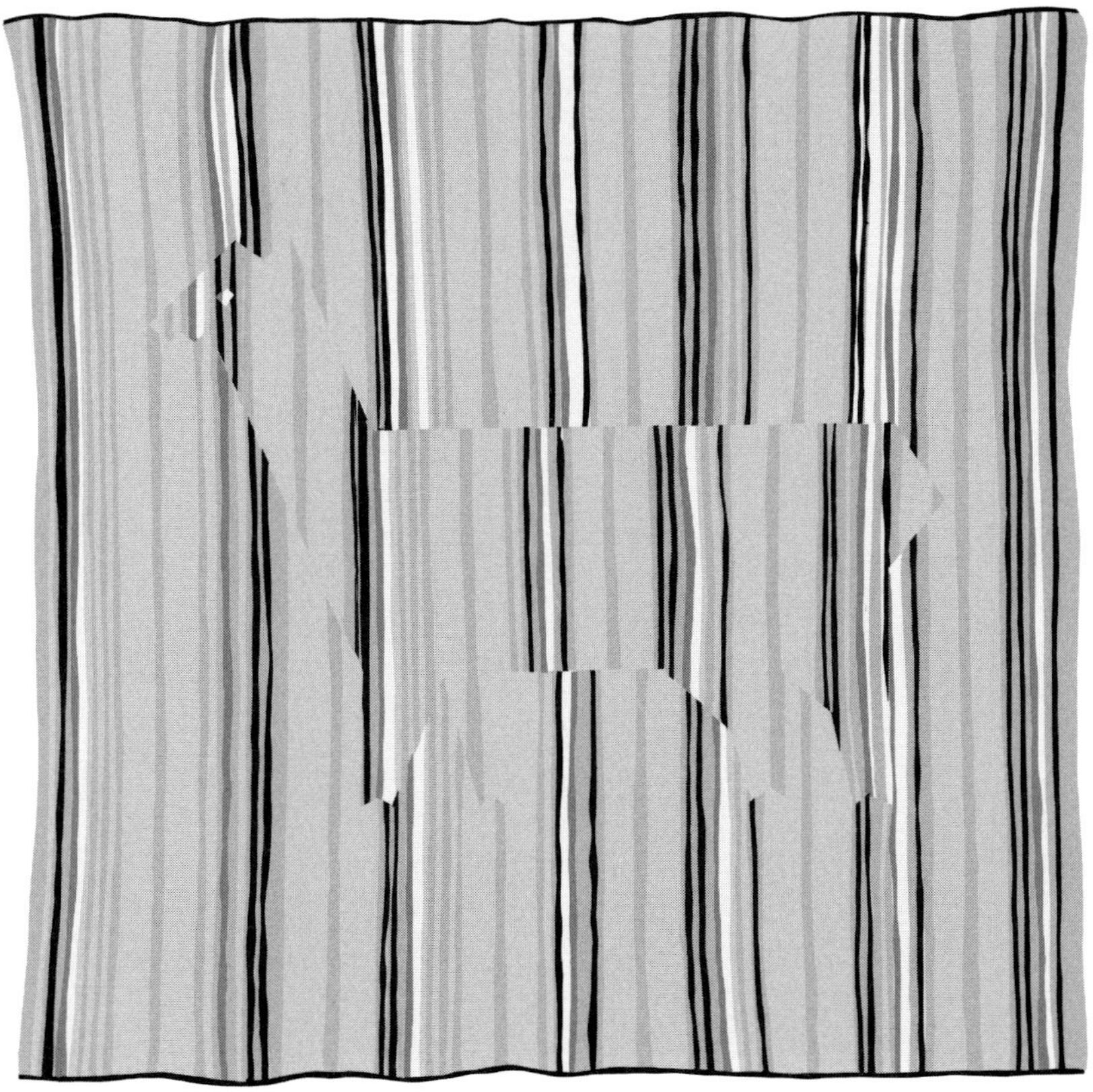

★ *Lama glama*　リャマ（ラクダ科）
★ *Lama pacos*　アルパカ（ラクダ科）

リャマもアルパカもアンデス高地で家畜化されたラクダ科動物。リャマはアルパカよりやや大きく、体長が2m前後で、主として荷物の運搬用。アルパカの毛は保温性や肌触りなどの点ですぐれるため織物などにつかわれる。

おわりに

世界には、じつにさまざまな動物や植物が存在し、いろいろな形で人間生活にかかわっています。そのなかから、大はアジアゾウから小はハマダラカまで、一〇〇種類の動植物を選び出しました。それぞれを国立民族学博物館の研究者を中心とした民族学者たちが、人間とのかかわりという視点から解説しているのが本書です。

この本で取り上げた動植物には、日本でも身近に見られる「ウメ」や「イヌ」もあれば、想像上の動物「ジン」や「ピンサッユーパ」、五〇〇年もまえに絶滅したニュージーランドの「モア」も含まれています。それぞれの動物や植物が、人間の暮らしにどのようにかかわってきたのかを見ていくうちに、時には歴史や政治にまで話が広がっていきます。それがこの本のもつ醍醐味で、単なる動植物事典とはちがう楽しさを味わっていただけるでしょう。

版画家の田主誠さんの絵は、それぞれの題材を時には見事な曼陀羅の一部に、時には葉を加工した手工芸用素材として描くなど、いずれも筆者の文章を一旦消化して田主流の表現世界の中に生まれかえらせたものです。文章のおもしろさともあいまって、それぞれの動植物を生き生きと表現するのに大きく貢献していきます。実際の版画は大胆な色使いのカラーで表現されていますが、本書ではそのうちの八点しか原色にできなかったのが残念です。

それぞれの原稿はまえがきにもあるように、国立民族学博物館の『月刊みんぱく』に、一九九四年から八年間余にわたって掲載されたものです。編集長が野村雅一から栗本英世、小長谷有紀、印東道子へと引き継がれたなかで、この連載は一貫して新鮮なテーマと筆者を得て続いてきました。この本の持つ魅力を多くの方々と共有できることを、願っています。

最後に、このユニークな本を出版することを快くお引き受けいただいた八坂書房と、編集の労をおとりいただいた三宅郁子さん、『月刊みんぱく』刊行時に編集実務を担当した千里文化財団編集部の方々に、心から御礼を申し上げます。

『月刊みんぱく』編集長　印東道子

動植物名索引

重田眞義（しげた　まさよし）京都大学大学院アジア・アフリカ地域研究研究科助教授
清水昭俊（しみず　あきとし）一橋大学大学院社会学研究科教授、国立民族学博物館名誉教授
周　達生（しゅう　たっせい）国立民族学博物館名誉教授
庄司博史（しょうじ　ひろし）国立民族学博物館民族社会研究部教授
菅　豊（すが　ゆたか）東京大学東洋文化研究所助教授
杉島敬志（すぎしま　たかし）京都大学大学院アジア・アフリカ地域研究研究科教授
杉本良男（すぎもと　よしお）国立民族学博物館民族学研究開発センター教授
鈴木　博（すずき　ひろし）長崎大学熱帯医学研究所助教授
スチュアート　ヘンリ（Henry Stewart）昭和女子大学大学院教授
曽　士才（そう　しさい）法政大学国際文化学部教授
鷹木恵子（たかき　けいこ）桜美林大学国際学部教授
高橋景子（たかはし　けいこ）日本民族学会会員
竹沢尚一郎（たけざわ　しょういちろう）国立民族学博物館博物館民族学研究部教授
武田　淳（たけだ　じゅん）佐賀大学農学部教授
立川武蔵（たちかわ　むさし）国立民族学博物館先端民族学研究部教授
田村克己（たむら　かつみ）国立民族学博物館民族社会研究部教授
塚田誠之（つかだ　しげゆき）国立民族学博物館民族社会研究部教授
寺嶋秀明（てらしま　ひであき）神戸学院大学人文学部教授
友枝啓泰（ともえだ　ひろやす）広島市立大学国際学部教授、国立民族学博物館名誉教授
中牧弘允（なかまき　ひろちか）国立民族学博物館民族文化研究部教授
西尾哲夫（にしお　てつお）国立民族学博物館民族文化研究部助教授
野林厚志（のばやし　あつし）国立民族学博物館民族学研究開発センター助教授
林　勲男（はやし　いさお）国立民族学博物館民族社会研究部助教授
藤井龍彦（ふじい　たつひこ）国立民族学博物館先端民族学研究部教授
堀内　孝（ほりうち　たかし）写真家
松井　健（まつい　たけし）東京大学東洋文化研究所教授
松田　凡（まつだ　ひろし）京都文教大学人間学部助教授
松山利夫（まつやま　としお）国立民族学博物館先端民族学研究部教授
南真木人（みなみ　まきと）国立民族学博物館民族社会研究部助教授
森　正美（もり　まさみ）京都文教大学人間学部助教授
八杉佳穂（やすぎ　よしほ）国立民族学博物館民族文化研究部教授
安室　知（やすむろ　さとる）国立歴史民俗博物館民俗研究部助教授
安元正也（やすもと　まさや）九州国際大学国際商学部教授
山中由里子（やまなか　ゆりこ）国立民族学博物館博物館民族学研究部助手
山本紀夫（やまのと　のりお）国立民族学博物館民族文化研究部教授
横山廣子（よこやま　ひろこ）国立民族学博物館民族社会研究部助教授
吉田集而（よしだ　しゅうじ）国立民族学博物館民族文化研究部教授
和田正平（わだ　しょうへい）甲子園大学人間文化学部教授、国立民族学博物館名誉教授

執筆者紹介（五十音順）

赤嶺　淳（あかみね　じゅん）名古屋市立大学人文社会学部助教授
秋道智彌（あきみち　ともや）総合地球環境学研究所教授
朝倉敏夫（あさくら　としお）国立民族学博物館民族社会研究部教授
阿部健一（あべ　けんいち）国立民族学博物館地域研究企画交流センター助教授
飯田　卓（いいだ　たく）国立民族学博物館民族文化研究部助手
池田　透（いけだ　とおる）北海道大学大学院文学研究科助教授
池谷和信（いけや　かずのぶ）国立民族学博物館民族社会研究部助教授
伊東一郎（いとう　いちろう）早稲田大学文学部教授
印東道子（いんとう　みちこ）国立民族学博物館民族社会研究部教授
上杉富之（うえすぎ　とみゆき）成城大学文芸学部大学院文学研究科助教授
臼杵　陽（うすき　あきら）国立民族学博物館地域研究企画交流センター教授
宇田川妙子（うだがわ　たえこ）国立民族学博物館民族文化研究部助教授
江口一久（えぐち　かずひさ）国立民族学博物館民族文化研究部教授
大塚和夫（おおつか　かずお）東京都立大学人文学部教授、国立民族学博物館客員教授
大塚和義（おおつか　かずよし）国立民族学博物館民族文化研究部教授
小川　了（おがわ　りょう）東京外国語大学アジア・アフリカ言語文化研究所教授
落合雪野（おちあい　ゆきの）鹿児島大学総合研究博物館助教授
樫永真佐夫（かしなが　まさお）国立民族学博物館民族社会研究部助手
亀崎直樹（かめざき　なおき）日本ウミガメ協議会会長、東京大学大学院農学生命科学研究科客員助教授
岸上伸啓（きしがみ　のぶひろ）国立民族学博物館先端民族学研究部助教授
窪田幸子（くぼた　さちこ）広島大学総合科学部助教授
栗田靖之（くりた　やすゆき）国立民族学博物館名誉教授
栗本英世（くりもと　えいせい）大阪大学大学院人間科学研究科教授
児島恭子（こじま　きょうこ）早稲田大学非常勤講師
小島瓔禮（こじま　よしゆき）琉球大学名誉教授
小長谷有紀（こながや　ゆき）国立民族学博物館民族社会研究部教授
小山修三（こやま　しゅうぞう）国立民族学博物館名誉教授
齋藤　晃（さいとう　あきら）国立民族学博物館博物館民族学研究部助手
崎山　理（さきやま　おさむ）滋賀県立大学人間文化学部教授、国立民族学博物館名誉教授
櫻庭俊美（さくらば　としみ）国立民族学博物館共同研究員
佐々木史郎（ささき　しろう）国立民族学博物館民族文化研究部教授
笹原亮二（ささはら　りょうじ）国立民族学博物館民族文化研究部助教授
佐藤宏明（さとう　ひろあき）奈良女子大学理学部助教授

＊国立民族学博物館については、
　下記にお問いあわせください。

国立民族学博物館

〒565-8511 大阪府吹田市千里万博公園10-1
電話：06-6876-2151（代表）
FAX：06-6875-0401
ホームページ：http://www.minpaku.ac.jp/

＊『月刊みんぱく』の購読については、
　下記にお問いあわせください。

財団法人 千里文化財団
「国立民族学博物館友の会」係

〒565-0826 大阪府吹田市千里万博公園1-1
電話：06-6877-8893（代表）
FAX：06-6878-3716
E-Mail：minpaku-t@osaka.email.ne.jp
ホームページ：http://www.mmjp.or.jp/ethno/

版画

田主　誠（たぬし　まこと）

1942年京都府舞鶴市生まれ。

1977年より国立民族学博物館に勤務のかたわら、同館の広報誌『月刊みんぱく』の「民話の世界」シリーズをはじめ世界の仮面などの版画を制作、国内外の美術コンクールで入選入賞し、高い評価を受ける。

1993年同館を辞して版画制作に専念。現在は数々の個展や新聞連載などで幅広く活躍中。

著書：『川端少年の歩いた道』、『聖と俗のはざま』、『食の世界地図』ほか多数。

世界民族博物誌

2003年 8月25日　初版第1刷発行 ©

編　　者　『月刊みんぱく』編集部
発行者　八　坂　立　人
印刷・製本　モリモト印刷(株)

発行所　(株)八坂書房
〒101-0064　東京都千代田区猿楽町1-4-11
TEL.03-3293-7975　FAX.03-3293-7977
郵便振替口座　00150-8-33915

ISBN 4-89694-826-2